KB238109

말, 말, 말 그리고 칼

말, 말, 말 그리고 칼

■ 김병주 경제 칼럼

민음사

차례

제1부

권위주의 시대

제4부

'진보' 개혁 시대

서문

　사람은 왜 글을 쓰는가. 그것도 하필이면 신문의 칼럼을 말이다. 진정 인간이 호모 사피엔스라면 글을 쓰는 것도 의사표시 본능의 한 형태일 것이다. 내가 신문 칼럼을 쓰게 된 외면적 사연은 사제지간 관계 때문이다. 신문사 입사추천서를 써준 제자가 입사 후 원고청탁을 해왔을 때 거절하기 어려웠다. 솔직하게 말해서 거절할 수 없었다. 그것은 나의 내면에 집필욕구가 잠재하고 있었던 탓일 것이다.

　이것은 대학 강단이라는 직업을 선택했을 때부터 예정된 일이었다. 사람은 사회 안에서 '파워'를 추구한다. 적나라한 완력(무력), 정치적 권력, 경제적 재력, 여론의 힘 등이 사회적 힘의 유형들이다. 재능이 뛰어난 사람들은 보다 직접적인 형태의 파워를 추구할 수 있다. 재간 없는 필자가 선택한 파워는 보다 완곡한 유형의 것이었다. 그것이 여론의 힘이었고, 직업적으로는 교수였다. 강단 생활 처음 십여 년을 배우고 연구하고 가르치면서 바쁘게 지내는 동안, 점차 청중(수강 학생이라는 균질화된 특정 집단)의 협소함과 지둔한 반응에 불만이 축적되다 보니, 보다 다양한 층의, 불특정한 다수의 청중을 상대로 대화하는 논객으로 변신할 기회를 희구하게 되었디. 그러던 차에 원고 청탁이 왔기에 쾌히 응낙했을 것이다. 이때가 바로 사십대에 접어든 1979년이었다. 그 이후 2004년 초까지 4반세기에 걸쳐 칼럼니스트의 길을 걸어왔다.

처음 등단하던 때는 권위주의 시대의 깊은 겨울이었는데, 절기를 봄인 줄 착각한 신출내기 필자가 좌충우돌하게 된다. 장님이 지팡이를 더듬어 길을 가듯이 이런저런 일을 몸으로 부딪치면서 무엇을, 어떻게, 어디까지 쓰는 것이 신중한 처신인가를 터득하게 되었다. 전달하고자 하는 메시지를 행간에 숨기기, 은유, 환유 등의 기법을 적절하게 동원하려고 노력했다. 여기에는 두 가지 목적이 있는데 하나는 독자의 흥미를 자극해 난해한 것으로 여겨지는 경제 칼럼을 읽도록 유도하는 것이고, 다른 하나는 비유 속에 숨을 구석을 미리 마련하는 일이었다. 특히 권위주의 시대에는 이러한 기법을 다듬느라 많은 밤을 지새웠다. 필자도 필자거니와 신문사도 '알아서 기는' 상황이었다. 이른바 민주화 이후에도 정부의 '독재'는 계속되었기에 고민은 여전했다. 또한 정책 당국에 메시지를 전달하는 것에 목적을 둔다면 시원한 속풀이식 글보다 단어의 적절한 선택, 논조 강도의 절제가 있어야 소기의 목적을 달성하는데 효과적이라고 판단했기 때문이다.

어떤 관점에서 글을 써 왔는가. 우리 국민은 스스로 믿고 싶어 하듯이 은근하고 끈기 있는 민족이 아니다. 여론이 유행과 시류에 따라 극에서 극으로 돌변한다. 아무리 대세를 이룬 듯한 흐름이더라도 그 같은 흐름에서 일정한 거리를 두고 때로는 시류에 역행하며 현상을 관찰하려는 것이 나의 일관된 입장이었던 것 같다. 이것은 인기 절정이던 김영삼 정부 초기에 나를 몹시 외롭게 만들기도 했다.

그간 집필한 칼럼을 한 권에 모두 실을 수 없어 116편만을 골랐다. 시대가 흘러 맛이 떨어졌거나 전문성 때문에 딱딱한 글 등을 제외했다. 신문사 데스크의 수정을 내 글로 되살리기도 했고, 몇 군데 문체를 새롭게 다듬기도 했다.

독자가 글을 읽어보면 대체로 같은 논지가 다른 옷을 입고 빈번하게 반복, 등장함을 느끼게 될 것이다. 그것은 무엇인가. 크게는 자유민주주의와 시장경제, 작게는 경제 문제는 근본적으로 정부의 온정주의보다 개인의 심려(深慮)와 자구 노력으로 해결되어야 한다는 것일 것이다. 이 같은 주장을 시의에 따른 주제로 잡아 이모저모로 각색한 것이 나의 글인 셈이다.

긴 세월 글을 쓸 수 있었던 것은 몇 분들의 도움이 있었기에 가능했다. 처음 중앙일보에는 최우석 경제부장(편집국장 역임), 한국경제신문에는 죽마고우 정광조 정경부장(몇 해 전 작고)의 소개가 인연이 되었다. 평소 낯을 가리는 나의 성향 탓도 있고 타인의 원고를 수정하기 즐겨하는 데스크를 피하려고 이미 익숙해진 매체를 계속 선택한 까닭에 주로 두 신문에 게재했던 칼럼이 많다.

강단 생활 37년(서강대 34년, 한양대 3년)에 청출어람의 제자들이 필자가 서 있는 강변을 스치고 큰 물줄기를 이루며 흘러갔다. 25년간 때론 공감하고 때론 반대하면서 내 칼럼을 읽어준 독자들이 또 하나의 강줄기를 이루었을 것이다. 이제 두 줄기 강의 인연들에게 애프터서비스로 이 글 모음집을 드린다.

이 책이 나오기까지 도움을 아끼지 않은 많은 이들이 익명으로 남기를 원했다. 그러나 익명으로 남길 수 없는 그룹이 있다. 그것은 지난 십여 년간 주말마다 등반길에 올라 칼럼의 아이디어를 띄우기도 하고 격침시키기도 한 청산회(靑山會) 회원들이다. 이들의 아이디어를 빌린 칼럼도 다수 있다. 말하자면 필자의 칼럼은 발상 단계에서는 발로 쓰고, 집필 단계에서는 몽당연필로 쓴 셈이다.

이제 제도화된 대학 강단 생활을 마감하고 자유로운 신분에서 글쓰기에 진력하기를 다짐한다. 근래 우리 사회에 반자유민주적·반시장경제적 사상과 움직임이 '진보'의 이름을 도용하여 활기를 띠고 있음을 지켜보며 글쓰기를 멈출 수 없음을 자각하고 있기 때문이다.

앞으로 더욱 활기차게 계속 발로 생각하고 몽당연필로 휘갈길 작정이다.

2004년 1월
김병주

독특한 경제 칼럼니스트

최우석
(삼성경제연구소 부회장. 중앙일보 편집국장. 주필 역임)

경제 칼럼 분야에 있어 김병주 교수는 독특한 경지를 개척했다. 각자 취향에 따라 다르겠으나 김 교수의 칼럼은 색다른 맛이 있다. 날카로우면서도 약간은 심술궂다. 함부로 흉내내기도 어렵고 또 위험하다. 세상이 그렇게 바뀌어도 그의 생각은 별 변함이 없다. 그래서 오래된 고정 팬이 많은가 보다. 전통적 이론을 바탕에 깔고 있는 데다가 신축자재한 모양을 첨가하여 이제까지와는 전혀 다른 유파를 창건했다.

김 교수의 칼럼을 처음 대한 것은 지금부터 이십여 년 전인데 그때만 해도 모범생다운 답답함이 엿보였다. 그러나 매우 진지하고 깨끗했다. 그것이 계기가 되어 한동안 김 교수와 신문칼럼을 교대로 쓴 일이 있었는데 그때 편린처럼 나타나는 숨은 내공을 보고 많이 놀랐다. 그 후 김 교수의 글은 몇 차례 껍질을 벗고 진화를 거듭했다. 왕성한 실험정신으로 새로운 시도를 많이 했다. 좋은 원석을 갈고 닦아 빛나는 보석을 만든 것이다. 옛말에 선비를 사흘 만에 만나면 눈을 씻고 다시 봐야 한다 했는데 과연 김 교수의 칼럼이 그렇다. 유행을 타지 않고 긴 생명을 유지하고 있다.

경제 칼럼을 잘 쓰기는 무척 어렵다. 경제의 인과관계를 분명히 하면서 쉽고 재미있게 써야 하기 때문이다. 그것도 지극히 제한된 분량

안에 분명한 메시지가 있어야 한다. 요즘 신문을 펴보면 하늘의 별처럼 많은 칼럼들이 등장한다. 그 중에 꼭 챙겨 읽는 것은 많지 않다. 어떤 것은 너무 힘이 들어가 있고 어떤 것은 너무 시류를 탄다. 처음엔 잘 나가다가도 어느새 맛이 간 것도 있다. 김 교수의 칼럼같이 한결같으면서도 진화하는 경우는 매우 드물다. 늘 맑은 정신으로 정성을 다 해 쓴다는 증거일 것이다.

좋은 칼럼은 우선 앞을 볼 수 있어야 한다. 경제 신념이나 논리의 일관성은 말할 것도 없고 세상의 흐름이나 현상에 대한 깊은 이해가 있어야 가능한 일이다. 더러는 세상에 맞서기도 하고 홍수 같은 여론을 거스르기도 해야 한다. 무척 힘들고 고독한 일이다. 일이 복잡하게 얽힐수록 꿰뚫어 보아야 한다. 많은 칼럼니스트들의 생명이 짧은 것도 앞을 보는 눈이 밝지 못하기 때문일 것이다. 또 영역을 너무 넓히다 보면 초점이 흐려지기 쉽다. 이런 점에서 김 교수는 매우 지혜롭다. 학문적 내공도 단단할 뿐더러 확실한 비교우위 분야를 잘 지킨다. 함부로 다른 영역을 넘보지 않는다.

앞을 잘 보기도 어렵지만 바르게 쓰기도 어렵다. 글이 세상에 좀 알려지게 되면 여러 압력을 받게 된다. 힘으로부터의 압력 뿐 아니다. 여러 가지로 얽혀 있고 인정 많은 한국사회에서 칼로 베듯 맺고 끊기가 어렵다. 막상 칼럼을 쓸 때엔 여러 사람 얼굴이 떠오르고 그럴 수밖에 없는 사정도 짐작하게 된다. 자연 글이 무뎌지게 되는 것이다. 혹시 무슨 사심을 갖게 되면 무뎌지는 정도가 아니라 엉뚱한 방향으로 가게 된다. 김 교수의 글이 한결같고 용감한 것도 벼슬 같은 다른 욕심이 없어서일 것이다. 동문이나 친구들이 걸린 일도 가차 없이 쓰는 것을 보고 참 독한 사람이구나 하는 생각을 더러 했다. 잘 보고 생각이 발라도 재미있게 윤기 있게 써야 좋은 칼럼이 완성된다. 경제칼럼은 인과관계가 분명해야 하므로 무미건조하기 쉽다. 칼럼은 논문을 줄여 놓은 것과는 다르기 때문에 소위 촌철살인과 감칠맛이 있어야 한다. 아무리 가공할 만한 핵무기가 있어도 그것을 정확히 실어 나를 운반수단이 없으면 무슨 소용이 있을까. 김 교수의 칼럼은 운반수단이 다양하다. 변환자재로 현란하기까지 하다. 해학과 풍자에다 더러 블랙유머까지 등장하여 혼자서 웃기도 하고 한참 있다 상처 난 것을 발견하기도 한다. 읽는 사람은 재미있지만 당하는 사람은 화 깨나 날 거란 생각이 든다. 언젠가 김 교수와 책 이야기를 한 적이 있는데 젊었을 때부터의 독서편력을 듣고 놀란 적이 있다. 다양한 운반수단의 이유가 있었던 것이다. 지금도 호기심이 대단하여 독서와 여행을 많이 하고 있다고 들었다. 맑은 마음에다 이런 정진을 거듭하고 있으니 어찌 칼럼이 진화하지 않을 수 있겠는가. 김 교수의 칼럼은 지금까지보다 앞으로 더 빛날지 모른다. 이제 학교를 정년퇴직하여 자유시간이 더 생겼으니 평생 닦은 무공의 마지막 완성 단계에 들어가지 않을까 생각된다. 무예가 높은 경지에 이를수록 가공스러운 것. 상처받기 쉬운 중생들을 위해 연민의 정과 자비심도 좀 필요하지 않을까.

제1부
권위주의 시대
(1979~1992)

박정희 대통령 말년부터 전두환·노태우 대통령 시대에 걸친 권위주의 시대. 신군부 초기에는 언론 통폐합 조치가 있었고, 정보기관원이 신문사에 상주하며 기사를 검열했다. 필화사건이 잦아 초긴장 속에서 글을 쓰고 신문을 만들던 시대다.

원고를 원고지에 육필로 써 신문사에 전달했던 기억이 난다. 신문 지면은 12면 정도여서 칼럼이 드문 시대였고, 친구(사공 일 당시 경제수석) 덕분에 금통위원이란 공직을 하는 바람에 글이 적었다.

민생안정과 긴축

　우리나라 경제는 전해복구와 민생안정에 노력을 경주한 50년대의 성장 예비기를 지나 60년대 초의 시행착오들을 거쳐서 60년대 중반 이래 수출 드라이브를 통한 경제개발 전략을 추진하는 가운데 크게 확대·신장되어 왔다. 이와 같이 경제성장의 가속과 국제수지 균형에의 근접이 이루어졌을 뿐 아니라 한때 고질적이었던 잉여 노동력의 중압에서도 풀려나 근년에 와서는 부분적으로 노동력 부족의 사태가 벌어지기도 하였다.

　일견 신나는 성장 일변도의 개발정책의 그늘에서는 물가상승 압력이 앙진되었으며 장래의 인플레이션 예상은 우리 경제에 체질화되었다. 이와 아울러 우선 떡을 크게 하고 보자는 생각에서 국민소득의 분배는 미래의 문제로 돌려지는 가운데 균점화의 이상과는 거리가 멀게 배분이 이루어져 왔다. 물론 이 두 문제에 대한 정책 당국의 반복된 관심표명은 있었으나 그때마다 곧 구두선(口頭禪)이었음이 판명되곤 하였다. 말하자면 경제생활의 규모는 대형화되었으나 그 질을 결정하는 중요 요인들인 공해·환경오염·주택난·교통난 등을 해결하는 과제와 아울러 물가안정과 균점 분배에는 그간의 경제정책이 무력하였거나 무관심하였다.

　올해 들어 긴축정책의 기조를 굳혀 그간 방만하게 운용되어 온 재정 및 통화·신용 정책에 제동을 걸겠다는 정책 당국의 결의가 밝혀졌다. 이것은 물가안정을 통하여 국민 생활의 안정화를 이룩하고 앞으로 지속적인 경제성장과 수출신장의 착실한 기틀을 마련하겠다는 소망스러운 정책 전환인 것으로 일반 국민의 기대를 모았었다. 그러나 정책금융의 재확대 등으로 정책기조에 틈이 드러나는 가운데서도 당국의 결의 표명만은 반복되었다. 신뢰감을 해치지 않기 위해서는 반드시 언행일치가 있어야 할 것이며 동시에 소득 분배문제에 대해서도 당국의 인식 변화가 요청된다.

어느 한 재벌그룹 또는 몇 개의 재벌그룹들이 우리나라 국민총생산의 몇 할에 해당되는 매출액 실적을 실제로 이룩하였다거나 앞으로 그 몫을 얼마까지 더 올리겠다고 목표를 세웠다는 이야기들은 일반 국민의 몸을 움츠리게 하고 위화감을 부채질하였다. 주로 수출시장을 상대로 하여 기업을 일으킨 지 불과 십 년 안팎에 급거 대기업으로 성장하는 현기증 나는 기록을 이룩하고 문어발을 뻗어 많은 중소기업들을 병탄(倂呑)할 때마다 우리는 한때나마 그것을 탁월한 기업가의 능력 덕분으로 알고 경탄하였다.

그러나 원(元)기업 도산 등의 사태로 밝혀진 것은 대기업일수록 재무구조가 취약하고 각종 정책금융의 수혜를 누리면서 수출금융 유용 등의 변태금융으로 몸을 부풀려온 물거품이었음을 알고 놀라게 되었다. 그러면서도 도산으로 인한 국제적 공신력의 실추를 위협의 수단으로 삼아 구제금융을 받아내는 재주에도 이들은 능했다. 반면에 주로 국내의 일반 국민생활을 위한 재화와 용역을 공급하는 이른바 내수용 중소기업들은 항상 정책적인 혜택을 거의 받지 못하는 음지에 머물렀다.

인플레이션 상황 하에서는 모든 생산요소 및 생산물의 상대가격이 뒤바뀌게 되고 따라서 소득분배 패턴이 크게 흔들리게 된다. 이해를 달리하는 집단 계층들 사이에서는 이기적 추구가 더욱 기세를 올린다. 한탕 하고 보자는 단견의 경제행위·투기행위가 보상받는 반면에 긴 안목의 건실한 경제행위가 징계된다.

우리는 일부 가진 자들의 도피성 해외이민을 보거나, 최근 다소 진정된 듯도 하지만 아직도 불씨가 남아 있는 증권시장과 부동산시장 등에서의 광란을 통하여 4천만 국민 모두가 제 나름의 투기자로 전락한 듯한 사태를 보게 될 때마다, 과연 우리 사회의 결속력이 어느 정도의 충격을 버틸 수 있을까 하는 깊은 의구심을 금할 수 없다.

그러나 최근의 충격적 사태 속에서도 적어도 오늘날까지 각계각층의 국민들이 보인 자제력은 실로 반가운 하나의 발견이었다. 그간 크고 작은 아귀다툼의 와중에서도 우리 사회 안에 그나마 상호신뢰가 메마르지 않았으며 서로 의존하고 공생하여야 한다는 기본적 원리를 터득하고 있었다는 사실이야말로 1인당 국민소득이 1,200달러에 이르렀다거나 조만간 선진국 대열에 자리할 수 있으리라는, 어쩌면 공허한 숫자놀음보다 몇 십 갑절 자랑스러운 일이다.

뒤의 잘잘못을 돌이켜보거나 앞의 어려움을 내다보거나 경제정책과 그것을 둘러싼 분위기를 전환해야 할 필요성은 절실하다. 만일 국내의 제문제를 순리대로 풀어나가고 해외로부터의 도전을 직시, 대응한다면 오늘을 전기로 하여 보다 알찬 경제·사회 발전의 기초를 다질 수 있을 것이다. 이제 우리는 무엇을 알고 어떻게 해야 할 것인가.

첫째로, 경제는 그 나름대로 움직이는 힘과 흐르는 방향을 가진다는 진리부터 재인식하자. 이른바 엘리트 관료들의 손에 의해서 왜곡되더라도 그들의 소망대로 경제의 힘과 방향이 결정되지는 않는다. 그리고 우리 경제의 규모와 복잡성은 이미 소수의 전문인에 의하여 좌우되리만큼 영세하거나 단순하지도 않다. '파킨슨 법칙'의 놀라운 적용으로 우리의 행정기구는 지나치게 비대해졌으며 직급(職級)의 인플레이션도 지나쳤다.

둘째로, 우리가 가진 부존 요소와 조건을 재검토하여 이에 걸맞은 요소가격이 결정되도록 유도해야 한다. 산업구조의 개편 방향도 역시 같은 관점에서 다루어져야 한다.

셋째로, 그간 논란의 대상이 되어온 중화학공업 부문의 투자사업은 적어도 부분적으로 연기하거나 장·단기 국제경쟁력에 비추어 감축할 필요가 있을 것이다. 수출품목의 구성에 있어서도 역시 마찬가지로, 우리가 상대적으로 풍부히 갖고 있는 생산요소를 활용하는 종래의 수출 주종품에 게을리 하지 말아야 한다.

넷째로, 모든 경제활동의 궁극적인 목표는 국민의 의식주와 같은 기초적인 욕구를 충족시키고 나아가서는 문화 및 정신 생활을 흡족하게 하는데 있다. 최근 사태 이후 이른바 민생안정에 최우선하겠다는 정책 당국의 발표는 지극히 당연한 것이다. 그러나 이를 위해 세제, 금융 등 각종 지원에 만전을 기하겠다고 해서 자칫 긴축기조를 무너뜨리는 일은 없어야겠다. 올바른 민생안정과 긴축기조(물가안정)는 궤를 같이한다.

끝으로 그간 경제정책상 여러 가지 우행·무리·아집의 작폐는 당국에 대한 일반 국민의 불신감을 조장하는데 크게 기여했으며, 문제에 당면하여 정수로 응하지 않고 잔재주만 궁리했다는 것을 솔직히 시인하자. 앞으로 가계·기업·정부는 각자의 경제활동에 있어서 탐욕을 버리고 과욕을 자제하는 슬기가 있어야 하겠다. 서로 믿고 의지할 수 있는 사회는 어떠한 경제적 어려움도 쉽게 극복할 수 있을 것이다.

(《동아일보》, 1979. 11. 5)

하루하루가 시들해진 서민

지금으로부터 약 350년 전 화란에서 실제로 있었던 일이다. 오랜 항해 끝이라 아직 국내 물정에 어두운 어느 선원이 부유한 상인 집에 초대받았다. 맛있는 식사를 마친 그는 식탁 주변에서 양파로 생각되는 구근(球根)을 발견하고 삼켜버렸다. 그랬더니 갑자기 주인이 화를 내며 몇 달 동안이나 징역을 살게 했다. 양파인 줄 안 구근은 사실 당시 화란에서 매우 비싼 값에 거래되던 튤립 뿌리였던 것이다.

튤립은 원래 화란에서 자생하지 않고 소아시아 지방에서 수입되었다. 1630년대에 이르러 특수한 색깔의 튤립이 인기를 끌어 고가로 거래되기 시작했다. 해마다 인기 있는 색깔이 바뀌었으므로 다음해에 인기 있을 튤립 구근을 미리 사 모으는 투기 바람이 일게 되었다. 광란이 정점에 이르러서는 특수한 구근 한 개 값이 엄청나게 올라 마차 한 대, 말 두 필, 마구 일습, 그리고 거액의 현금을 합친 것과 맞먹었다. 투기의 거센 바람 속에 사회 각계각층 모두가 열을 올려 저마다 하늘 위 구름 속에다 대궐을 짓기 바빴다. 그러나 드디어 이 어처구니없고 우스꽝스런 광란 끝에 차차 튤립 구근의 진가가 무엇인지를 묻는 회의가 싹트게 되었다.

구근 가격은 급전직하하게 되었고 공황이 뒤따랐다. 정부 관료들은 튤립 구근 값이 하락할 이유가 없다고 천명했으나 아무도 귀를 기울이지 않았다.

18세기 초 영국에서는 이른바 '남양 물거품(South Seas Bubble)'으로 알려진 투기가 휩쓸었다. 역시 광란 뒤에 진실의 순간이 다가와 물거품은 사그라지고 극심한 신용공황이 뒤따랐다. 정부가 개입하지 않을 수 없었으며 공신력의 완전붕괴를 가까스로 방지했다.

옛날도 아닌 20세기 후반, 외국도 아닌 바로 이 땅에서 기가 차기도 하고 한편 우스꽝스럽기도 한 큰일이 벌어졌다. 경제사회가 발전할수록 경제 흐름을 가능케 하는 신용의 그물은 보다 확대되고 보다 섬세해져야 한다. 이른바 '장(張)여인 사건'은 튤립 구근 대신 은행도(銀行渡) 어음을 중심으로 우리 경제사회의 신용을 철저하게 뒤흔들어 놓았다. 그 여파로 은행, 단자, 증권시장 그리고 제도금융 밖의 사채시장 등 모든 금융시장과 그 메커니즘이 일시 마비상태에 빠지게 되었다.

아직 사건이 완전히 종결되지 않아 확실한 것을 알 수는 없으나 보도에 의하면 권력층의 비호 또는 그것을 가장한 가운데 한 부부가 자금의 여유를 가진 사람들을 상대로 무려 2,600억 원여의 물거품 놀이를 벌였다고 한다. 물론 대부분의 국민들은 보도가 있고 나서야 비로소 이 같은 놀이의 존재와 규모를 알고 경악했으며 낮은 화폐단위에서 맴도는 자신의 일상 경제생활이 갑자기 시들하고 짜증스러운 것으로 느껴지게 되었다.

이른바 장여인 사건이 가능했던 배경은 무엇인가? 앞으로 다시 이 같은 사건이 재연되지 않도록 불씨가 완전히 꺼졌다고 볼 수 있는가?

이번 사건으로 한 가지 얻은 것이 있다면 그것은 우리나라 금융 산업의 약점을 가장 철저하고 적나라하게 들추어 보였다는 것이다. 관치금융이 문제의 핵심이다. 좁게 보면 재무부 당국에 대한 금융기관의 예속을 뜻하기도 하지만, 넓게 보면 권력층 일반에 대한 금융 산업의 무방비 상태를 바로 관치금융이라고 한다.

다른 또 하나의 중요 요인은 제도금융권 안팎으로 이원화되어 있는 금융구조다. 제도금융권 밖의 사채시장을 축소하거나 제도금융 안으로 끌어들이는 데에는 기본적으로 두 가지 방안이 있을 수 있다. 하나는 십 년 전 '8·3 조치'와 같이 몽둥이를 동원하는 방법이고, 다른 하나는 제도금융의 효율화를 통한 당근을 이용하는 길이다. 사채자금이란 당나귀를 몽둥이로 다루었던 십 년 전 경험에 비추어 볼 때, 그것은 일시적인 효과를 가질 뿐이며 시간이 흐르면 다시 확대되고 고질화된다는 것이 이번 사건으로 밝혀진 바다.

일반적으로 금융시장의 효율화는 자금동원의 극대화, 자금배분의 최저화, 그리고 금융 중개비용의 극소화를 그 내용으로 한다. 특히 사채시장과 관련하여 제도권 금융기관의 효율화 수단으로서는 금리수준의 적정화가 최상의 무기다. 다시 말하여 금리가 사채시장 금리와 큰 괴리를 가지고 있는 한 제도금융권이 사채자금을 끌어들이기 어려울 수밖에 없다. 이런 의미에서 지난번 1·14 금리인하 조치는 성급하고 그릇된 방향에서 이루어졌다고 볼 수 있다.

지난달 은행기관의 여신할당에 있어서 정부가 지정한 정책사업이나 수출에 주력하는 대기업이 우선이고, 주로 내수시장을 상대로 하는 중소기업이 외면되었다는 사실도 지적하지 않을 수 없다. 따라서 중소기업은 사채시장에 크게 의존하지 않을 수 없었으며 대기업은 이들을 합병의 대상으로 삼았다.

이상에서 언급한 요인들이 해소되지 않고 도사리고 있는 한, 정도의 차이는 있겠으나 이번과 유사한 사건이 재발되지 말라는 보장이 없다. 앞에서 관치금융이란 말로 암시했듯이 금융시장 풍토를 바로잡기 위해서는 금융산업을 둘러싸고 있는 우리 사회의 다른 측면에서의 개혁이 선행되어야 한다. 그 다음 금융부문 내에서 어떤 일을 할 수 있을 것인가를 고려해 보아야 한다.

문제가 많은 마을금고들의 재정비, 신용조합의 육성 및 자율성 확보가 요망된다. 상호신용금고의 신규설립을 허용하고, 건실하고 자본력 있는 금고는 은행기관으로 키워줄 필요가 있다. 단기금융기관의 여·수신업무에 있어 창의적 혁신이 가능하도록 유도하여야 한다. 증권시장에 있어서는 상장기업에 관한 정확하고 신속한 정보 공개를 제도화해야 하겠다.

시중은행의 민영화 및 자율화 작업은 보다 공개적으로 진행되어야 하고 지체되지 말아야 한다. 주인 있는 은행이었으면 이번 사건에서처럼 쉽사리 휘말리지 않았을 것이다. 그리고 중앙은행이 금융정책 당국답도록 배려가 있어야 하겠다. 이번 사건을 계기로 자금 여유를 가진 일반 투자자들은 이자율(수익성)과 동시에 위험부담이 무엇이며 유동성(또는 환급성)이 무엇인지 배워야 한다.

그리고 은행민영화 진행에 따라 앞으로 예금자보호를 위한 예금보험제도 도입에 대한 고려도 있어야 하겠다. 정부는 이번 사건 수습 차 2천억 원, 그리고 중소기업 자금, 농촌도로 포장, 수출금융 지원확대 등으로 5천억 원 이상을 풀 계획이므로, 결국 인플레이션의 유발을 통해 손해를 보는 진정한 선의의 피해자는 어음 한 장 사보지 못한 일반 서민가계들이라는 사실을 명심할 것을 당부하고 싶다.

엄청난 태풍의 충격에도 불구하고 우리 경제사회가 완전히 붕괴되지 않고 움직이고 있는 것은 바로 이러한 수많은 건전가계들 덕분이라는 것을 고맙게 알아주길 바란다. 여러 가지 의미의 신용회복이 사태 수습의 첩경이다.

5·18 조치를 보면 정책 당국이 대기업의 입김에 이끌려가고 있는 느낌이다. 금리인하 주장이 관철된 다음에는 통화지표 시비를 일으키면서 자금 방출을 아우성하여 긴축정책 기조를 무너뜨리려고 하던 것이 이번 사건을 기화로 하여 그대로 실현된 셈이다. 다시 기업의 방만한 경영이 결국 이득이 된다는 예상이 적중하는 풍조가 일지 않을까 우려된다. 수출과 수입이 각각 40퍼센트 이상을 차지하는 우리 경제에 있어서 내수 진작에도 한계가 있음을 알아야 한다.

(《중앙일보》, 1982. 5. 20)

■■■■■■■□□□

5·18로 치는, 이른바 '장(張)여인 사건' 수습대책의 일환이었다. 이때 단자회사(후일 종금사로 전환) 등 금융기관 인가 남발 때문에 십여 년 뒤 금융부실이 가속되었고, 97년 외환위기의 먼 원인이 되었다. 당시 유행하던 '공급경제학'과 '경제적 지대'를 없앤다는 명분을 내세운 정부 앞에 금융기관이 일반 상사와 다르다는 주장이 무색했다.

가까이도 멀리도 말고

사물이나 현상을 살피는 데에는 대상에 따라 적합한 관찰방법과 마음자세가 있을 것이다. 관찰방법에 있어서 중요한 것은 대상으로부터 적당한 거리를 유지하는 일이다. 흔히 하는 말이지만 지나치게 가까운 위치에 서면 숲은커녕 나무도 보지 못하고 오직 잎사귀만을 보게 될 것이고, 과도하게 먼 거리에 자리하면 잎사귀와 나무는 물론 숲의 윤곽조차 뚜렷하게 파악하기 어렵게 되고 만다. 하기야 가능한 한 관찰거리를 좁히기 위한 노력이 정당한 경우도 있다. 초강력 전자현미경을 동원하는 미생물학자나 거대한 반사망원경이나 전파 탐지장치를 이용하는 천문학자의 예가 그러하다. 반면에 지구가 둥글다는 것을 육안으로 직접 확인하기 위해서는 우주선을 타고 지구로부터 멀리 날아가 달 표면에 자리잡는 것이 편리할 것이다. 그러면 한 나라의 국민 경제 전반의 모습을 파악하려는 경우에 있어서 유효한 관찰거리는 어느 정도일까? 그리고 그 위치는 어디쯤일까?

언제부터인지 우리나라 관청가에서는 경제현장을 살피는 일의 중요성이 강조되고, 이른바 '경제실무'의 경력 유무가 등용의 갈림을 결정하는 듯한 느낌이다. 만일 지난날 경제정책 당국자들이 경제의 실상을 잘 모르고도 탁상공론으로 국민 경제를 운용해 왔다는 판단이 타당하다면, 이 같은 새로운 관행은 바람직하다. 사실상 국민 경제의 기초를 이루는 미시적 현상에 대한 올바른 지식은 정책 당국자들에게는 필요

불가결하다.

그러나 모든 일이 그러하듯이, 이것도 지나치면 오히려 적당히 부족함만 같지 못하다. 수많은 기업이나 공장들에서 매일매일 일어나고 있는 현상들은 매우 다양하며 동시에 반복적이다. 다양하기 때문에 어느 업종의 기업을 관찰대상으로 방문하느냐에 따라 현실인식과 문제의식이 상이하게 나타날 수 있다. 반복적이기 때문에 몇 차례의 현장시찰 뒤에는 새롭게 얻는 것이 없다는 단조로움의 권태를 갖게 된다. 중요한 것은 업체수준에서의 문제의식을 국민 경제 차원으로 일반화하기 위해서는 상당한 논리적 훈련이 갖춰져야 한다는 사실이다.

한 기업에서의 문제를 그대로 전체 경제사회의 문제인 양 확대해석하다가는 오류에 빠지기 십상이다. 더구나 보다 근본적인 문제는 관찰에 있어서 지식이 전제되어야 한다는 것이다. 즉 지식이 없으면 관찰도 불가능하다. 다시 말해서 관찰을 통하여 지식을 확인할 수는 있어도, 관찰이 곧 지식의 창조는 아니다. 보편타당성을 가진 지식은 논리적 가공을 거쳐야 비로소 이루어진다. 여기에 현장시찰이 경제정책 당국자에게 가지는 중요성의 한계가 있다. 현장시찰의 분주함이 진정한 의미의 정책의 부재를 위장할 수는 없다.

현장을 지나치게 자주 돌아보는 일을 강조하는 정책 당국자가 자칫하면 빠질 수 있는 함정은 국민 경제의 현실을 현장에서 받은 강렬한 인상에 따라 파악하고 대책수립에 조급하게 서두르게 된다는 것이다. 이렇게 하다보면 국민 경제의 부문별 균형을 잃게 되고 상호 모순되는 정책과 조치들이 짧은 간격을 두고 나타나게 된다. 국민 경제는 서로 이해관계를 달리하는 여러 계층들의 행동으로 엮어져 나아간다. 기업과 근로자 가계, 수출부문과 내수부문, 대기업과 중소기업, 업종 간에 이해가 일치하는 측면도 있으나 상충되는 측면도 있다.

바로 이 같은 이해관계 때문에 국민 경제를 담당하는 정책 당국자의 요건으로 '경제실무'의 경험을 지나치게 중요시할 수 없는 한계가 있다. 이것은 관찰자의 마음자세와 연결된다. 아무리 국민 경제의 흐름을 관찰하기에 적당한 위치를 잡는다 하더라고 마음자세가 어떠한가에 따라 그 결과가 크게 다를 수 있다. 경제정책 당국자에게는 상당한 수준의 지식과 아울러 도덕성이 요청된다. 이것은 너무나 당연하여 부연이 필요치 않다. 오히려 문제는 정책 당국자가 자신의 도덕적 정당성에 도취하여 일반국민에게 이것을 요구하고 국민 경제 흐름을 급격히 바꾸거나 제도개편에 급진적으로 접근하는 일이다.

애덤 스미스가 일찍이 말하였듯이, 우리가 이웃 빵 가게에서 항상 따뜻하고 신선한 빵을 구할 수 있는 것은 가게 주인이 손님에게 덕을 주려는 마음 때문이 아니라 자기 스스로의 이익을 추구하기 때문이다. 국민 경제의 수레바퀴는 이 같은 이기심에 의하여 회전한다. 아니 적어도 그렇다고 이해하는 데서 출발하는 것이 유용하다. 우리가 의식구조 개혁을 아무리 강조하더라도 자유로운 시장경제에서는 결국 이기주의적 빵 가게 주인들 덕분에 전체주의적 경제사회에서처럼 맛없는 검은 빵을 구입하려고 고객들이 길게 줄지어 늘어서지 않아도 된다.

경제 이외의 측면에서 사람들이 도덕적으로 깨끗하게 되는 일은 바람직하다. 경제활동에 있어서도 사람들이 개인적인 차원에서 스스로 남을 생각하는 관점이 바람직한 측면도 없지 않다. 그러나 정책 당국자가 자신이 도덕적으로 결백하다고 판단한 나머지 모든 경제 단위들에도 그러한 것을 기대하거나 요구하는 일은 위험하다. 오히려 경제행위자들이 모두 이기적일 것으로 기대하고 경제정책을 수립하여야 한다. 제도개혁에 있어서도 그러하다. 현재의 정책 당국자가 자신의 도덕적 우월성을 확신하고 진정한 선의에서 어떤 제도개혁을 실행하는 경우 역시 확신을 가진 후임자가 또 다른 의미의 선의에서 그 제도를 또 다른 방향으로 이용하지 않으리란 보장이 없다. 자기 행위를 설명하거나 정당화하지 못하는 사람은 드물다. 그리고 자신의 도덕적 정당성에 대한 확신을 갖지 못하는 정책 당국자는 일찍이 드물었다. 그런데 그럴수록 경제사회의 흐름은 경직·왜곡되며 전체주의 사회의 사고방식에 접근하게 될 위험이 있다.

　더 말할 나위도 없이 경제적 부패와 부조리가 심한 사회일수록 생활영위에 불편과 곤란을 느끼는 사람이 증대한다. 도덕적 결벽증의 서슬이 시퍼런 사회일수록 삶의 권태와 피곤이 증대되고 급기야는 삶 그 자체가 불가능하게 된다. 막강한 사찰조직을 가진 전체주의 사회에도 암시장이 존재하고 투기가 있다. 어느 사회, 어느 시대에 있어서도 경제적 부조리의 근절은 불가능하다. 이 같은 사실의 겸허한 인식은 매우 중요하다. 그리고 이것은 결코 경제적 부조리를 권장하는 뜻을 담고 있는 말이 아니다.

　도덕적 결벽증이란 갑옷은 경제정책 당국으로서도 거북스러울 것이다. 어느 한 곳에라도 틈만 있으면 전체가 무용지물로 되고 말기 때문이다.

　경제사회란 늘 어느 구석인가 구린 데가 있게 마련이고, 밝지 못한 측면을 피할 수 없다. 너무 멀리도 가까이도 말고 적당한 거리에서 관찰하고, 너무 맑지도 너무 흐리지도 아니한 경제사회를 현실로 직시하는 경제정책 당국의 자세가 아쉽다.

(《한국경제》, 1983. 5. 29)

외곬이라는 것

한곬에 정신을 집중하여 노력하면 어떠한 어려운 일도 이겨낼 수 있다. 일정한 곳에 끊임없이 떨어지는 낙숫물이 큰 바위에 구멍을 내고야 만다. 그러므로 사람은 한 우물을 파야 성공한다고 한다. 참으로 타당한 말이다. 외곬으로 치닫는 사람에게서 우리는 끈기 있는 노력의 땀 냄새를 길게 느끼게 된다. 외곬의 노력으로 엄청난 역경을 딛고 승리한 예는 역사상 허다하다. 아니 거의 모든 위인들은 따지고 보면 외곬의 삶을 살다간 분들이다.

99퍼센트의 노력을 성공의 비결이라고 강조한 발명가 에디슨의 말도 결코 헛된 말이 아니었다. 만년에 베토벤이 귀머거리의 고통을 이기고 명목을 작곡할 수 있었던 것도 다름 아닌 끈질긴 노력의 덕분이었다. 때와 곳을 가리지 않고 어떤 분야에 있어서나 외곬스러운 데가 있어야 뜻하는 바를 이룰 것이리라. 외곬스런 노력의 정도는 각자가 처한 역경에 정비례하고, 능력에 반비례한다고 정식화할 수 있을까.

한 가닥의 길로만 걷는 것은 전문성을 높여주는 이점이 있다. 애덤 스미스가 말한 분업의 이익이라는 것도 따지고 보면 사람이 한 가지 일에만 열중하다 보면 차츰 그 일에 익숙해지고 이에 걸맞은 기능과 기술을 습득하게 된다는 뜻이다. 어느 선배 한 분이 우리 사회에서 가장 안타까운 것이 '장인(匠人) 기질의 결핍증'이라고 지적하였지만 이것도 외곬 인생들은 찾아보기 어렵다는 말이다.

어느 직장, 어느 부서에 있어서나 장인들이 많이 등장하기를 바란다. 공부하는 사람의 경우는 물론, 아마도 돈 버는 기업가의 경우에도 전문가다운 데가 있어야 사업이 번창할 것이다. 한평생 외길을 걷는 분들을 존경하는 사회풍토였으면 싶다. 그런데 외곬 인생에도 흔히 문제가 따르게 됨을 보게 된다.

말에 눈가리개를 씌우면 빠르게 그리고 곧게 달린다. 더욱 바람직한 것은 눈가리개 없이도 잘 달리는 말이다. 외곬으로 삶을 영위하는 사람 가운데는 흔히 편견을 고집하여 남의 말을 받아들이기를 거부하는 경우가 많다. 주위에서 납득하기 어려우리만큼 과대망상에 사로잡히기도 한다. 지나치게 비타협적이어서 대인관계가 고달프기 쉽다.

직장이나 가정에서 조화를 추구하려 애쓰기보다 스스로 선택한 소외를 즐긴다. 바위를 뚫는 물방울이 흩어져 스러지듯이, 외곬스럽게 노력하는 과정에서 인정이 메마르고 인격이 왜곡된 사례도 흔하다. 이같이 될지도 모를 가능성에도 불구하고 개인적으로 보면 역시 한 길을 외롭게 꾸준하게 걷는 인생은 보람찬 인생일 것이다. 공직에 몸을 담고 많은 국민들의 생활에 영향을 미칠 수 있는 사람의 경우도 역시 그러한 자세가 소망된다.

그런데 문제는 여러 가지 정책목표들 가운데 완급 또는 우선순위를 정하거나 적절한 배합을 선택하여야 하는 경우에도 외곬스런 접근법이 타당한가 하는 것이다. 경제정책 당국이 물가안정을 비롯하여 고용증대, 경제발전, 국제수지균형, 소득분배의 균형 등을 정책목표로 삼아 그 배합을 추구한다는 것은 주지의 사실이다. 그런데 만일 경제정책 당국이 그 중 어느 하나에 대한 편집증을 갖는다면 어떠할까?

필자는 물가안정의 중요성을 강조하는데 있어서 남에게 버금가라면 서러워할 사람 중의 하나이며 안정화 정책이 앞으로도 상당기간 지속되어야 한다는 견해에 동의한다. 그러함에도 불구하고 근자에 있어서 정책 당국은 물가지수의 변화율에 집착하는 게 아닌가 하는 생각이 든다. 작금의 도·소매 물가지수의 변화율에 과도한 중요성을 두고 있지는 아니한가 하는 의문을 품게 되곤 한다. 물론 1970년대에 걸쳐 매년 평균 20퍼센트에 가까운 인플레이션은 우리 국민 경제의 가장 고질적 문제의 하나였으며 이에 비한다면 작금의 물가오름세 수준은 큰 개선이었다. 그렇다고 하더라도 이것만을 거의 유일한 정책목표로 삼은 듯한 인상을 국민이 가질 정도로 물가변화율의 백분율 포인트에 신경을 쓸 까닭이 있을까?

우리나라에는 언제부터인가 1961년 이전의 경제 실적을 폄하는 경향이 있는 듯하나 따지고 보면 추곡작황이 이례적으로 좋았던 덕분 등으로 1958년에 도매물가가 오히려 하락했던 실적이 있다. 이것이 곧 당시 경제정책 당국의 성공과 국민복지 향상의 척도로 받아들여졌던가? 이것이 곧이어 닥쳐왔던 경제사회의 혼미를 예방할 수 있었던가? 그 답은 자명하다. 보다 가까운 사례로서 물가를 3퍼센트에서 억제할 수 있다고 공언하던 1973년의 경험은 어떠한가?

지난해의 물가오름세가 진정되었던 원인을 캐어보면 원유를 비롯한 주요 원자재의 국제가격이 안정되었고 정부와 농민들의 노력으로 <u>천우신조하여</u> 미곡생산이 평년작을 넘어섰으며, 수출이 부진하여 수출재화가 국내시장으로 넘쳐흐른 반면에 소비재를 중심으로 수입물량이 크게 늘어난 데에도 힘입은 바 적지 않다. 어떤 면에서는 물가안정과 양립하는 통화량 증발이 빚어졌으며, 부동산 시장에 자극을 주지 않았던가? 간추려 말하자면 지난해 및 올 상반기 물가동향에 대하여 정책 당국만의 힘이라고 내세우는 것은 무리가 아닌가 하는 생각이 든다.

물가상승률을 떨어뜨리기 위하여 주요상품의 가격을 동결하고 소득 및 물가의 가이드라인 정책을 쓴 것은 어느 측면에서는 이해할 수가 있다. 그러나 만일 어느 한 해의 물가오름세에 집착하여 무리를 한다면 이것은 그 다음 해에 있어서 보다 큰 폭의 인플레이션을 잉태하는 결과가 될 수도 있는 것이다.

경제정책의 목표는 물가안정 이외에도 앞서 말한 여러 가지 목표들이 있다. 최근 경기가 호전되고 있다고 하나 전반적으로 보아 수출부문은 침체국면에서 크게 벗어나지 못하고 있으며 수입의 증대는 멈추지 않고 있다. 우리나라의 국제신용도가 높다고는 하나 국제수지의 방어를 미리부터 다짐해 두는 일의 중요성은 아무리 강조해도 지나치지 않는다.

국민 경제 사회의 향상과 발전을 외곬으로 생각하는 것은 바람직하다. 그러나 복잡하기도 하고 상충되기도 하는 경제정책 목표들 가운데 어느 한 가지에 지나치게 치중해서는 안 된다고 본다.

《한국경제》, 1983. 7. 3)

신문 간판을 내릴 뻔한 서릿발 필치

호영진
(당시 《한국경제신문》 편집국장, 사장 역임)

서슬 시퍼렇던 신군부 시절 '짐은 곧 국가' 라는 루이 14세식 사고를 가진 전(全) 장군은 필자의 뇌리에는 항상 김병주 교수의 지혜가 넘치면서도 짓궂은 모습과 겹쳐져 떠오른다. 신문사의 간판을 내려야 할 위기가 느닷없이 김 교수의 붓 하나로 초래됐으니 나로선 그럴 수밖엔 없지 않은가.

어쩌면 계획보다도 수월하게 권좌에 앉은 직후 전 장군은 죄책감을 경제정책으로 보상하려는 강한 집념에 사로잡혀 있었음이 분명했다. 용케도 그의 소원은 제대로 만난 경제교사(김재익 경제수석)의 현명한 처방 덕분에 얼마만큼은 달성되었다고 할 것이다. 그 정책이란 물가안정을 지상으로 하여 여타의 모든 목표는 그 하위의 우선순위로 밀려야 된다는 것이었다.

전 대통령의 그렇게 중차대한 물가안정 정책 의지는 초기 몇 달 동안 많은 마찰을 불러일으켰다. 경제정책이란 종합예술이어서 어느 하나만 있고 여타의 것은 도외시한다는 게 난센스임을 삼척동자인들 모르겠는가. 그러나 경제계, 학계, 언론 할 것 없이 반론을 펴느라고 폈지만 모기 소리처럼 들릴락 말락이었다. '땡! 전(全) 뉴스'라 하여 매시간 TV 뉴스 첫머리에 무조건 대통령의 동정을 방영해야 하는 판이었으니 말이다.

그때 《한국경제신문》에는 〈일요아침〉이란 칼럼이 매주 일요일자 1면에 자리잡아 무척 무게가 있었다. 그날 김 교수의 칼럼 원고가 편집국장이었던 내 책상에 왔다. 몇 줄 안 읽고서 "이거, 야단났구나" 하고 전기충격이 왔다. 그의 정연한 비판 논리뿐 아니라 한 마디 한 마디의 어휘가 칼끝처럼 맵차서 서릿발이 서려 있었다. 아무리 생각해도 그대로 나갔다가는 필자든, 신문이든 피를 보지 않고는 넘어갈 것 같지가 않았다. 궁리 끝에 너무 심하다 싶은 글의 가시 몇 군데를 부랴부랴 손질해 공장에 넘겼다.

신문이 나가고 이틀 뒤 기어코 벼락은 떨어졌다. 사장의 안색이 하얗게 됐다. 언론계 출신인 청와대 K 비서관이 내려와 전 대통령이 "이 신문 문 닫아!"라는 단호한 반응을 보였으나 간신히 빌어 위기는 모면했다는 것이었다.

그 뒤로 거의 모든 언론이 유구무언 쪽으로 시국이 바싹 얼어붙는 시류에 김 교수의 필화는 묻혀버렸다. 친분이 있음을 기화로 사전 동의 없이 가시를 뺐으니 망정이지, 만일 원고가 수정 없이 나갔다고 가정할 때 그 결과가 어떠했으리라는 것은 상상만 해도 매번 모골이 서늘하다. 그렇던 그가 어느새 정년을 넘겼다니 세상 뭔가 허전할 따름이다.

본문의 밑줄 친 부분이 호 선배가 빼준 가시였다. '과대망상'을 '자존심'으로, '전우신조하여'를 '정부와 국민의 노력으로'로 수정해 준 덕분에 소문난 동부이촌동 지하실 구경을 면하게 되었다. 참으로 금석지감(今昔之感)이 든다. 한편 가시를 뺀 글인데도 그 행간(行間)을 읽어낸 전(全) 대통령의 눈이 놀랍다. 요즘 대통령도 신문을 읽어주었으면 한다.

말의 성찬(盛饌)

해마다 연말연시가 되면 지난 한 해를 되돌아보며 못 다 한 일을 후회도 하고, 맞이하는 새 해를 바라보며 새로운 생활을 그려보고 다짐해 보는 것이 사람들의 일반적 관례다. 나라 살림도 개인의 경우와 마찬가지인 듯, 해마다 연초에 즈음하여 우리는 푸짐한 말의 잔치에 초대되곤 한다. 여기에는 긍정적인 측면이 없지 않다.

정부 부처마다 한 해 동안 운영의 기본 틀을 국민과 관련부서에 미리 알려줌으로써 즉흥적으로 행정하거나 표류하는 것이 아니며, 어떤 사태가 일어난 다음에야 임기응변으로 꾸려가지 않는다는 것을 내보이는 기회가 될 수도 있기 때문이다. 이제 업무계획 보고는 하나의 관행으로 정착한 듯하다. 여러 해 동안 이것을 지켜보아 온 국민의 한 사람으로 필자 나름대로 느낀 몇 가지 소감과 아울러 좁은 소견을 적어볼까 한다.

우선 부처마다 업무계획을 세우는 일에 지나치게 많은 시간과 인력이 투입되는 것은 아닌지 하는 느낌을 떨쳐버리기 어렵다. 특히 연말연초에 즈음하여 행정 및 관리업무와 대(對)민간 봉사업무에 비하여 계획업무가 비대함에 따라 일시적으로나마 일상적 업무운영에 차질이 빚어질 우려가 없지 않다. 관료의 능력 평가가 실제 업무추진 능력보다 때로는 오히려 브리핑 기술로 판가름되기도 한다는 세평이 유력할수록 이 같은 경향은 더욱 가속화될 것이다.

보고양식에도 문제가 있다. 흔히 개조식으로 쓰인 짧은 문장과 관심을 모을 수 있는 어휘들이 애용된다. 개조식 문장 뒤에는 빈약한 사고능력과 문항 간의 모순이 피신할 수 있으며, 애용되는 낱말들은 흔히 듣기에는 그럴싸하지만 별로 내용을 담지 못하거나 뜻의 전달이 부정확한 경우가 많다. '활성화', '확충', '내실화' 등의 단어는 실제에 있어서 때로는 구체적으로 무엇을 하겠다는 뜻인지 모호한 경우가 있다.

매년 같은 사업계획을 보고하기가 어색하여 기발한 아이디어를 발굴하는데 급급한 나머지, 실현가능성 여부를 미리 따져보는 노력이 부족한 경우도 있는 듯하다. 중요한 장기 추진사업이라면 수년 간 업무계획에 줄곧 등장하는 것은 당연하다.

흔히 부서장이 바뀌면 전임자가 마련했던 계획내용 중 계속 추진이 필요한 사업이라도 중단되거나 방향을 바꾸거나 덜 강조하고 새로운 사업을 즐겨 추구하는 나머지 자칫하면 행정의 일관성을 잃게 될 가능성이 있다. 한때 농업통계에 무리를 빚었듯이 때로는 현실을 무시하고 전임 부서장보다 더욱 의욕적인 계획을 내세운 적도 있음을 기억할 필요가 있다.

부처별 업무계획을 보고하기 이전에 관련 부처 간의 절충이 충분히 이루어지지 못한 경우도 있다. 사전에 부처별 업무계획을 조화롭게 조합하고 조정하는 기능이 미비하다. 결과적으로 정부의 예산제약을 의식하지 못한, 의욕만 앞선 계획을 내세울 수도 있다. 경우에 따라서는 A부서의 업무계획 보고가 끝나면 B부서에서는 중복과 상충을 피하기 위하여 단기간에 수정작업을 감행하기도 하는 듯하다.

새해 계획을 세우는 일 못지않게 지난해 계획이 과연 어느 정도 추진되었는지 알아보는 일도 중요하다. 현행 업무계획에는 성과 평가가 등한시되고 있으며 필자가 과문한 탓도 있겠지만 업무추진 결과를 점검하는 행정기능이 취약한 느낌이다.

이상의 여러 가지 이유로 해서 업무계획 보고가 자칫 잘못하면 정

부의 부서장들이 공명심을 경쟁하는 행사로 전락할 가능성이 있으므로
이에 대한 적절한 대책이 마련되어야 한다. 구체적 개선방안을 제시하
는 일은 필자의 능력과 전문분야를 벗어나는 것이지만, 적어도 기본방
향 또는 과제에 관련하여 다음 몇 가지 논급을 해볼 수 있을 것이다.

우선 연말연시에 행정능력이 계획의 업무에 집중되는 결과로 일반
행정업무 운용이 단시간이나마 순조롭지 않게 되는 일이 없도록 하기
위하여 업무계획 보고 행사의 비중을 현재보다 낮추는 것을 생각해 볼
수 있을 것이다. 동시에 계획내용도 모든 사항이 망라되도록 나열할
것이 아니라 중점사업만을 선정하여 기획함으로써 준비에 투입되는 시
간과 인력을 감축하는 한편, 보고 그 자체에 소용되는 시간을 줄이고
대신 의견교환 시간을 늘렸으면 하는 생각을 갖게 된다.

다음으로 업무계획 수립에 비하여 등한시되어 온 사업추진의 성과
를 점검하는 기능을 강화함으로써 실현가능성이 의문시되는 계획을 깊
은 책임의식 없이 열거하는 폐단을 예방하는 과제가 중요하다고 느껴
진다.

브리핑 능력이 출세를 크게 좌우했다는 지난날의 세평에서 탈피하
여, 타당성이 인정된 과업의 추진 정도를 크게 고려하되 여기서 유의
할 점은 비록 추진 정도는 높다 하더라고 다른 측면에서 무리가 따르
지 않았는가를 감안하여야 할 것이다. 이 문제와 관련하여 특히 지적
하여야 할 사항은 그럴싸한 계획목표의 조기달성을 위하여 민심이 동
요되거나 자극되는 일이 없었는가를 살피는 것이다.

마지막으로 매우 중요한 과제는 보도기관에 비쳐진 업무계획 보고
의 양식과 관련된다. 적어도 전파매체에 비쳐진 것을 보면 업무보고
행사가 보다 다양하고 부드러웠으면 하는 아쉬움을 갖게 된다.

몇 주일에 걸쳐 같은 시간대에 국민들에게 집중적으로 홍보되는 보
도량이 너무나 많아 소화불량을 느끼게 될 우려가 있으므로 대화가 오
가며 때로는 토론도 있는 가운데 국사가 마련된다는 것을 보여주도록
노력하였으면 하는 바람을 느끼게 된다.

　국민이 정부의 업무계획 보고 행사에 관심을 갖게 되는 것은 지극히 당연하다. 따라서 이 같은 행사를 통해서 보도되는 새로운 사업계획에도 관심을 쏟게 되지만 그 사업이 과연 연말에 이르러 어느 정도나 실현되느냐도 그에 못지않게 주의를 가지고 바라보게 된다. 바로 여기서부터 관계당국에 대한 국민의 신뢰가 싹트기도 하고 불신의 벽이 높이 쌓이기도 한다. 동시에 중요한 것은 업무계획의 구체적 내용 못지않게 국민에게 투영되는 정부의 이미지도 역시 중요하다는 사실이다.

(《중앙일보》, 1984. 3. 9)

해마다 신년 초 각 부처가 사업계획을 보고하는 자리에서도 말하기 좋아하는 대통령의 말을 장관들이 받아쓰는 TV 뉴스 장면이 우스워 돌려쓴 글이다.

얻는 것 있으면 잃는 것도 있다

해방 이후 40년 세월을 돌이켜 보면, 많은 풍파를 겪은 가운데 국민의 일반적 경제생활이 나아졌다는 것은 부인할 수 없는 사실이며, 얻은 것이 있는가 하면 잃은 것도 없지 않은 듯하다. 어떤 것을 얻었으며, 또 어떤 것을 잃었는가?

한국전쟁은 우리에게 커다란 파괴와 인명손실을 주었으며 아직도 이산가족의 아픔과 슬픔이 남아 있다. 그러나 동시에 6·25는 대변혁의 기폭제가 되었다는 평가도 성립할 수 있다. 봉건적 반상(班常)의 계급의식을 무너뜨리고 피난생활을 통하여 지방색을 혼합하여 이질감을 줄이고, 막연하게나마 '나물 먹고 물 마시고 팔을 베고 누웠어도 그 속에 낙이 있다'는 식의 사고방식에서 탈출하는 계기를 마련했다.

독일의 사상가 아담 뮐러는 전쟁 예찬론자였다. 그는 개인보다 민족 전체를 중시하고 민족정신이 평화 시에는 해이해지고 더럽혀졌다가 전쟁 시에 비로소 맑아진다고 보았다. 그가 사후에 나치 사상의 원조로 추앙된 것은 놀라운 일이 아니다. 필자가 6·25의 긍정적 구석을 찾아보려는 것은 뮐러의 영향 때문이 아니라, 미국의 제도학파를 세운 베블런(T. Veblen)의 영향 때문이다. 베블런에 따르면 전쟁은 평화 시의 경제활동에 부적합한 요소들을 정비함으로써 경제성장을 촉진하는 구실을 한다고 보았다.

우리는 흔히 우리의 경제성장 과정을 이야기할 때 60년대 초부터 따지는 습관에 젖어 있다. 이것은 군사정권 수립 이후의 경제정책 성과를 높이려는 홍보 때문이라는 비판도 있다. 하지만 그 이전 50년대도 중요하고 전쟁기간도 중요하다는 것이 필자의 소견이다. 만일 한국전쟁 휴전 이후 50년대를 생략하고 곧바로 60년대로 넘어갔을 때 그 이후의 경제성장이 가능했을 것인가를 생각해 보면, 민생의 안정, 전쟁의 복구, 고도성장의 준비 등 50년대의 공헌을 결코 소홀히 다룰 수 없음을 알게 된다.

한걸음 더 나아가 6·25 전쟁도 그 이후의 경제성장에 이바지한 바 없지 않다. 아마도 베블런은 남북전쟁 이후 미국의 경제성장이 가속됨을 보고 시사받은 것 아닌가 하는 느낌을 갖게 되지만 냉정하게 따지고 보면 우리의 경우도 전쟁을 통해 사람들이 영악해지고 과거로부터 물려받은 무거운 인습의 굴레를 박차고 나서서 물질적 생활의 향상을 추구하게 된 사실을 눈감아 숨길 수 없다.

그런데 빛이 있으면 그림자가 있고, 성공이 실패의 불씨를 동반하듯이 우리의 고도성장도 어느 측면에서는 많은 문제를 새로이 빚어냈다. 인플레이션, 소득분배의 불평등, 산업부문 간 및 지역 간의 불균형, 외채의 중압 등이 여전히 우리의 앞길을 위협하고 있는 문제들이다. 보다 심층적으로는 우리가 물질적으로 얻은 것이 있는 반면에 정신적으로 잃은 것이 많다.

경제성장을 위해서는 사람들이 물질적 이익추구에 눈을 뜨는 것이 필요불가결한 전제조건의 하나이다. 우리나라 사람들은 전쟁의 와중에서 눈을 뜨게 되었고, 그 이후 성장과정에서 눈빛이 날카로워져 모든 국민이 단기적인 이익에 집착하고 그러한 기회를 노리는 투기자들로 변신했다는 느낌을 떨쳐버리기 어렵다. 부동산 투기를 부채질하는 전문 투기자들 가운데 전통사회에서는 안방에 자리할 부인네들이 복부인으로 변모하여 설치게 된 것도 이러한 맥락에서 이해할 수가 있다.

물질적 이익추구에 눈초리를 날카롭게 하다보니 진정으로 삶의 보람을 주는 많은 일들에 대해서는 눈이 멀게 되었다고나 할까. 안타까

운 마음이다. 한편 길게 보면 어느 나라든지 이 같은 부작용을 어느
정도 수반하지 않고 경제발전을 이룩한 예도 없을 것이다. 얻는 게 있
으면 잃는 것도 있고, 잃은 것이 있으면 다시 얻을 수 있는 게 아닐
까. 가치기준의 상대성과 아울러 새옹지마(塞翁之馬)를 반추해 보게
된다.

(《경향신문》, 1984. 3. 10)

금통위 — 시녀와 식객 사이

　지난날 우리 국민 경제는 정부 주도 아래 고도성장을 추구해 오는 과정에서 실물경제 측면에서는 눈부신 발전을 이룩하였으나 이를 지탱하는 부담에 눌린 금융부문은 어두운 그림자에 가리어 성장이 부진하였다. 되돌아보면 국내저축으로 동원할 수 있는 재원이 부족한 상황에서 이를 전략산업에 배분하기 위해서는 정책금융의 확대, 금융기관의 인사·조직·경영 등에 대한 각종 규제의 강화, 금융산업 시장의 억압 등이 어느 정도는 불가피했다고 볼 수 있다.

　우리의 문제는 이러한 관치금융이 국민 경제의 발전단계에 비추어 정당화될 수 있는 시기를 지나서까지 강도 높게 지속되어 왔다는 데 있다. 이제 우리의 금융산업은 지난날의 관치금융의 질곡을 벗어버리고 자율화(또는 자유화)·국제화·대형화를 추구함으로써 국민 경제의 효율성 제고에 이바지하여야 할 시대적 과제를 안고 있다.

　최근 활발히 논의되기 시작한 중앙은행의 개편 문제도 이러한 흐름을 타고 있다. 지난날의 금융억압 잔재를 청산하고 중앙은행이 보다 독립성(내지는 중립성)을 확보하는 방향으로 개편되어야 한다는 데 대체적으로 의견이 모아지고 있다. 그런데 진정으로 어려운 대목은 구체적인 내용과 정도에 있다. 바로 여기에 관련 기관들의 이해관계가 첨예하게 대립되고 정치권의 바람이 개입되기 때문이다.

　그런데 이러한 논의 가운데 흔히 간과되고 있는 듯이 보이는 것은 금융통화(운영)위원회의 기능 강화 문제다. 그 의장이 누가 되어야 하고, 구성인원 및 추천기관이 어떻게 되어야 한다는 데에는 의견이 있으나 동 위원회가 참다운 금융정책의 의사결정 기관으로 구실할 수 있도록 제도를 개선코자 제시된 방안은 관련기관 어느 한 편에 치우치는 경향을 보인 것에 불과하다고 비난의 화살이 비 오듯 하였다.

그러면 금통위가 과연 제구실을 다해 왔는가를 되돌아 살펴보기로 하자. 그간 금융통화위원회가 이른바 '금통위'라고 불리어온 까닭을 따지고 보면 아마도, 첫째 동 위원회를 시녀로 다루어온 정부, 둘째 그 구성원들을 식객으로 보아온 중앙은행 집행부, 그리고 시녀와 식객 사이에서 우왕좌왕하느라 제자리를 굳히지 못한 위원들에게 책임이 골고루 나뉘어 있다고 보는 것이 가장 공정한 평가일 것이다.

이것이 적어도 짧은 경험을 기초로 한 필자의 개인적 소신이다. 앞으로 금통위가 시녀기구로서의 성격을 탈피하도록 개정안들이 마련되고 있는 줄 안다. 그런데 여전히 남아 있는 문제는 식객들이 간헐적으로 모였다가 헤어지는 사랑방쯤으로 다루어지는 금통위의 위상이다. 이 점에 관해서는 관련기관 어느 쪽에서도 관심이 별로 없는 듯하다. 더구나 우려되는 것은 은행집행부의 장(長)이 되는 사람이 금통위의 의장직을 겸임하는 것을 당연시함으로써 오히려 사랑방으로서의 면모가 강화되지나 않을까 하는 점이다.

그간 주요 금융문제가 위원회에서 구체적으로 다루어지지도 않은 점, 위원들에 대한 자료배포가 언론기관의 보도와 거의 시간을 맞추거나 때로는 뒤늦게 되어온 점, 때때로 회의 석상에서의 배포자료를 폐회 즉시 회수하곤 하던 점, 드물게는 회의 때마다 설명내용이 어긋나기도 하던 점, 위원의 인기도가 발언횟수와 거북한 내용에 반비례한다는 말 밖의 말, 중앙은행 개편 문제를 함께 머리를 맞대고 상의해 보자는 여러 차례에 걸친 제의에 무반응으로 일관해 온 점 등, 이 모든 것들은 어쩌면 시녀로서의 자리에 깊은 뿌리를 갖는다고도 볼 수 있는데, 이것은 아울러 위원을 식객으로 보는 태도에서 비롯되었다고 볼 수 있다.

우리는 국영 기업체의 이사장 제도를 본다. 그리고 비상근 이사제도가 대부분의 경우 헛돌고 있다는 사실도 알고 있다. 자칫하면 앞으로의 금통위가 이와 유사하게 운영될 가능성이 높다. 국영기업체의 경우 기관장과 별도로 이사장을 제도화하고 있다. 그럼에도 불구하고 실제 운용에서 제 기능을 다 못 하고 있는 것이 사실이다. 이러한 맥락에서 금통위 의장을 동 위원회에서 호선으로 정하여 그가 총재를 겸직하도록 하고(혹은 별도로 두어도 좋을 것이다.), 위원들의 일부는 적어도 상근으로 하여 일상적으로 집행부와 접촉케 함으로써 위원회의 기능이 정상화되도록 하는 방안이 잉태될 수 있다.

효율화라는 말의 여러 가지 뜻 가운데 하나는 비용의 절감이다. 국민 경제 차원에서, 여러 부문에서 제 기능을 다하지 못하고 있는 기구와 자리를 축소하는 것도 그 효율화의 하나다. 이에 비추어볼 때 금통위가 제 구실을 다하도록 제도를 개편하거나 그것을 부정한다면 차라리 금통위를 철폐하고 중앙은행 집행부의 이사회가 그 구실을 대신하도록 할 수도 있을 것이다. 어느 것이 과연 거시적으로 국민 경제 운용에 보다 이바지하는 길인가를 생각해 볼 필요가 있다.

그리고 중앙은행과 정부와의 관계에 있어서도 양자를 연결하는 고리가 어딘가에 반드시 있어야 한다. 정부와의 연결고리가 전혀 없는 중앙은행은 이 세상 어느 나라에도 없다. 재무부 직원들은 지난날 관치금융 시대의 관행을 과감하게 떨쳐버려야 하고, 중앙은행 직원들은 지난날의 한풀이가 안 되도록 개편 내용에 과욕을 삼가야 한다. 일반적인 제도 개편보다는 좋은 관행의 정립이 더 중요하지만 특히 중앙은행 문제에선 더욱 그러하다.

(《중앙경제》, 1988. 8. 17)

유행어 창조

이장규
(당시 중앙일보 차장, 편집국장 역임)

중앙은행 독립 문제만큼이나 오랫동안 논란을 거듭해 온 경우도 드물 것이다. 정부와 한국은행은 정권이 바뀔 때마다 한은법 개정을 놓고 싸움을 해왔고, 그럴 때마다 이 문제는 한다 하는 논객들의 단골 메뉴로 등장해 왔다.

이중에서도 「금통위 ― 시녀와 식객 사이」라는 칼럼은 단연 압권이었다. 가장 널리 읽혔고, 지금도 이 칼럼을 기억하고 있는 이들이 적지 않다. 「시녀와 식객 사이」는 제목부터가 파격적이었다. 경제학 교수가 쓴 칼럼에 웬 시녀가 나오고 식객이 나온단 말인가. 그러나 이 칼럼은 한은법 개정을 둘러싼 진흙탕 싸움의 본질이 무엇이어야 하는가를 일깨워준 글이었다.

김 교수는 당시 금융통화 운영위원회의 일원이었다. 그는 시녀와 식객 사이에 처한 금통위원들의 '신세타령' 형식을 빌어 문제의 핵심을 파헤쳤다. 어느 쪽의 주장이 옳든 간에 결국 금융정책의 최고 결정기구인 금통위의 위상과 기능이 강화되어야 하는데, 작금의 논의는 '눈깔'은 빼놓은 채 자기들의 권한 싸움에 급급하고 있음을 점잖게 꼬집은 것이다.

시녀든 식객이든 모두가 천덕꾸러기 신세임에 다름이 없다. 재무부에게는 상전을 모시는 시녀 처지에 불과하고, 한국은행에게는 밥이나 얻어먹는 거추장스런 식객 신세로 전락해 있는 금통위의 초라한 모습은 그대로 둔 채 무슨 일을 도모할 수 있겠는가라고 묻고 있다.

이 칼럼은 지금 읽어봐도 재미있고 고개가 끄덕여진다. 금융정책을 제대로 수립·집행하기 위해서는 법이나 제도를 고쳐서가 아니라, 부족한 제도라도 운영을 제대로 하고, 좋은 관행을 쌓아가는 것이 더 중요하다는 지적이 그것이다. 지금의 금통위는 당시보다 얼마나 달라졌는지, 이 칼럼을 기준 삼아 저울질해 볼 일이다.

유행어는 코미디언이나 개그맨들만 만들어내는 것이 아니다. 이 글은 권위 있는 경제학 교수의 상황을 꿰뚫은 신문 칼럼을 통해서도 유행어가 만들어질 수 있음을 보여줬다. '시녀와 식객 사이'는 지식인들 사이에서 '무릎과 무릎 사이' 못지않게 한동안 회자됐던 말이다.

돈과 권력의 친화력

　요즘 세상 떠들썩한 하나의 사건이 우리에게 정치적 권력과 금력(金力) 사이의 친화력에 대해 생각하게 한다. 거리의 보통사람들은 제각기 통속적으로 살아왔으면서도 이 문제를 계기로 갑자기 비분강개하는 사람들이 늘어났고, 모든 정치인, 행정 관료들에게 도덕군자가 되기를 촉구하는 목소리가 드높아졌다.

　정치권과 재벌이 가까운 관계를 가진다는 점에 대해 이처럼 질타의 소리가 컸다는 것은 언뜻 보면 우리 사회의 건전성이 아직 남아 있는 증거라고 긍정적으로 볼 수 있다. 그러나 문제의식이 이 정도에 그친다면 앞으로 세월이 흐르면 같은 폐습이 다른 구석에서, 다른 모습으로 다시 반복될 것이다.

　길게 역사를 돌이켜 보면 정치적 권력과 경제적 실력이 합치되어 있는 시기가 길었으며, 이 두 가지의 분화가 두드러지게 된 기간은 비교적 짧았다. 중세 봉건사회가 붕괴되는 과정을 살펴보면 도시 상공인들이 축적된 경제적 실력에 힘입어 군주나 봉건제후의 힘에 대해 대응 세력으로 성장했으며, 이들로부터 자유시민권을 매수하는 가운데 자유도시가 형성되어 왔다.

　다시 말하자면, 오늘날의 자유민주사회의 기틀이 마련될 수 있었던 계기가 바로 돈과 힘 사이에 서로 주고받는 데서 비롯되었다고 볼 수 있다. 물론 우리는 사회적 물의를 빚은 사건을 옹호하거나 호도해서는 안 된다. 그러나 문제를 보다 깊이 있게 통찰할 필요가 있다.

우리의 주어진 제도와 국민의 기대, 즉 정치자금 조달 방법, 돈 많이 드는 선거제도, 선심공세에 취약한 유권자 의식 및 자세들을 그대로 두고 겨우 웬만한 아파트 두어 채 값밖에 안 되는 돈(그것을 사실이라고 믿기로 하자.)의 행방만을 추적하는 일은 무의미하다. 돈 안드는 정치가 가능하도록 제도를 바꾸고, 국민의식을 깨우쳐야 하겠다.

이런 문제가 제기될 때마다 사람들은 자기의 일상생활 양식을 되돌아보아 반성하기 보다는 스스로 도덕군자로 변신해 모든 정치인, 행정관료, 기업인들도 그렇게 되어야 한다며 양심이나 양식을 들먹이는 경향이 있다. 그러나 우리 모두 알다시피 사람의 양심은 천 개의 혀를 가지고 만 가지 이야기를 할 수 있다. 교활하게도 자기입장, 자기 이해관계를 합리화하는 데 능수능란한 조화를 부리는 것이 사람의 양심이다.

우리가 알아야 할 중요한 사실은 한 사회가 잘 되기 위해서는 온갖재간과 다양한 선호를 가진 사람들이 골고루 모두 필요하다는 사실이다. 깨끗한 것만 좋아하는 사람도 필요하고, 궂은일도 마다하지 않는사람도 필요하다. 지극히 세속적인 욕망으로 가득하고 경쟁을 즐기는사람도 있어야 하고, 범속한 야망 없이 항상 협조하고 양보하는 자세로 사는 사람도 필요하다. 그런데 국민 경제의 발전을 위해서는 오히려 전자에 해당하는 유형의 인간들이 보다 많이 필요하다.

국민 경제의 커다란 틀 속에는 다소 냄새가 나기도 하고 그늘에 가려진 부분도 있게 마련이다. 국민 경제를 깨끗하게 정화하고 환하게노출시키기를 바라는 것은 어디까지나 하나의 희망사항이며, 이것을실행하려는 많은 시도들이 결국 경제사회를 경직시키고 경제발전의 정체를 초래한다는 것이 또한 경제 흐름의 교훈이다.

우리가 재산욕심, 출세주의, 공명심, 물질적 욕구 등 세속적 욕망을가진 자를 부도덕하다고 보고, 모든 세속적 욕망을 버리고 금욕적인생활을 하는 자만을 도덕적이라고 평가하는 자세는 국민 경제의 지속적 성장·발전을 저해한다.

'꿀벌의 우화'가 말해 주듯이 축적하려는 본능적 욕구 때문에 열심히 일하는 벌통에는 꿀이 가득 차 넘쳐나게 되지만 축적 욕구를 포기한 벌통은 시들어버리고 만다. 만약 우리 사회의 모든 구성원들이 '나물 먹고 물 마시고 팔을 베고 누워서 낙'을 찾는 생활자세를 가진 도덕군자로 돌변한다면 우리 경제사회의 앞날은 매우 암담할 수밖에 없다.

따라서 우리는 세속적인 욕망들의 긍정적 측면을 솔직하게 인정하고 금욕주의적 가치관만을 강조하는 위선의 탈을 벗고 현실을 직시하는 가치판단 기준을 세워야 하겠다. 중요한 일은 우리의 세속적 욕망이 무한궤도를 달리지 않도록 적절한 규범의 틀 속으로 제한하는 과제다. 이것이 바로 앞에서 말한 돈 안 드는 정치제도를 마련하는 일이다.

그런데 인간이 만든 제도란 것은 결국 그것을 운용하는 사람에 달려 있다. 그러므로 우리는 사람의 양심 또는 가치판단의 기준 문제를 생각해 보아야 한다. 이렇게 정리하고 보면, 오늘날 우리 사회의 물의를 빚어낸 문제에 대처하는 올바른 접근방법은 비용이 적게 드는 정치제도와 현실을 직시하는 가치판단 두 측면에서 함께 개선의 노력이 있어야 하겠다는 사실을 알 수 있다. 이번 사건을 계기로 우리의 정치·경제·사회가 더욱 성숙하는 계기가 되기를 바란다.

（《중앙일보》, 1991. 2. 20)

안전띠 필요한 금융개방

사회현상과 관련된 주기설은 일반적으로 실(實)보다 허(虛)가 많은 편이지만 간단명료하다는 점에서 뭇사람들의 관심을 사로잡는다. 가령 1950년의 동란을 비롯해 대체로 십 년마다 우리 정치사회에 대변혁이 일어났음을 돌이켜보게 된다. 60년대의 민주혁명과 이듬해의 군사혁명, 70년대 전후의 3선 관련 파동, 80년대 전후 3공 종식과 새로운 군부세력 출현 등을 짚어볼 수 있다.

그런데 묘하게 2~3년 후에는 금융·증권가에도 유사한 개혁 또는 파동이 찾아들어 역시 십 년 주기 가설을 세워볼 만하게 만든다. 1953년의 통화개혁을 비롯해 62년의 증권 파동, 72년의 사채동결 조치, 82년의 '이(李)·장(張)' 어음사기 사건 등이 금방 짚히는 대목들이다.

동서양의 구분 없이 학자들이 노령기에 접어들면 역사 일반이나 전공분야의 역사에 관심과 정열을 쏟아 포괄적이고 대담한 가설을 제시하는 경향이 있다. 미국 MIT 대학의 킨들버거 교수도 예외가 아니어서 흥미로운 금융주기설을 내놓았다.

전쟁의 발발이나 종식, 농작물의 풍·흉작, 철도나 운하 등의 대규모 사업 착수, 금·은·동의 대발견 등이 과거 관행의 단절, 즉 금융시장의 충격으로 나타나 금융주기의 시발점이 된다. 곧이어 활발한 투자 내지 투기가 촉진되어 현금 형태에서 증권, 특정 상품, 토지 등 현물 형태로 자산의 대이동이 일어나고, 사회 각계각층의 인사들이 앞을 다투어 신나게 뛰는 열병에 감염된다.

자본의 국제적 이동이 자유로울 경우 그 전파력은 더욱 강화된다. 이러다가 투기대상물의 가격인상이 지나쳐 그 이상 지속될 수 없다는 인식이 점차 시장에 확산되면서 현물 형태로부터 남보다 한 걸음 먼저 탈출해 현금을 확보하고자 하는, 앞에서와는 반대 방향으로의 자산 대이동이 벌어진다.

이같이 시장의 소동이 지나치거나 자칫 잘못 관리되면 금융위기, 또는 시장붕괴 속에 많은 투자자들을 침몰케 한다. 그러나 일정기간의 정리·휴식기 이후에 또 다른 충격이 새로운 상승국면에 동참하도록 투자자들을 유혹한다. 이렇게 금융주기는 반복된다.

오늘날의 시점에서 이같이 다소 어설프게 보이기도 하는 금융주기설을 이야기하는 데에는 그럴만한 사정의 뒷받침이 있다. 90년대 초반에 진행 중이거나 예상되는 변화의 흐름이 너무 여러 갈래로 분출되고 있고 불확실성의 안개가 너무 짙다.

변화 가운데 굵직한 것만 간추려 보면 민주화, 자유화 그리고 국제화를 들 수 있다. 이 세 가지 모두 우리가 타고 넘어야 할 물결이기는 하지만 적어도 금융시장에 관한 한 우리에게 신중에 신중을 거듭하도록 요구하는 것이다. 더구나 세 가지 변화가 한데 몰려 진행되어야 하는 90년대 초반에 있어서는 더욱 그러하다.

'6·29 선언' 이후 말은 많지만 우리 사회의 민주화와 자유화가 상당한 정도까지 진전된 것은 사실이다. 지자제 선거가 현재 진행 중에 있고, 경제 집단들의 대 정부 발언권이 거세지고 있다. 민주화는 이와 같이 정치권력의 분산을 의미하는 동시에 정치집단의 세력 신장을 필연적으로 수반한다. 특히 금융과 관련해서, 자유화는 각종 규제의 철폐 내지 완화를 뜻한다. 그런데 이 같은 민주화나 규제 완화가 일정한 규범의 틀을 벗어나는 경우 부작용이 심각하다.

지난 이십여 년간 세계의 금융자유화를 선도해 온 미국에서 은행파산이 줄을 잇고, '키팅 파이브(Keating Five)'로 지칭되는 다섯 명 상원의원의 매직(賣職) 사건은 우리에게 시사하는 바가 크다. 이 사건의 골자는 대충 이러하다. 금융자유화의 분위기에 편승한 키팅 등 일부 저축은행(일명 S&L)을 매입한 자들이 정치자금 제공 → 상원은행 분과위원장 등 의원 5명 매수 → 업계에 유리하도록 법 개정, 감독 관청에 압력 → 업계의 방만한 경영 → 부실자산 누적, 결국 은행파산의 확대 → 연방 예금보험 기구의 붕괴 → 미국인의 부담 가중.

결국 요즘 시세로 평가하면 저축은행업계 파산의 손실 추정총액이 약 5천억 달러에 이르고, 이는 전국민 남녀노소 각자가 약 2천 달러의 부담을 안고 있는 것으로 환산되고 있다. 미 상원 윤리위원회가 국민의 눈을 피해 걸프 전쟁 휴전 발표 당일(지난 2월 27일)을 택해 관련 의원 대부분의 혐의를 덮어주는 결정을 내려 다시 말썽을 빚고 있다. 우리에게도 너무나 친숙한 각본과 연출이다.

더욱 불안하게 만드는 일은 한국의 빅뱅이라 부를 만한 자본시장 대외개방 개시를 비롯한 금융시장 국제화가 내년으로 바짝 다가오고 있다는 사실이다. 금융시장 개방은 우리에게 이득을 주는 측면도 있겠지만 충실한 대비책을 갖추지 않으면 국내 시장에서의 규제완화 및 정치 민주화와 상승작용을 촉발해 이제까지 경험치 못한 대규모의 금융시장 지각변동을 야기할 수도 있다.

난기류 속에 있다고 해서 지레 겁먹고 낙하산 탈출을 권고할 것까지는 없겠지만 '승객 여러분, 안전띠를 매주세요.' 정도의 당부 말씀은 반드시 있음직하다. 적어도 앞으로 몇 년간은.

(《중앙일보》, 1991. 3. 21)

여력도 없이 굿판만 벌인 땐가

광산학은 자살적 학문이라는 농담이 있다. 광산기술의 발달로 채굴수확이 높을수록 광물자원이 조만간 고갈이 날 테니까 말이다. 같은 논리로 보면 경제학의 성격도 유사하다. 경제이론의 연구 및 그 응용이 왕성해 인간의 모든 욕망이 충족된 다음에는 경제학은 무용지물이 될 테니까 말이다.

그런데 다행스럽게도 인간의 욕망은 계속 늘어나고 다양해지고 있고 이에 비해 충족시킬 자원은 항상 부족하게 마련이다. 그런데 요즘 우리 사회에서는 유한한 자원의 제약에 대한 올바른 인식이 없이 서로 떠넘기면 자원이 무한히 늘어날 것으로 생각하는 듯하다.

정부와 여당 측에서 2백만 호 주택 건설, 서해안 고속도로 건설, 경부고속철도 건설 등 각종 공약사업을 추진하기에 바쁘다. 고속철도의 경우 충북지선까지 고려하는 것을 보면 놀라운 발상이다. 그 어느 하나 인력부족, 자재수급 차질, 물가상승 등의 무리 없이 추진될 수 있다면 모두 필요한 사업일 것이다. 그러나 이와 같이 동시다발적으로 추진할 자원이 있는가. 물론 있을 수 없다.

일정한 시점에서 자원은 일정하다. 그러나 시간의 경과에 따라 재충전되거나 창조되는 자원은 있다. 인력의 충원, 농토의 해갈, 자금회전 등이 그 예다. 이렇게 보면 단기적으로 넓은 의미의 자원 이용에 우선순위를 설정하고 세대 간에 업무를 분담하는 일이 필요하다는 사실을 알게 된다.

요즘 어려운 시국의 원인 중 하나로 세대 간의 갈등을 꼽는 진단을 받아들인다면 6·25와 보릿고개의 경험을 가진 구세대들이 새 세대들에 많은 과제를 넘겨주어 세대 간에 책임을 분담하는 장기구상이 필요하다. 기성계층이 자기 세대 중에 빈곤을 없애고 주택부족을 대폭 줄이고 사회 간접자본을 완비하고, 통일과제까지도 완수하겠다는 것은 지나친 욕심이다. 다음 세대에게도 일의 성취에서 짜릿한 충족감을 맛볼 수 있도록 기회를 남겨둘 필요가 있다.

통일 이야기가 나왔으니까 말이지만 지금 당장 통일이 왜 필요한가? 그것은 무조건 순종해야 할 하나의 신앙일 수 없다. 「우리의 소원은 통일」은 요즘 적어도 필자에게는 듣기 거북한 노래 중 하나가 되어가고 있다.

지금 당장 통일로부터 기대되는 실익과 평화의 배당금은 무엇인가? 통일 이후 인구 7천만, 국토 면적 22만 평방킬로미터로 늘어남에 비례해 국력이 신장되는가? 최근 일본의 자위대 해외파견에서 보듯 우리는 통일 이후에도 아마 오늘날 한국군 수준 또는 그 이상의 군비를 계속 유지해야 할 가능성을 배제하기 어렵다.

우리보다 부강한 독일의 통일에서 보듯이 통일 이후 상당 기간 어쩌면 남한이 해마다 국민총생산의 10퍼센트 정도를 북쪽에 지원해야 할 것이다. 그것도 우리의 소망대로 남쪽이 북쪽을 흡수하는 방식이 수용될 경우에 말이다. 더구나 통일을 서두르다 보면 우리가 소망하는 통일 방식이 먹혀들지 않을 가능성이 크다. 이 경우의 정치·경제·사회적 비용은 엄청날 것이다.

우리의 방식을 관철하려면 우리의 상대적 경제 우위를 현재의 몇 배로 기르고 난 다음에 다시 통일을 거론하는 게 좋을 것으로 보인다. 따지고 보면 우리가 이 같은 논의를 할 수 있는 입장에 이르게 된 것은 우리 모두가 지난 삼십 년 동안 다소간의 불만불평을 안으로 삭이면서 묵묵히 일해 축적해 온 경제력이 뒷받침된 덕분이다.

　따라서 우리는 우리의 소망이나 욕구를 관철하기 위해서는 국민 경제의 지속적 성장과 안정기반 구축이 불가결하다. 이러한 목적을 위해 우리의 기업과 가계, 고용자와 노동자 모두 경제자원의 유한성을 철저히 인식하는 일이 중요하다.

　대기업들이 지금까지처럼 생산활동보다 부동산 사재기를 사업의 제일과제로 삼는 것이 사실이라면 이 역시 거시적 관점에서 유한한 자원의 효율적 배분을 해치는 일이다. 가계의 과소비 풍조 또한 시간에 걸친 자원배분을 그르치게 된다. 마지막으로 요즘 쉴 새 없이 지속되는 시위와 파업에도 불구하고 국민 경제 활동이 지속되는 것은 그간 축적되어 온 국민 경제의 여력이 뒷받침되니까 가능한 것이지 만일 국민의 경제력이 취약했던 20~30년 전이라면 최근의 시위나 파업으로 이미 국민 경제생활은 파탄이 나고 말았을 것이다.

　요즘 '굿판'이란 말이 유행어가 되고 있지만 웬만큼 사는 집이라야 굿판을 벌이고도 살림이 크게 기울지 않는다. 그러나 자원의 유한성이 말해 주듯이 아무리 잘사는 부잣집이라 하더라도 매일 굿판만 벌이다가는 재력이 바닥나는 날이 오고 만다.

　지금 우리가 할 일은 우리의 소망, 우리의 욕구를 간추려 정리해 우리의 꿈이 가장 소망스럽게 이루어질 수 있도록 국력을 키우는 것이다. 서로 책임을 떠넘겨 보아야 국력은 신장되지 않는다. 정부를 비롯해 국민 모두 자원의 유한성을 올바로 인식하고 욕구를 자제하고 성급함을 달래는 훈련이야말로 우리가 선진국으로 발전하기 위한 가장 중요한 과제다.

《중앙일보》, 1991. 5. 16)

자원의 유한성

요즘은 여름 휴가철이라 많은 사람들이 여행을 떠나 답답했던 서울 교통사정이 크게 시원해졌다. 여행을 과소비로 등식화하는 경향도 있지만 여행길에서 얻은 낙수를 잘 정리하면 우리의 개인 또는 나라 살림을 되돌아보게 하는 자극제가 되기도 한다. 유럽의 이곳저곳에서 우리는 몇백 년 걸쳐 다듬어진 성당 등 건축물들을 심심찮게 만나게 된다. 중국의 명물 만리장성에서는 진시황 당대에 한꺼번에 축성된 것이 아니라 그 전후 수세기에 걸쳐 공사가 간헐적으로 지속되었음을 알게 된다. 진시황 시대에는 기존의 여러 축성들을 연결하는 공사를 가속화하였던 것으로 이해된다.

자국 통화인 루블 화보다 미국 담배 '말보로'가 더 위력을 발휘하고 있는 모스크바의 길거리에서 우리는 시장경제를 지향하는 고르비의 노력이 얼마나 힘든 난관에 봉착하고 있는가를 실감케 된다. 개혁을 어렵게 하는 것은 기존 특권세력층 '노멘크라투라'의 저항뿐만 아니다. 개혁의 요체는 군수산업을 민수산업으로 전환하는 것인데 그간 원자재를 염가로 우선적으로 공급받아 오던 특혜와 아울러 판매의 국가 보장이라는 젖줄에서 떨어지기 두려워하는 군수산업 이해집단의 저항이 막강하다. 뿐만 아니라 사회주의 계획경제 체제 하의 비능률의 그늘 속에 가려져 있던 2천만 명 이상으로 추계되는 잠재 실업자들의 취업 또는 직업 전환이 크나큰 걸림돌이 되고 있다. 무엇보다도 페레스트로이

카의 장래를 불확실하게 만드는 것은 일부 개혁론자 자신들조차 거추장스러우리만치 비대한 사회보장 장치를 그대로 유지하면서 일부 시장기구를 도입하겠다는 방식, 말하자면 '꿩 먹고 알 먹으려는' 사고방식을 가진 탓이다. 이 같은 사고의 틀에서 벗어나지 못하는 한 자유시장가격의 유인(誘因)기능을 살려낼 수 없을 것으로 보인다. 일정한 시점에서 보면 유한한 자원의 공급 경직성은 절대적이다. 그러나 기간을 장기화하면 할수록 유한한 자원의 제약조건은 신축적으로 극복된다. 외국의 거대한 건축물들이 오랜 공사기간을 잡았던 것이 바로 이 같은 이치에서였다. 진시황의 우행은 만리장성을 완성한 데 있다기보다 무리하게 단기간 공사를 서두른 데 있다. 축성사업에 인력과 자원을 총동원하다보니 백성들의 생활필수품 공급에 차질이 생길 수밖에 없었다. 여기서 민원이 빚어지고 이를 계기로 그의 멸망이 초래되었다.

그리고 소련의 예에서 배울 수 있는 교훈은 경제활동의 균형이다. 세계 최첨단의 우주공학 및 무기생산 부문과는 대조적으로 낙후된 농업생산 및 민간생활 필수품 생산 부문을 오랫동안 방치해 온 것이 문제이며 생산요소의 부문 간 이동에는 현실적으로 장애가 적지 않다. 우리나라 경제성장은 작년 이래 건설부문에 의해 주도되고 있다. 치열했던 지난번 대통령선거 공약에 묶여 단기간에 무리하게 주택건설을 서두르다보니 시멘트 골재 등 자재는 공급이 동나 뒷거래가 성행하게 되었다. 또 이 부문의 임금인상은 모든 부문으로 확산되고 외국 인력의 수입 여부까지 거론되었다. 이 모든 것은 주택건설 문제를 보다 장기적·지속적으로 해결하려 했더라면 발행하지 않았을 부작용들이다. 어떻게 보면 대통령임기 5년이 지나치게 짧아 보이기도 하지만 원초적으로 무리한 선거공약을 내세울 필요도 없고 또 재임기간 중에 이를 실행하거나 적어도 실행하려는 것처럼 보이려고 노력할 필요도 없다. 정부도 주택건설 과열의 부작용을 감안하여 공사기간을 다소 연장한 조치는 타당했다. 그러나 동시에 고속철도, 고속도로, 항만, 간척 등 각종 정부주도 건설사업 계획을 오히려 확대하고 있는 것은 이해하기 어려운 정책자세가 아닐 수 없다. 한마디로 앞뒤가 안 맞는 모순이다. 많은 나라에서 그러하듯이 앞으로 1년 반에 걸친 정치 일정을 감안하면, 이 같은 정부 공사의 만발은 어떤 의미에서는 해석이 불가능한 것은 아니다. 그러나 그 어떤 의미라는 것이 우리의 입맛을 쓰게 한다.

더구나 중요한 것은 고속철도과 같은 대규모 공사의 발주 언저리에는 흔히 정치자금 조달 의혹이 제기될 수도 있다. 따라서 현재 정권은 이 같은 의혹의 불씨를 제거하기 위하여 공사발주를 다음 정권에 넘겨주는 것도 하나의 방안이라 생각된다. 국민 경제를 운용함에 있어서 중요한 것은 항상 자원의 유한한 제약을 의식하는 것이며 국민 경제의 구조적 문제를 해결함에 있어서 현재의 정권만이 아니라 다음의 여러 정권들이 책임을 분담하여 해결한다는 방향으로 의식을 전환하는 것이다. 이러한 전환을 위해서는 결국 국민 경제의 장기 전략이 전제되어야 하는데 현재 과연 그런 전략이 있는지 궁금하다.

앞으로 1년 반 동안 재사(才士)들이 기발한 아이디어를 여야에 제공할 것이고 정당들은 이를 국민의 표를 낚는 미끼로 활용할 것이다. 내 고향 내 마을에는 무공해 산업이 들어서고 산업쓰레기는 다른 지방으로 넘기기를 바라는 국민들을 겨냥해서 많은 선심성 공사들이 거론될 것이다. 그리고 거론된 공사들을 총집계하면 국민총생산의 몇 배에 달할 것이다. 이러다 보면 결국 물가안정을 비롯한 광의의 경제안정에 금이 가고 결국 경제성장도 부진하게 될 것이다. 요즘 국민 여론을 보면 물가안정을 놓치는 정부는 선거에 이길 수 없을 것이라는 사실을 정치인들은 올바로 인식해야 한다.

(《한국경제》, 1991. 8. 11)

통일 돌다리도 두드리며

동·서독을 가로막았던 베를린 장벽이 무너지고 통일을 이룩한 독일인들의 환호를 멀리서 바라보면서 우리는 부러움을 금할 수 없었다. 그러나 환호의 열기가 가라앉고 광범위한 실업, 인플레의 위협, 동독 지역의 산업 재편성의 과제 등 냉엄한 현실 문제가 대두됨에 따른 통일 후유증이 심상치 않은 듯하다.

호사다마라는 말이 있듯이 아무리 좋은 일이라 하더라도 그 일을 실행에 옮기는데 따르는 비용을 고려하여야 하고 있음직한 부작용을 최소화 하도록 일을 천천히 그리고 꾸준히 추진하는 것이 바람직하다.

독일 통일의 비용을 좁게 보아 사회 간접자본, 교육시설, 제조업 등에 대한 직접 투자 등으로만 보더라도 앞으로 십 년간 적게는 약 9천억 마르크에서 크게는 2조 3천억 마르크에 이르는 것으로 국제통화기금(IMF)을 비롯한 전문가들이 추산하고 있다.

여기에는 물론 서독이 과거 오랫동안 동독에 대하여 직접, 간접으로 지원해 준 금액이나 앞으로 부담하게 될 경제 외적 각종 비용은 포함되지 않았다. 이렇게 보면 서독 국민들이 지난날로부터 미래에 이르기까지 부담하여야 할 통일비용의 엄청난 규모를 미루어 알 수 있다.

결국 서독이 동독을 흡수, 통일할 수 있었던 힘의 기초는 우월한 경제력에 있었고, 국민 개개인의 비용분담 의욕 여부가 앞으로 통일 이후의 부작용 해소에 중요한 관건이 될 것이다.

지난 13일 남북간의 불가침 합의 공동선언이 발표되어 화해와 동반의 시대가 열렸다고 한다. 좋은 일이다. 그러나 이 같은 좋은 일을 실행에 옮김에 따른 비용문제를 냉철하게 생각하고 발생할 수 있는 부작용을 미리 생각하여 대비하는 슬기가 필요하다.

북한 경제사회의 실상은 자세히 알려져 있지 않지만 주민의 기초생활 자료로부터 전력, 도로 등 사회 간접자본에 이르기까지 제반사정이 남한의 60년대처럼 넉넉지 못한 수준에 있는 것을 보인다. 이 같은 경제사정을 90년대의 남한 수준으로 끌어올리는 데 따른 비용은 과연 얼마나 될까.

우리가 통일의 환상에 정서적으로 몰입하여 경제적 비용 측면을 등한시한다면 통일과업 자체를 그르칠 수 있다. 우리가 분명하게 인식해야 할 것은 북측을 협상 테이블로 나오게 하고 그들이 화해의 제스처를 보이게 한 것은 따지고 보면 우리의 국민 경제가 상대적으로 우위에 있기 때문이다.

그간 우리 근로자, 기업인, 가계, 정부 각 부문에서 어려운 국내외 경제여건을 극복하고 나온 결과로 오늘날의 상호 불가침 선언이 나올 수 있었다고 보아야지, 남북 어느 한 편의 어느 정치지도자의 비전과 노력 때문만인 것으로 볼 수 없다.

이 같은 불가침 선언은 한반도의 긴장상태를 완화하는 데는 어느 정도 기여할 것이다. 그러나 가령 독일식의 통일이 한반도에서 이루어진다고 하더라도 군축에 따른 평화배당금이 그리 클 것으로 볼 수 없다. 왜냐하면 군사 강대국인 소련과 중국, 그리고 재무장에 박차를 가하는 일본과 인접하고 있는 우리의 지정학적 입장, 그리고 태평양 서안으로부터 후퇴를 서두르고 있는 미국의 사정 등을 감안할 때 통일 이후에 아마도 한반도에는 백만 명 정도의 병력이 최첨단 무기로 무장하고 있어야 할 것으로 본다면 비군사 전문가의 착각일까.

국가적인 주요과제를 한 세대에 모두 완결짓자고 하는 것은 무리이다. 중년층 이상의 세대는 전쟁의 잿더미로부터 국민 경제를 재건하기 위하여 많은 땀을 흘린 계층이다. 이들에게 또 앞으로 통일의 경제적 부담을 안도록 서두르는 것은 세대간의 분업이라는 측면에서도 문제를 삼을 수 있다. 우리의 뒤를 이어나갈 젊은 세대에게도 국민 경제의 지속적 발전과 민족통일을 위한 장기적 과업의 중요한 부분을 남겨둘 필요가 있다. 선거를 통해 정권을 이양하는 민주주의 제도 하에서 큰일을 선거철에 서두르지 말고 정권 간의 역할분담을 내다보는 장기적 안목의 지도력이 아쉽다.

(《경향신문》. 1991. 12. 16)

대권주자의 경제학점

　요즘 차기 대권의 행방에 대한 국민의 관심도가 대단하고 출마를 서두는 사람들의 발걸음도 빨라지고 있다. 어려운 나라 살림의 총책임을 맡아주겠다는 후보자들이 적지 않다는 사실에 반가운 느낌도 들지만 이들의 자질에 대하여 우리가 한번쯤 따져보아야 하겠다.

　무릇 어떤 분야의 정책이든지 그 수행에는 반드시 경제적 비용지출이 뒤따른다는 관점에서 보면 대권주자들의 올바른 경제지식을 가늠하는 평가기준이 중요하다. 물론 이 같은 채점기준에는 개인의 철학, 세계관과 같은 주관적인 요인들이 크게 작용하겠지만, 오늘날 국내외 경제 환경을 고려한다면 대충 다음과 같은 체크 포인트를 제시할 수 있지 않을까 생각된다.

　첫째로, 자원의 유한성 인식이다. 한 나라의 자연자원, 인력, 자본, 시간은 유한한 것이기 때문에 정부가 일정 기간에 할 수 있는 일은 자연히 제한되기 마련이다. 나라를 통치하는 대권(大權)이라 할지라도 마구 돈을 찍어 지출하고 그 뒤탈을 방지할 힘은 없다. 유권자의 인기 영합을 위한 선심쓰기 공약의 남발은 감점요인이 되어야 한다. 조세감면과 부채탕감의 사탕발림이 그 대표적 예다. 선거공약은 석으년 석을수록 좋다.

　둘째로, 기회비용의 이해이다. 어떤 하나의 사업의 추진은 그 밖의 사업들의 추진 기회를 포기하는 것을 의미하기 때문에 사업의 선택에 있어서 항상 대안(代案)을 고려하여야 한다. 역시 허황된 공약사업의 열거 목록이 긴 후보일수록 크게 감점되어야 한다.

셋째로, 시장가격 기구에 대한 이해이다. 과대망상으로 소문났던 로마황제 칼리굴라도 바다의 파도를 멈추도록 명령할 수 없었듯이 어느 경제체제에서나 부작용 없이 최고통치자의 말 한 마디로 시장가격을 마음대로 결정할 수 없다. 결국 시장의 수급사정이 통치자의 명령보다 강력하다. 이 점을 오해하여 농산물 가격, 공공요금, 환율, 금리 등을 어찌하겠다는 주장도 감점요인이다.

넷째로, 이와 관련하여 자유기업주의에 대한 신념이다. 지난 수년간 동구의 통제경제 체제의 붕괴에서 보듯이 국민 경제의 효율적 운용을 위해서는 자유기업주의 체제가 바람직하다. 소위 민주화 운동 이후 국민복지 균점을 명분으로 일부 국민들의 산술평균적인 평등주의에 영합하여 자유로운 기업 활동을 저해하는 발언을 서슴지 않는 후보에게는 감점을 주게 된다.

다섯째로, 균형감각과 대외지향적인 시각이다. 대내적으로 부문 간, 지역 간, 계층 간의 불균형이 어느 정도 존재하는 것은 불가피하겠지만 적절한 균형 감각이 있어야 하겠다. 더욱 중요한 것은 우리의 부존자원 사정과 상품시장 형편으로 미루어 국제적 상호 의존관계를 직시하고 세계경제 속에서 한국경제를 키우는 안목을 갖춘 후보에게 가산점을 주어야 한다. 붉은 머리띠를 두른 군중들을 몰아 시위를 벌임으로써 우루과이 라운드 협상에 영향을 미칠 수 있고 또 그것이 국익에 이바지한다고 믿는 후보는 감점이다. 이 지구상에서 주체사상을 앞세워 가장 오타키적으로 경제를 운용해 온 결과를 북한에서 볼 수 있다.

여섯째로, 이해집단과의 적절한 관계이다. 정치적 권력과 재벌과의 주고받는 관계, 즉 정경유착은 당연히 감점요인이며 대중의 인기주의 물결을 타기 위하여 노조의 눈치 때문에 생산성 향상 이상의 임금인상 요구에 자제 권고를 망설이고 농민의 눈치 때문에 추곡수매가를 높이면 높일수록 좋다는 입장을 취하는 후보 역시 감점대상이다.

끝으로 '전문가'의 선별 안목이다. 지도자 혼자 광범한 전문지식을 소유할 수 없다. 결국 전문가를 채용하게 되는데, '사람 잡는 선무당' 말고 훌륭한 전문가들을 측근에 두어 부릴 수 있는 선별력이 요청된다. 이 점은 후보 주변에 모이는 인사들이 명의(名醫)인가 돌팔이인가를 보면 알 수 있다.

(《경향신문》, 1992. 1. 13)

노동은행 설립의 허실

선거철이 되면 선심공약이 남발하기 마련이다. 공약이 유권자의 숙원 해결에 직결되고 나라의 유한한 자원의 제약 속에서 무리 없이 실천될 수 있는 사업이라면 나무랄 까닭이 없다. 설사 다소 무리가 따른다고 하더라도 일과성(一過性)에 그치는 성질의 것이라면 그 폐단이 적다. 그러나 무리하게 기구를 신설하고 제도를 개편하는 내용의 공약이라면 그 불합리한 주름살이 장기간 영향을 미칠 수 있으므로 아무리 표밭 일구기에 바쁜 여야 후보라도 자제하여야 한다.

최근 정부는 높은 곳의 지시에 따라 노동은행 설립을 서두르고 있다. 근로자의 복지향상을 설립목적으로 내세우고 있으나 요즘 때가 때이니만큼 노동자의 표를 노린 선심공약인 것으로 풀이된다. 그런데 문제의 노동은행 설립으로 혜택을 얻을 노동자는 과연 누구이며 어떤 방법으로 혜택이 나누어지는가.

금융기관은 예금 및 대출 두 측면에서 근로자의 주택, 교육, 의료, 각종 노후 생계 등 자금수요에 알맞은 다양한 상품을 제공하여야 한다. 근로자의 예금에 가급적 높은 이자를, 이들에 대한 대출이자를 되도록 낮게 책정하고 많은 자금이 배분되도록 하여야 근로자의 금융혜택이 극대화된다.

이렇게 보면 기존 은행들이 근로자 가계에게 금융혜택을 충분히 나누어주지 못한 것이 사실이다. 그러나 여기에는 그럴 만한 이유가 있었다. 국민의 경제복지를 극대화하는 첩경은 국민소득의 증대이므로 고도성장을 위해서 부족한 국내 저축자금을 금융기관들이 동원하여 생산부문의 기업들에게 우선적으로 배분할 수밖에 없었다.

지난 삼십여 년간 이 과정에서 창출된 고용기회가 근로가계의 소득을 크게 증대시켰다. 반면에 만성적 물가오름세 속에서 예금금리를 낮게 묶고 가계의 대출수요를 불가피하게 외면함으로써 외견상 금융기관들이 근로가계의 복지와 무관했던 것으로 오해될 수 있다. 앞으로 국민저축이 국내 투자수요를 충족하고도 남아도는 시대에 이르면 모든 금융기관들이 가계대출에 매력을 느끼게 되고 근로자 가계들은 활짝 열린 은행 문을 발견하게 될 것이다.

만일 노동은행이 신설되어 기존 은행들과 동일한 은행법 테두리 안에서 운영된다면 그리고 국민저축 자금의 수급사정에 큰 변화가 없다면 결국 기존은행과 마찬가지로 신설은행도 기업대출 의무비율과 융자지침에 따라 기업부문에 우선적으로 대출하지 않을 수 없으므로 설립취지가 퇴색될 것이다.

반면에 신설은행이 설립취지에 충실하기 위하여 예·대금리와 자금배정에 있어 근로자 계층에 유리하게 운용한다며 아마도 곧 은행부실화의 길을 걷게 되거나 기존은행과의 형평에 문제가 생길 것이다.

오늘의 실정에 비추어 노동은행을 일반은행법의 테두리 안에서 설립할 합리화 근거를 찾을 수 없으며 굳이 근로자 금융기관을 만든다면 노동조합원들의 신용·협동 활동을 확대하고 노총(勞總)이 단위조합들의 상위 금융조직을 갖추는 것이 최선의 길이다. 차선책은 특별법에 의한 금융기관 설립이며 최악의 선택이 일반은행으로서의 출발이다.

흔히 독일의 유사한 은행을 예로 들지만 그 은행은 1958년 설립 이후 경영실적이 부진, 80년에는 총사산 규모가 급속히 축소되는 부실화의 길을 걷고 있다. 선거철만 되면 정부부처, 산하기관, 민간단체들이 한 건을 올리고자 기관 자체의 좁은 이익을 마치 유권자들의 폭넓은 이익으로 각색하여 공약으로 내세우는 수가 많다.

만일 노동은행의 설립에 제동을 가하지 않으면 우리는 곧 모든 정부부처, 산하단체, 이익집단들에 대한 은행 설립허가의 홍수를 보게 될 것이다. 또 만일 인기영합이 목적이라면 최근 십대들의 선풍적인 인기 때문에 물의를 빚은 아이돌그룹의 이름을 따라 '뉴키즈' 은행도 설립하라는 요청을 물리칠 수 없을 것이다.

(《경향신문》, 1992. 2. 24)

■■■■■■■■

노태우 정부 말기에는 선거를 의식해 '지방', '중소기업'을 거론하면 다른 논리가 압도되는 분위기였다. 금융 분야에서는 대동·동남·동화 등 '동' 자 돌림 은행들의 설립이 무더기로 인가됐다. 노동은행도 '평화은행'이란 이름으로 신설되었다. 이런 시류에 반대하던 필자가 2000년 10월 평화은행의 독자생존 불가 판정을 내린 은행경영평가위원회의 위원장을 맡는 악연이 이어졌다. 역시 정치논리가 경제논리를 지배하면 무리가 따른다는 교훈이다.

위화감이 뭐기에
—효율 가로막는 고정관념

　요즘같은 불볕더위를 잠시나마 잊게 하고 갈증을 달래는 데에는 시원한 물 한 잔이 그만이다. 그런데 바로 이 물 한 잔을 믿고 마시기 어렵다는 게 요즘 우리 사회의 문제점이다. 이런 우리 실정에서 방금 방문을 마치고 돌아간 북한 부총리 김달현의 북한생수 자랑이 묘한 여운을 남긴다.

　사회주의 국가에서도 생수가 판매되고 있다. 필자 자신도 구소련이나 중국의 회의석상에 으레 올라 있는 생수병을 보았고 연변 지방에서는 북한의 생수를 사 마실 수 있었다. 그런데 자유시장경제 체제의 한국에서는 정부가 생수판매를 문제시하고 있다.

　평등분배를 지향한다는 사회주의 사회에서는 생수판매가 허용되고 있고, 경쟁과 효율을 중시하는 자본주의 시장경제 사회인 우리나라에서는 아직도 그것이 문제시되고 있다는 것은 하나의 아이러니가 아닐 수 없다.

　언제부터인가(아마도 이른바 민주화운동과 때를 같이했던 것으로 기억되는데) 우리 사회에는 위화감이란 말이 등장하여 위세를 떨치고 있다. 우리 사회의 주요 관심사안을 다루며 열띤 토론을 벌이다가도 이 말 한마디면 결론의 향방이 결정되고 만다. 이러한 의미에서 요즘 우리는 정연한 논리의 전개보다 그때그때 국민적 정서에 호소력이 큰 단어의 선택·활용이 압도하는 말의 폭력사회에 살고 있는 셈이다.

위화감이란 말의 위력은 어디서 나오는가? '잘 어울리지 않아서 어색하게 느끼는 것'이란 뜻을 가진 이 말이 요즘 우리 사회에서는 특이하게 쓰이고 있다. 우리가 질시나 질투라는 말을 들으면 문제의 근원이 대체로 그러한 느낌을 갖는 당사자에게 있는 것으로 보는 반면, 위화감이라고 하면 당사자보다는 상대방에 돌아가는 것으로 받아들여진다. 바로 여기에 요즘 우리 사회에서 이 말이 그렇게 빈번하게 사용되는 비밀이 있다. 다시 말해서 위화감은 나나 우리는 완전하나, 너나 너희들은 불완전한 존재로 몰아세우는 이분법적 사고방식의 한 표현인 것이다. 이것이야말로 우리 사회의 기본적 병폐들을 압축적으로 나타내는 말의 쓰임새다.

사회 분위기가 이러하다면 생수판매를 금지·억제하려는 보사부의 입장은 이해할 만하다. 이해할 만하다고 해서 정부당국의 자세가 올바르다는 것은 결코 아니다. 당면 문제에 관한 한 정책 당국의 올바른 자세는 첫째로 상수도의 수질을 크게 개선하여 사용자들의 신뢰를 회복하는 것이고, 둘째로 생수의 원천수질 검사를 강화하는 것이고, 셋째는 적절한 조세를 생수판매에 부과하는 것이다. 이상에서 가장 중요한 것은 무엇보다도 상수도를 일반 국민들이 안심하고 마실 수 있도록 만반의 조치를 강구하는 것이다.

위화감의 해소를 지나치게 강조하다가는 자유시장경제의 최대 자랑거리인 경쟁과 효율을 잃게 된다는 사실을 정책 당국은 명심해야 한다. 우리가 생수판매에서 느끼게 되는 위화감을 문제시하는 산술평균 지향의 국민에 머문다면 아예 선진국으로 발돋움할 꿈은 버리는 게 낫다.

특수한 용법의 말이 자주 쓰이게 되면 사회적 고정관념을 낳게 된다. 일단 사회가 고정관념에 빠지게 되면 그 위력이 강화되고 여기서의 탈출도 어렵게 된다. 위화감과 비슷한 정도로 문제되는 말로 '사행심'이라는 말이 있다. 요행을 노리는 심리는 크든 작든 모든 사람들

마음속에 자리잡고 있다. 우리가 꿈이라고 말하는 것은 상당한 부분이 사실상 이러한 심리로 구성되어 있다. 꿈을 향하여 노력이 투입되어야 하는데, 달성 가능성이 의문시 되는 경우에는 자칫 자포자기에 빠지기 쉽다. 여기에 요행을 바라는 마음이 싹터 용기를 잃지 않게 된다.

　무주택자 계층에서는 국민주택 규모의 아파트가 간절한 꿈이며, 그것도 어쩌면 달성 불가능해 보이는 꿈이기도 하다. 바로 여기에 주택복권의 매력이 있다. 그런데 현재 상금액으로는 조세공과금을 제하고 나면 별로 신통치 않은 게 사실이다. 복권 상금을 올리자니 사행심 조장이라는 고정관념이 가로막고 있다.

　바람직한 정치란 무엇인가? 결국 국민에게 꿈을 심어주고, 열심히 일하는 사람에게는 꿈의 실현이 가까워질 수 있도록 보장하고, 저소득 계층에서도 노력과 요행을 합쳐 스스로의 경제적 후생을 높일 수 있는 꿈을 만들어주는 것에 있다. 불필요한 고정관념은 깨뜨려야 한다.

(《경향신문》, 1992. 7. 28)

오비이락(烏飛梨落)

남대우
(당시 신용보증기금 전무이사)

　당시 신용보증기금에 재직 중이던 나는 생수를 취급하는 중소·중견기업 경영자들로부터 어려움을 호소받곤 하였다.

　당시 제주도에서 생산된 '생수'는 미8군에 납품되고 있었고, 시중에서 수입된 외국산 생수(에비앙 등)는 시판되고 있었다. 그럼에도 불구하고 우리 국민이 우리 생수를 사서 마시는 것은 금지되었다. 이미 다수의 중소·중견기업들이 생수를 시중 판매하고 있었지만, 보건사회부의 입장에서는 생수시판을 공식 허용하면 수돗물 마시는 사람들과의 사이에 '위화감'을 불러일으킨다는 점을 우려했다.

　당시에는 위화감이란 정서적인 어휘가 동원되면 누구도 이를 극복할 만한 주장이나 대안을 제시하지 못하는 상황이었다. 그러던 차에 위화감의 벽을 허무는 김 교수의 글이 나왔다. 이 글은 그간 위화감을 내세우던 공무원들이나 오피니언 리더들에게 생수를 보는 시각을 바꾸게 했다. 이 글이 실린 이후 생수 취급업체 대표들도 힘을 얻어 관계당국에 그들의 주장을 펼 수 있게 되었다고 한다.

　관계당국은 생수시판 금지가 무리인 줄, 잘못인 줄 알았지만 스스로 생수시판을 허용하는 조치를 단행할 용기는 없었던 것이다. 생수업자들은 용기를 내어 소비자가 상품을 자유롭게 선택할 수 있는 길을 열어달라고 사법부의 문을 두드렸다. 드디어 대법원에서 '행복추구권'의 첫 판례가 나왔고 이렇게 해서 생수의 시판이 허용되었던 것이다. 이 사건을 담당했던 K대법관은 헌법교과서에 실릴 '행복추구권'의 좋은 판례를 만들게 되어 큰 보람으로 여기고 자부심을 가지게 되었다는 말씀을 전해들었다.

　이와 같이 김 교수의 글은 좋은 파장을 일으켰다. 중소 · 중견 생수업체 대표자들이 겪는 어려움을 세상에 알리고 해결의 실마리를 제공한 김 교수의 칼럼이 나오게 되는 과정에 내가 관련하게 되어 기쁘다. 이처럼 모든 경제문제가 경제논리로 풀려가는 세상이 되기를 기대한다.

왜 레임덕을 두려워하는가

  옛말이나 격언 모음집을 보면 하나하나 모두 그럴싸한 진실을 담고 있으면서도 비교해 보면 상반되게 풀이될 수 있는 뜻을 담고 있다. 신중하게 처세하는 사람은 '오얏나무 아래와 참외 밭에서는 갓끈과 신발 끈을 고치지 않는다.'는 말이 있는가 하면 '구더기 무서워 장 못 담그랴.' 하고 주변의 여론을 무시하고 용기를 내라는 말도 있다. '공든 탑이 무너지랴.'라는 말은 애써 노력하는 이들에게 격려를 주는가 하면 그러한 노력의 성과도 자칫하다가는 '십 년 공부 나무아미타불' 격이 된다는 말도 있다.

  최근 이동통신 사업자 선정을 둘러싸고 비등하는 우리 사회의 분위기 속에서 정부의 최고위층은 구더기 무서워 장 못 담글 수 없다는 기분에 젖어 있을 것으로 짐작되고 이러한 상황을 지켜보고 있는 일반 국민 가운데는 6공의 5년 간 공든 탑이 무너지는 소리를 듣고 서글퍼하는 사람도 많을 것이다.

  세상의 입방아들이 무어라 하든 6공은 인내라는 장기가 있었다. 그런데 그 6공이 이제 정권 말기에 필연적인 '레임덕' 현상을 부정하기 위하여 그 장기인 인내를 서버리기 시작한 듯하다. 지난 4년여를 참아 왔으니 이제 막판에 본때를 보이겠다는 기분은 너무나 인간적인 것이지만 지도자에게는 매우 적합하지 못하고 위험스러운 정서가 아닐 수 없다.

레임덕 현상이 심각해진 문제의 근원은 대통령임기 5년 단임제에 있다. 이는 국민 경제 문제를 포함한 많은 국가대사의 장기구상과 실행을 위해 결코 바람직스럽지 못한 제도다. 1차 중임을 가능케 하였더라면 좋았을 것이나 이는 헌법개정을 필요로 하는 사항이며 이러한 제약조건 하에서 6공이 출범된 것이다. 이러한 제도적 테두리 속에서 정권말기에 두드러지게 된 레임덕 현상에 대하여 권력 최고위층에서 취하여야 할 바람직한 자세는 종전 그대로 장기를 살려 인내의 길을 묵묵히 걸어가는 것이다.

이번 이동통신 사업자 선정이 불러온 시비 논란의 파장은 이미 충분히 예상되었던 것이며, 따지고 보면 이는 굳이 레임덕 현상과 관련지어 생각할 문제도 아니다. 정권 말기가 아니라 정권 초기에라도 이만한 정도의 이권사업이라면 당연히 국민적 관심사가 되는 것이며 더구나 통치권자의 친·인척이 그 수혜자로 선정되고도 의혹의 시선을 벗어날 수 있으리라고 기대하는 것은 어리석은 일이다.

통치권자의 정직성을 믿고, 사업자 선정이 공정한 심사과정을 거쳐 이루어질 것으로 믿어주고 싶은 국민들도 많았다. 그러나 막상 사업자 선정결과를 보고 그러한 국민의 수가 대폭 감소한 것은 숨김 없는 사실이다. 이 문제에 관한한 국민의 정서나 여론을 장독 속 구더기에 견줄 수는 없다.

간장도 담글 때가 있다. 신문지면을 통한 책임관서의 해명문안을 보면 주파수 문제 등 이동통신 사업을 급히 서둘러야 할 사정이 있는 것 같기는 하다. 그러나 다음 정권까지의 반년간이 그리 긴 기간은 아니다. 원점으로 되돌려 다시 사업자 선정을 보다 신중하게, 보다 공개적으로 진행하여 폭넓은 공감대를 얻도록 하여도 그리 늦지 않을 것이다.

이번 사업자 선정 경쟁에서 승리한 측에서 사업수익금을 사회사업으로 사회에 환원하겠다고 발표하여야만 했던 고충은 이해가 가지만 그럴 요량이라면 왜 애당초 사업권 쟁취에 나섰는지 의아스럽다.

　이번에는 문제가 이동통신 사업이지만 고속철도 사업이나 기타 굵직한 대형사업의 경우도 마찬가지로 굳이 6공에서 사업자 선정을 마무리지어 부질없이 의혹의 불씨를 키울 까닭이 없다.

　이 문제를 다음 정권으로 미룬다고 레임덕이 되고, 6공에서 결정지어야 레임덕이 아닌 게 아니다. 레임덕 현상은 이미 진행되고 있고 이는 되돌릴 수 없다.

　이러한 사실을 겸허하게, 의연하게 받아들이는 것이 참다운 용기 있는 지도자의 자세이다. 우리도 흔히 오래 참는 사람이 일단 화를 내면 무섭다는 것을 안다. 우리는 또한 그래도 화를 낸 것보다 참았던 게 좋았을 것이라는 후회스런 경험을 모두 갖고 있다.

　권력누수 현상이 두드러지는 가운데 인내심의 한계를 실험당하고 있다는 기분을 느끼게 됨을 이해할 수 있다. 그러나 이럴 때일수록 더욱 인내하고 자제하는 것이 현명하다.

(《경향신문》, 1992. 8. 25)

위험한 논리의 유행성

　미국의 탱크, 제트 전투기, 핵잠수함 등을 제조하는 거대기업 '제너럴 다이내믹스'의 윌리엄 A. 앤더스 회장은 최근 계속 무기를 생산하든지 공장폐쇄를 하든지 양자택일의 길밖에 없다고 공언하였다. 제2차 대전 이후 세 차례에 걸친 지난날의 군비축소 기간에는 그런대로 민수(民需) 부문에로의 조정이 이루어졌으나 월남전 이후 그러한 전환이 실패하고, 베를린 장벽 붕괴 이후 거의 300만 명에 가까운 군수(軍需) 생산 일자리 가운데 이미 30만 명의 일자리를 해고시킨 다음에도 경영 애로는 여전하며, 더구나 요즘 같은 일반경기의 부진 속에는 소비제품 생산기회를 성공적으로 활용할 전망이 밝지 않다는 데서 이 같은 발언이 나온 것으로 보인다.

　이것을 보면 창이나 칼과 같은 전쟁도구를 쟁기와 같은 평화 시의 생산도구로 전환하는 일은 경제학 교과서에서는 생산가능곡선 상의 매끄러운 움직임이지만, 현실적으로는 경직성에 봉착하게 됨을 알 수 있다.

　최근 우리나라에서도 국방비 문제가 크게 거론되고 있다. 이는 이 부문의 비용을 성역시하여 국회나 언론이 함부로 다루지 못하였던 과거의 행태로부터 벗어난 일로서 '열린 사회'로 나아가는 밝은 조짐의 하나로 여겨진다. 그러나 우리는 이 문제를 경솔하게 다루고 있지 않은가 하는 우려를 품게 된다. 지난날의 '닫힌 사회'에서는 국방비 예산 구석구석에 비용의 효율성이 낮은 항목들이 숨어 있었을 것이고 따라서 전쟁박물관 건설과 같은 발상이 거의 저항 없이 예산승인을 얻어 공사를 진행할 수 있었을 것이다. 우리가 환영하는 것은 바로 이러한 국력낭비성 공사들에 대한 제동장치로서 국회와 언론이 작동하기 시작하였다는 것이다. 동시에 우리가 우려하는 것은 요즘 같은 정치계절에 나라의 국방사정에 대한 긴 안목의 세심한 고려 없이 자칫 성급하게 문제를 다루고 있지 않은가에 있다.

문외한의 식견이지만 한반도를 둘러싸고 있는 세 나라, 즉 연방이 해체되었으나 아직도 군사강국인 러시아, 인적으로나 물적으로 대국인 중국, 최신장비의 자위대를 급속히 보강하고 있는 일본을 감안한다면 통일 이후에도 현대장비로 무장한 백만 명 정도의 군사력을 불가피하게 보유하여야 할 것으로 보인다. 만일 이 같은 가설에 어느 정도의 타당성이 인정된다면 국방비 삭감에 한계가 분명하게 그어진다.

더구나 현재 북한은 핵무기 생산이나 군비축소에 있어서 우리가 수용할 만한 뚜렷한 해답을 주지 않고 있는 상황이다. 그들을 협상 테이블로 이끌어내고 화해의 제스처를 취하도록 만드는 것은 우리 측의 일방적인 군비축소가 아니라 오히려 군비의 현대화·정예화일 것이다.

요즘처럼 혼미한 정치계절에는 국방비의 과감한 삭감과 이를 사회복지 사업으로 돌려쓰라는 주장이 대중인기에 영합하는 매력적인 주장일 수 있다. 그러나 국방비가 전적으로 비생산적인 것은 아니다. 요즘 같이 젊은이들의 자율적 규율 상태가 낮은 상황을 고려한다면, 군 복무기간 중의 타율적 질서 속에서나마 공동체 생활의 기초를 터득할 수 있는 기회가 주어지고 일부 전문기술의 습득 기회를 공여할 수 있는 장점이 있다. 그리고 이제 걸음마를 시작한 일부 방위산업체의 생산수준도 민간생활에 유용한 제품들을 부산물로 만들어 낼 수 있는 가능성은 있다.

이에 비한다면 사회복지사업들이란 직접적으로 생산에 기여하는 바가 적은 반면에 우리의 국민 경제 수준에 넘치도록 낭비적이거나 전시

(展示)적인 성격의 경우도 없지 않을 것이다. 물론 우리의 가용자원이 넉넉하다면 선진국처럼 모든 사회복지 사업을 다양하고 내실 있게 전개하는 것이 바람직하다. 그러나 우리의 현재 국민소득 수준으로 감당할 수 있는 사회후생 제도에는 한계가 있을 수밖에 없다.

우리 사회는 흔히 극에서 극을 달리는 유행성 논리에 쉽사리 흔들리는 경향이 있다. 여기서 우리가 다짐해야 할 명제는 국방안보 수준을 유행에 흔들려 결정하는 대상으로 삼지 말아야 한다는 것이다. 다시 말하거니와 국방예산을 성역시하던 관례가 그릇된 것이듯이 이의 대폭삭감을 토대로 단숨에 복지사회 건설의 기초로 삼을 수 있다는 생각은 위험한 오류일지도 모른다.

(《경향신문》, 1992. 9. 22)

낚시와 선거

산천경개가 수려한 곳을 찾아가 자연을 완상하노라면 언제나 우리는 일상생활의 단조로움에서 벗어나 삶의 보람을 느끼게 된다. 어린시절 고향마을 개천에서 고기잡이 놀이를 하던 기억을 잠시 되살려 보는 것도 도시 직장인이 바쁜 일과 중의 피로를 잊는 방법의 하나다.

고기잡이의 멋으로 말하면 역시 낚시질이 으뜸이다. 개울을 막고 그물을 쳐 한 곳의 물고기를 무차별적으로 잡아 올리는 방법은 어쩐지 낭만이 없다. 근래 선진국에서 유자망 어선의 제한을 강화하는 조치는 어족자원의 보호를 위해서 마땅할 뿐만 아니라 삶의 멋과 질을 높이는 일이기도 하다.

그런데 요즘 우리의 정치판을 보노라면 아직도 유자망식 표몰이가 유행하고 있는 느낌이다. 대선을 앞둔 각 정당의 공약 경쟁이 바로 그러하다. 민자, 민주 양당이 각각 77대와 100대 공약을 내걸었으며 국민당 역시 50개 항목의 대통령 선거공약을 확정 발표했다. 이렇게 많은 공약사업들 하나하나는 그물의 작은 그물코들처럼 되도록 많은 고기를 잡을 속셈을 나타내고 있다.

그런데 나라살림 가운데 정치·외교·사회·문화처럼 일견 경제와 관련이 없는 것처럼 보이는 측면들도 그 쪽의 일을 실행하고 추상적 구호들을 구체화할 때에는 결국 재원문제, 즉 경제문제로 귀결된다.

이러한 관점에서 우리는 다음의 몇 가지 의문을 품게 된다. 첫째로 모든 공약 사항을 실행하는 경우 소요되는 실물적 자원 또는 화폐적 재원이 모두 얼마나 될 것인가를 합산해 보았는가. 우리의 부존자원, 가용자원, 국민소득 등의 제약에 비하여 감당할 수 있는 이야기를 하고 있는가. 6공의 200만 호 주택건설에 이어 또 다시 300만 호 주택건설은 무리가 아닌가. 유한한 자원의 제약 아래 경제생활을 절도 있게 꾸려야 한다는 것은 가계살림이나 나라살림이나 다를 바 없다.

둘째로, 각 당이 경쟁적으로 조세감면, 사회복지, 지출확대 등 베푸는 쪽의 공약은 많은 반면에 정부가 재원을 거둬들여야 할 쪽에 대해서는 언급이 소홀하다. 여기서 발생할 수 있는 재정적자의 보전방법으로 국채발행이나 통화증발을 선택한다면, 자금시장에서의 밀어내기 효과를 통한 금리인상이나 실물재화의 초과수요를 통한 물가오름세가 불가피할 것이다. 다시 말해서 각 공약사항의 경제적 함축의미에 대한 깊은 고려가 부족하다.

셋째로, 아무리 해야 할 일이 많다 하더라도 5년 임기 중 모두 종결되는 것은 결코 아니다. 여기에 필요한 것이 바로 통시적 분업(通時的 分業)의 개념이다. 즉 국가 중대사를 성사시키는 올바른 방법은 국민의 합의가 모아지는 일정한 방향을 향해 여러 세대 또는 여러 정권이 대를 이어가며 일을 분담, 추진하는 것이다. 다음 세대, 다음 정권에도 할 만한 일을 남겨둔다는 사고방식의 전환이 필요하다.

넷째로, 그러한 시간적 분업의 틀 속에서 오늘의 우리 세대, 앞으로 5년간의 정부가 담당해야 할 일들의 우선순위를 설정하여 추진하는 동시기적 전략 개념이 있어야 한다. 제시되고 있는 많은 공약사항들에 가려서 이러한 전략개념이 뚜렷이 보이지 않는다.

다섯째로, 정부주도형이냐 민간주도형이냐, 또는 큰 정부냐 작은 정부냐를 가름하는 국민 경제 기본 운용방식이 분명치 않다. 각종 정부규제의 완화, 정부기구 축소, 금융자율화 등은 작은 정부를 말하는 반면 수많은 지역사업, 사회복지 차원의 공약사업들은 큰 정부를 지향하고 있다. 예컨대 자금시장의 수급사정에 따라 자유로이 오르내려야 할 금리를 어느 시기에 한 자리 수로 인하하겠다는 것은 시장기구에 대한 기본적 이해의 결여를 나타낸다.

여섯째로, 급변하고 있는 국제환경 변화를 길게 내다보고 이에 대한 대응전략의 편린조차 찾아보기 어렵다. 공약사항의 열거에 앞서 세계의 정치·경제·사회 흐름을 개관·예측하는 비전의 제시가 있었어야 했다.

지금 정치판에서 뛰고 있는 후보자들 입장에서는 승리를 위하여 무엇이라도 공약할 입장이며 이미 내뱉은 공약을 돌이킬 수는 없을 것이다. 이제 와서는 각 정당이 정책의 차별화를 통하여 국민의 선택에 도움을 주라는 요구도 무리일 것이다. 우리가 승리자에게 바라는 것은 집권 이후 공약사업들의 우선순위를 재점검하여 공식적으로 일부 '공약화(空約化)'하는 용기와 정직을 가질 것을 권고하는 바이다.

(《한국경제》, 1992. 11. 8)

자리마다 역할 따로 있다

자연현상을 언뜻 살펴보면 마치 무질서의 혼돈상태로 생각할 수 있지만 좀더 자세히 따지고 보면 나름의 질서와 균형의 상태가 유지되고 있음을 파악할 수 있다. 이는 생물계에 있어서 먹이 사슬의 연결고리와 공생관계를 보면 알 수 있다. 이러한 관계가 파탄 없이 유지될 때 자연의 질서가 유지되며 연결고리 중 하나에 이상이 생길 때 질서가 위협받게 된다.

해외로부터 새로운 동식물 하나가 유입될 때 토착생물계의 먹이 사슬 질서에 커다란 충격이 발생하곤 하는 사례를 보게 된다. 또한 어떤 이유로 토착생물계에서 하나의 종(種)이 멸종위기에 몰리게 되는 경우에도 자연 질서에 상당한 충격이 나타나곤 한다.

이러한 사정은 사회현상에서도 목격될 수 있다. 무인도의 로빈슨 크루소가 아닌 이상 오늘날의 사회에 살고 있는 우리는 각자 여러 계층·직종 간의 상호 의존관계의 그물 속에 자리 잡고 있다. 좀 점잖게 표현하자면 우리는 사회의 잡다한 공생관계의 그물 속에 서로 의존하며 살고 있고 좀 심하게 말하자면 사회의 커다란 먹이 사슬의 연결고리 하나에 위치하고 있다고 볼 수 있다. 서로가 위치하고 있는 자신의 연결고리에 만족하거나 적어도 참고 견딜 인내심을 발휘할 경우에는 사회의 질서가 유지되는 반면, 자신의 위치에 대한 불만족을 토로하면서 위치변경을 시도할 때에는 무질서의 혼돈상태가 야기된다.

근래 우리 사회를 보면 지난날 군부출신 지배 하의 권위주의적 권력구조가 점진적으로 민간 주도의 민주적 질서로 이행하는 가운데 무질서와 혼돈의 상태가 빚어지고 있다. 이것은 정치와 경제 간의 역학관계의 변화에서 나타나고 있고 노사관계에 있어서도 두드러지고 있다.

종래 정치와 경제 간의 역학관계를 흔히 '정경유착'이라고 표현하기도 하지만 이 경우 공생관계가 타당한 설명인지 먹이 사슬 관계가 보다 적절한 해석인지 분명치 않다. 후자의 경우 어느 쪽이 먹고 어느 쪽이 먹히는 관계인지 더욱 아리송하다. 최근 벌어지고 있는 대통령 선거는 과거와 다른 독특한 양상을 띠고 있다.

그것은 첫째로 군부출신의 후보가 전무하다는 것이고 또 그들의 잠재적 배후 영향력도 감지될 수 없다는 것이다. 둘째로 정경(政經) 역학관계가 과거와 판이한 양상을 보이면서 경제실력자의 정계진출(또는 그 시도)이 두드려졌다는 것이다.

자연계의 현상에 비유한다면 공생관계의 한쪽이 일시적으로 쇠퇴한 틈을 이용하여 다른 쪽을 위협하게 되었으며, 먹이 사슬의 위쪽 고리가 약화됨을 기회로 아래쪽 고리가 자리바꿈을 시도하는 현상으로 풀이될 수 있다.

여기서 발생되는 여러 가지 현상을 사람들은 제 나름의 시각에서 긍정적 또는 부정적으로 받아들이고 있다. 기존의 공생관계와 먹이 사슬 관계가 반드시 정당했다고 수긍할 수 없는 측면이 많았던 것도 사실이다. 국내외적으로 급격하게 변모하고 있는 국제 정치·경제 여건 속에서 기존의 질서만을 고집할 수도 없다. 변화는 있어야 한다. 그렇다고 해서 오늘날 우리 사회에 전개되고 있는 그러한 방향의 자리바꿈, 역할전환의 움직임은 어느 측면에서는 기존의 질서보다는 열등한 결과를 초래할 수도 있다.

자연계에 있어서는 종(種) 간의 먹이 사슬 자리바꿈이 나타나는 사례는 거의 없다. 인간사회는 자연계가 아니다. 현대사회에는 종처럼 일정한 먹이 사슬 자리를 가진 인간들의 계층이나 직종은 있을 수 없다. 그러나 우리가 성숙된 선진사회를 이룩하려면 적어도 계층이나 직종 간의 역할분담에는 뚜렷한 선이 있어야 한다.

지난날에는 군부출신 정치지도자의 영도 하에 재벌들이 길들여지면서 굵직굵직하게 성장해 올 수 있었다. 이러한 정경관계는 고도 경제성장의 성과로 이룩한 반면에 계층 간·부문 간의 불균형을 심화시키기도 하였다. 민주화의 열기가 이러한 권위주의적 질서를 와해시키면서 말하자면 먹이 사슬의 위쪽 고리가 약화됨에 따라 재벌들의 돌연변이 현상이 나타날 수 있는 분위기가 조성되었다. 그러나 역할전환에는 성숙된 사회의 장기발전에 알맞은 뚜렷한 방향의식이 있어야 한다. 여기서 우려되는 것은 재벌들의 역할전환 또는 그 시도에 경악한 나머지 종래처럼 권위주의적 질서로의 복귀를 환영할 수 있는 사회분위기가 조성될 가능성이다.

우리가 모두 인식하여야 할 중요한 사실은 사회의 연결고리는 서로 하나의 커다란 원을 이루고 있어서 고리 하나하나마다 제각기 맡은 바 본연의 역할이 있고, 크게 보면 고리마다 위아래를 따질 필요가 없다는 것이다.

(《경향신문》, 1992. 12. 15)

경제에 지름길은 없다

흐르는 강물을 갈라 저기까지는 어제의 물이고 여기서부터는 오늘의 물이라고 말할 수 있는가? 시간의 흐름도 이음새 없이 진행되는 것이므로 어떠한 분할도 자의적일 수밖에 없다. 그러나 인간은 시간의 흐름을 일정한 간격으로 잘라 한 해, 한 달, 하루 등으로 구분하고 기억에 도움을 얻고자 한다. 섣달그믐날 밤이 여느 다른 날 밤과 다름이 없으련만 사람들은 이날 밤을 지새우고 나면 별스럽게도 새로운 희망을 품어보기도 하고 각오를 다짐하기도 한다.

지난 대선(大選)으로 사실상 막을 내린 현재의 정부와 내년 2월 말 출범하게 될 새 행정부의 교체를 앞두고 우리 사회에서는 커다란 변화를 반갑게 기대하는 측도 있고 우려하는 측도 있다. 참으로 우리는 지나치게 정치화된 사회 속에 살고 있다는 느낌을 떨칠 수 없다. 대통령 자리의 인물이 바뀜에 따라 변화가 있음이 바람직하고 변화의 선택이 있어야만 나라 안팎에서 급변하는 정세에 대응력을 기를 수가 있다. 그렇다고 하더라도 변화를 위한 변화를 과시하기 위하여 당선자가 과거와의 단절을 호언장담하는 것도, 또한 국민이 지난 모든 것과의 결별을 요구하는 것도 모두 무리한 일이다. 정치·경제·사회의 모든 제도와 관행들이란 좋은 것이든 나쁜 것이든 간에 단칼에 절단되는 무도 아니고 칼날만 무디게 하는 무쇠도 아니며 부분적으로 잘라지면서도 오히려 칼을 쥔 손을 되퉁기어 충격을 받게 하는 찰고무 덩이를 닮은 데가 있다.

현 행정부의 정책수행 발자취 가운데 특히 경제정책이 다수 국민의 비난의 대상이 되어 왔다. 오늘날 국민 경제의 어려움이 최고위 정책당국자의 장기적 비전의 부재와 경제변수들의 거시적 상호 의존관계에 대한 이해부족에서 비롯된 측면이 적지 않다는 점에서 국민의 지탄을 자초하였다고 볼 수 있다.

그러나 물론 이것이 문제의 전부는 아니다. 각국의 국익추구 경향이 두드러지게 나타나고 있는 세계 경제질서의 변화, 선진국의 불경기 심화, 국내 각 이익집단들의 제 몫 늘리기 욕구 분출 등 정부의 직접적 책임으로 돌릴 수 없는 요인들이 경제난국의 구조를 이루고 있다. 이는 대통령 자리의 인물이 바뀐다 해서 저절로 해소, 호전될 성질의 것이 아니다.

요즘 우리는 대중매체를 통해 대통령 당선자의 해맑은 웃음 띤 얼굴을 빈번하게 접하게 된다. 사실 집권 이전까지 당선자로 머무는 요즘의 기간이야말로 아마도 그로서는 가장 행복한 한때일 것이다. 너무도 짧게 느껴질 언론과의 밀월기간이 끝난 다음 막상 집권하여 실제로 권한을 행사하기 시작하면 실무의 중압 아래에서 그 웃음이 지속되기는 어려울 것이다.

요즘 당선자가 하여야 할 중요과제의 하나는 선거운동 기간 중 열기에 밀려 남발하게 되었던 수많은 공약사업들의 실행 가능성을 차분히 점검하고 사업의 우선순위를 결정하는 가운데 실현 불가능하거나 실행에 따른 부작용이 큰 사항들을 정직하고 과감하게 미리 밝히는 일이다. 일정기간에 사용할 수 있는 우리나라의 가용자원 제약을 고려하여 부작용을 최소화하면서 추진할 수 있는 사업들만으로도 5년 임기는 그리 길지 않다는 사실을 올바로 직시하여야 한다. 이제 막을 내리고 있는 현 행정부의 경제정책이 그릇되기 시작한 것이 바로 여기에서 비롯되었었다.

최근 언론매체에 실리는 당선자 주변의 이른바 '신(新)경제'의 토막

보도들을 접하다 보면 개혁인지 오히려 반(反)개혁인지 아리송한 것들도 없지 않다. 예컨대 금리자율화를 포함한 금융산업의 개혁을 경제개혁의 핵심으로 삼겠다는 것은 올바른 인식이지만 동시에 공금리 인하조치를 고려하겠다는 보도가 끈질기게 실리는 것을 보면 마치 정책구상자의 혼돈된 머릿속을 들여다보는 듯하다. 아마도 당선자 주변의 정책 구상자들 간에 서로 정돈되지 않은 아이디어들이 표출된 때문인 것으로 사료된다.

세상에는 좋은 게 좋은 것도 이따금 있기도 하겠지만 대부분의 경우 좋은 게 오히려 나쁜 결과를 가져온다. 특히 경제문제를 다루는 처방에 있어서는 더욱 그러하다. 다시 말하자면 오늘날 우리 경제의 난국을 속 시원하게 풀어헤쳐 줄 묘수나 비법은 없다. 만일 그것을 빙자하는 자가 있다면 그는 돌팔이거나 혹세무민하는 자이다.

오히려 오늘날 경제난국의 해결책은 당선자의 선거구호였던 ‘국민이 함께 땀 흘리자’는 것 이외에 있을 수 없다. 문제는 구체적 실천방법이다. 그간 비난도 많았지만 적어도 지난 1년여 동안 현 정부의 국민 경제 운용의 거시적 골격만은 적합하였다는 점을 인정해 주어야 한다. 낡은 것을 버릴 때에도, 새것을 담을 때에도 바르게 선별하는 안목이 있기를 기대한다.

(《경향신문》, 1992. 12. 29)

제2부
사정 · 개혁 시대
(1993~1997)

민간 정치인 출신 대통령의 '문민' 시대. 사정(司正)으로 날이 밝고, 개혁으로 날이 저물었다. 애정이 있었기에 잘해 달라고 비판의 강도를 높였지만, 개인적으로는 가장 고독했던 시대였다. 집사람조차 이해해 주지 못했으니까. 신문은 세무사찰의 칼날 아래 몸을 움츠렸다. 신문지면이 증편되기 시작했으나, 필자에게 글을 쓸 기회는 자주 주어지지 않았다.

사정 바람과 나라경제

나이에 따라 독서의 느낌은 다르게 마련이다. 윤동주의 「서시(序詩)」 첫 구절이 주는 강렬한 느낌이 청소년기에는 뿌듯한 자신감이었다면 장년기 이후에는 부끄러움과 회한 어린 몸서리침으로 다가온다. 아마도 얼굴 두꺼운 위선자들을 예외로 다룬다면 부끄러운 일들로 얼룩진 지난날의 기억 때문에 번민하지 않는 사람은 드물 것이다. 아침마다 새로운 다짐과 기대로 시작하고서도 저녁이면 하루를 돌이키며 잠자리가 불편한 것이 우리 대부분의 참모습이다. 하물며 지난 삼십여 년의 군사정권 시대를 돌이켜보고서야.

우리 사회의 근대역사는 격동과 단절로 점철되었던 만큼 그 와중을 살아온 사람들의 과거 기록이 자랑스러운 내용들로만 구성되기 어렵다. '하늘을 우러러 한점 부끄럽지 않을' 정도로 판단기준을 엄격하게 규정하고 본다면 일제시대의 국내 거주자들, 6·25때의 비도강(非渡江) 잔류민들, 그리고 지난 삼십여 년간의 군사정권 시대를 살아온 사람들은 거의 예외 없이 능동적이든 수동적이든 죄인이 아닐 수 없었다. 그러나 만일 이들이 그때마다 죽음을 택하였거나 사태 이후 이들에게 단죄(斷罪)가 내려졌더라면 오늘의 한국사회 발전수준은 과연 어떠했을까.

이들이 그때마다의 고난을 체험하며 살아남아 왔다는 것, 그리고 어두움 속에서 비록 행동으로 옮기지는 못하였지만 은근히 날이 밝기를 기다려왔다는 사실의 중요성은 아무리 강조해도 지나치지 않는다. 오늘날 문민정부의 탄생이 가능하게 된 힘의 근원은 무엇보다도 이러한 중산층의 조용한 선택 덕분이었다. 그간 민주화 운동 과정에서 옥고를 치른 사람들을 비롯하여 적극 행동파의 공헌도 물론 컸지만 중산계층의 폭넓은 지지가 없었더라면 문민정부의 현제 실세들은 아직도 재야에 묻혀 있을 것이라는 사실은 지난번 대선 때 표의 향방이 말해 준다.

지난날의 정권들은 단순하게는 호소력 있는 구호를 통해, 진지하게는 치적(治績)의 사업평가를 통해서 정권의 정통성을 인정받으려 노력해야 하는 부담이 있었으나, 이번의 문민정부는 애초부터 이러한 부담에서 해방되어 있다. 그럼에도 불구하고 문민정부는 나름대로의 부담을 강하게 의식하고 있는 듯하다. 이는 바로 과거 정권들과의 차별화 의식이다.

비록 호랑이 굴을 거쳐 출범했지만 지난 6공과는 다를 뿐만 아니라 3공 이래 군사정권들보다 우월한 모습을 보이고 싶은 것이 신정부 핵심부의 솔직한 심경일 것이다. 항상 신임(新任)은 전임(前任)의 비행을 들추어 낼 수 있는 유리한 고지에 위치한다. 바로 여기서 요즈음 신정권은 국민의 지지를 다지는 여러 갈래의 굵직굵직한 노다지들을 발견하고 있다. 이것이 신정권의 개혁운동에 박차를 가해 주고 있는 사정작업의 진면목이다.

현재 국민의 높은 인기도 유지에 관심을 모으고 있는 신정권의 모습을 바라보면서 몇 가지 생각의 가닥을 간추려 보기로 한다.

첫째로, 폭넓게는 사회현상 일반이 그러하지만 특히 경제현상의 흐름은 단절이나 갑작스런 방향회전이 불가능하다는 것이다. 신 정부 등장 이후 6공 시대와 다르게 경제흐름이 진행되기를 바라는 것은 우둔하다. 재야 시절 아무리 정치민주화의 중요성이 압도적인 것으로 보였더라도, 정치민주화가 곧 그대로 국민 경제의 기본문제 해결로 연결되는 것은 아니다. 냉철한 경제원리는 집권정부가 군사정권이든 문민정권이든 차별적으로 적용되지 않는다. 구미의 선진 민주국가들도 경제 문제로 골치않이 하기는 우리와 마찬가지다.

둘째로, 국민 경제 흐름의 양과 질은 경제주체들의 이기심 발동으로 결정된다는 사실의 인식이 정치논리 또는 재야 성향의 주장들에 밀려 퇴색되고 있는 느낌이다. '고통분담'도 각계각층의 계몽된 이기심과 일치할 때만 효과를 거둘 수 있다. 우리가 오늘날 이만한 수준의 경제생활을 누릴 수 있게 된 배경에는 모두가 제 능력껏 잘살아 보겠다는 욕심 덕분이었다. '하늘을 우러러 한점 부끄럼 없는' 경제생활이란 있을 수 없다.

법제도와 관행의 테두리 속에서 인정되는 경제활동의 자유는 폭넓게 뻗을 수 있어야 하고 항상 경제주체들의 이기심은 그 테두리를 압박하며 그 신축성을 실험하고 있다는 사실을 알아두어야 한다. 문민정부가 들어섰다고 경제주체들에게 이기심의 포기를 바란다면, 꿀 모으기를 게을리한 벌통이 폐사하듯이 국민 경제는 피폐해진다.

셋째로, 경제주체를 판가름하는 기준으로서 경제적 효율성의 중요성을 올바로 인식해야 한다. 물론 사람다운 삶을 위해 도덕적 기준도 필요하다. 그러한 현실경제 문제에 관한 한 솔직한 사실인식 내지 고해성사가 필요하다.

우리는 최근 사정으로 밝혀진 엄청난 부정비리를 비판하면서도 동시에 우리 자신이 지난날 이러저러한 부분에서 작은 투기자였음을 간과하고 있다. 만약 정보와 능력이 있었더라면 큼직하게 부동산 투기한두 탕 안 했을 사람은 드물 것이다. 말하자면 4천만 인구 전체가 미필적 투기꾼들이었고 지금도 잠재적으로 그러하다.

마지막으로 한국은 국제경제 흐름과 단절해 존립할 수 있는 섬나라가 아니다. 긴밀한 국제 경제교류 속에서 생존번영의 터전을 넓혀가야 한다. 지나치게 제 몫 챙기기, 남 흠집내기 놀이에 취해 있는 동안 우리 경쟁국들은 어디쯤 가고 있는가를 주시해야 한다.

신정부의 눈이 미래로, 나라 밖으로 향해 주기를 바라마지 않는다.

(《한국경제》, 1993. 6. 10)

■■■■■■■■

이른바 문민정부 출범 이후, 모처럼 출범한 민간정치인 출신 대통령이라 취임 후 초기
의 인기도는 하늘을 치솟았으나 국정운영 행태는 기대수준을 크게 밑돌았다. 이때부터
깊어진 고뇌를 비판의 글로 표출하기 시작했다.

이상주의의 위험

남북전쟁 중인 1863년 연방정부가 국법은행제도 정비를 시작하기 전까지 약 25년 동안 미국 화폐제도는 극도로 혼란했다. 1858년 무렵에는 무려 5,400여 종의 위조·변조 화폐들이 시중에 유통되는 판이었다.

이 시대를 후세 학자들이 '화폐 위조자들의 천국'이라고 이름 붙였다. 이러한 화폐 혼란기의 배경은 미국의 건국 초기 연방주의와 비연방주의 간의 갈등으로 거슬러 올라간다. 이 갈등의 한 가닥 갈래는 은행 인가권한을 연방정부와 주정부 가운데 어느 쪽에 귀속시키느냐의 문제였다. 또 하나 중요한 갈등은 앞으로 미국의 장래를 농업경제 사회로 보느냐, 상공업 중심 사회로 전망하느냐의 대립관계로 나타났다. 비연방 농촌세력권 강세에 밀려 당시 중앙은행 기능을 담당하였던 '미합중국은행'이 1836년 의회가 인가시효 갱신을 불허하자 문을 닫게 된다. 이후 화폐 혼란기의 문이 활짝 열리게 되었던 것이다.

여기서 우리는 흥미로운 추론을 얻게 된다. 떠돌이 유목민의 눈으로 보면 정착 농업사회는 안정되고 풍요로운 사회이지만, 보기에 따라서는 복잡하고 부도덕한 사회로 비쳐지기 십상이었을 것이다. 마찬가지로 대자연의 계절변화에 순응하며 사는 농업사회인의 눈으로 보면 상공업 중심의 도시사회는 풍요하지만 부자연·불안정·복잡·부도덕의 사회로 보이게 마련이다. 전통 농업사회인의 관점에서는 아무리 고층건물 점포로 위장하여도 금융기관은 곧 전당포나 다름없다. 우리나라 전통사회의 양반계층에는 직접 자기 손으로 돈을 관리하는 일이 금기사항이었던 반면 전답(田畓)의 보유·경영은 이들의 세력 및 체면 유지에 필수불가결하였다.

이상의 추론을 한걸음 확장시키면 도덕적 이상주의에 이르게 된다. 항상 복고주의적 관점에서 현실사회를 비판하고, 지나간 과거의 특정 사회를 이상화하여 현실사회를 그쪽으로 복귀시키고자 하는 것이 과거 지향적 개혁의 특징이다.

이러한 개혁론자들은 복잡한 현상을 이해하려 하기보다 과거의 관점에서 변조·왜곡하며 단순논리 속에서 쾌도난마의 비결을 발견하고 이를 과감하게 행사하려 한다. 반면에 현실론자들은 복잡한 현실사회를 이해하는 전문성에서는 앞서지만 무모한 개혁을 혐오하는 나약성을 드러낸다. 다시 말해서 개혁론자들은 무슨 일이든 저지르고 보는 위험스런 적극성이 특징이고, 반면 현실론자들은 전문지식의 무게에 눌려 부조리 척결에 미온적·타협적인 자세를 취하는 소극성이 특징이다. 이들 양자 간의 절묘한 조화와 균형은 모두의 바람이지만 현실세계의 진행은 양자 사이를 오가는 시계추 같은 움직임이다.

요즘 우리 사회의 시계추는 한쪽으로 기울어져 있다. 그 대표적인 예가 금융실명제 실시 내용에 담겨 있다. 이번 조치는 금융거래의 실명화를 유도한다는 본래의 취지보다도 과거를 소급하여 비실명 금융자산 보유자를 응징하는 사정 차원의 내용이 오히려 크게 부각되어 있는 느낌이다.

J. M. 케인즈 같은 혜안의 경제학자가 갈파한 바 있듯이 내로라하는 많은 저명인사들의 사고방식에는 구시대 경제사상가들의 낡은 생각들의 영향이 크게 작용하고 있다. 우리 사회의 개혁론자들이 아직도 즐겨 쓰는 공정가격이니 불로소득이니 하는 개념은 중세시대의 유물이다. 현대 경제학 입장에서는 수요와 공급관계로 성립되는 경쟁시장 균형가격이 공정가격이며 지대(地代) 내지 경제적 지대라는 개념이 불로

소득 개념을 대체하였다.

금융자산 소득이 불로소득이라는 등식화가 개혁론자의 머리를 지배하고 있는 듯한데, 그렇다면 아직도 노동가치설을 신봉한다는 이야기인가. 애덤 스미스의 설명처럼 토지의 사유화가 없고 간단한 도구 이외에 생산수단이랄 것이 없던 초기 미개사회에서는 노동이 유일한 생산의 결정요소였으므로 노동가치설이 유효하였다. 그러나 노동만으로 생산이 이루어질 수 없는 현대사회에서도 노동가치설을 관철시키려는 것은 언어유희에 불과하다. 이를 신봉하던 체제의 몰락을 우리는 공산권에서 지금 목격하고 있다.

우회과정이 짧은 단순한 생산의 경우에는 금융이 그리 필요하지 않다. 우회 생산과정이 길어 생산품의 출하에 앞서 장기간 생산요소를 부리기 위해서는 신용(금융)이 불가결한 요소로 등장한다. 가령 생산물의 가치를 생산요소로 귀속시키는 실험을 하기 위하여 노동의 투입단위를 줄이면서 생산물 가치의 변화를 관찰해 보자. 마찬가지로 신용의 용도를 줄잡아 운전자금만으로 보고 이를 줄여가면서 생산물 가치의 변화를 살펴보자. 전자의 경우와 같이 후자의 실험에서도 생산물 가치 감소가 나타날 것이며, 이것이 바로 금융자산 소득이 불로소득이 아님을 입증하는 것이다. 결국 문제는 금융자산의 원천이 무엇인가로 귀착된다.

대부분의 경우 사람들은 근로소득을 현금, 수표, 자금이체와 같은 금융자산 형태로 받고 근검절약으로 금융자산을 축적한다. 이러한 적은 돈들이 금융기관에 모여 기업부문에 연계되어 국민 경제활동의 순환을 가능케 한다. 극소수의 경우 이러한 정상적 경제활동의 순환과 관련 없이 권력층 주변에서, 재벌의 상속·증여 과정에서, 지하경제의 중소 상공인에 의해서 상당한 금융자산이 축적되기도 한다.

금융실명제는 후자의 경우에 초점이 맞추어져야 하나 금번 조치는 일부 달동네 주민들까지도 공연한 근심걱정에 금융기관 예탁금 인출소동을 벌일 만큼 자극적 요소가 없지 않다.

우리가 선진 경제사회로 발전하는 고비 중 하나가 금융실명제이기는 하나 일본처럼 금융관행만 바로잡고도 초일류 선진국이 된 나라도 있다. 정치자금을 줄이는 제도 확립, 세무행정의 엄정함, 권력형 부조리의 척결 등이 동시에 진행된다면 금융실명제에 떠넘기고 있는 부담을 덜 수 있다. 우리가 선진국이 되려면 금융자산을 죄악시 하는 낡은 도덕주의에서 벗어나 오히려 그 축적이 증대되도록 권장하여 국민 경제에 이바지하도록 유도하여야 한다.

빈대 때문에 태운 초가삼간은 무지한 용사에게 돌아가는 전리품이다. 개혁의 원칙을 찬성하지 않는 국민은 드물다. 그러나 박수에 취하지 않는 냉정한 이성과 현실감각이 요청되는 때이다.

(《한국경제》, 1993. 8. 26)

적자(嫡子)의 방심을 우려하며

소도 언덕이 있어야 비빈다는 옛말이 있지만 반대로 의지할 데가 없어야 스스로 분발한다는 말도 성립한다. 믿는 데가 있으면 방심하기 십상이다. 보험 가입 전에 비해 보험가입자가 오히려 화재예방에 소홀하거나 운전 버릇이 난폭해지는 경향이 있는데 전문적인 용어로는 이를 '모럴 해저드', 즉 도덕적 해이라고 부른다.

적서(嫡庶)의 구별이 엄격하던 시절, 가문의 정통 계승자인 적자는 느긋하게 자만하다가 취생몽사한 반면에 온갖 차별에 분격한 서자가 오히려 비범한 인물로 자라 큰 발자취를 남긴 예가 적지 않았다.

해방 이래 우리 정부의 발자취를 살펴보면 묘한 대조를 발견하게 된다. 다소 무리를 무릅쓰고 말한다면 집권 시에 정통성의 뒷받침이 튼튼했던 민간정부들은 정치적 게임에 몰두하여 국민경제 운영에 소홀했던 반면 힘으로 정권을 탈취한 군사정부는 정치억압 아래서 경제성장에 힘썼다.

정권의 정통성 과신은 경제정책 측면의 방심과 무기력을 초래했고 정권의 사전적 정통성 결핍증은 주로 경제적 업적을 과시하여 사후적 평가에 기대를 걸어보려는 보상심리를 자극했다. 물론 이것도 저것도 아닌 6공은 제외하고 말이지만.

이제 우리의 관심은 올봄에 든든한 사전적 정통성의 기반 위에 세워진 신정부가 과거 민간정부와 달리 국민 경제 운영에 있어서도 성공할 수 있느냐에 있다. 그간 우리는 "신 경제 1백일 계획", "신 경제 5개년 계획", 사정(司正) 차원의 "금융실명제" 등 각종 조치를 주목하면서 취임 후 6개월 만에 신 정부에 거는 일반의 기대가 우려로 변질되는 민심의 변화를 바라보며 애석한 느낌을 갖게 된다.

실제로 신 정부의 기본정책 방향에는 폭넓은 공감대가 형성돼왔고 앞으로도 다듬어가면서 계속 추진해 볼 만한 대목이 많다. 그러나 문제의 뿌리는 깊은 데 있는 것으로 보인다. 신 정부의 과거와의 지나친 단절이 문제의 뿌리다. 군사정권과의 정치적 차별화는 옳으나 지난날의 모든 물적·정신적 축적과의 단절은 무리다. 재야 생활시 터득한 단편적 견해는 집권 후에 현실 경제사회의 복잡성 앞에 무력하기 마련이므로 기존의 자원독점을 선별, 활용해야 한다. 고집은 무리를 낳는다. 집권주체가 민간이든 군사든 가리지 않고 우리의 주어진 부존자원, 경제주체들의 동기와 행동양식, 국제경제 환경 등 여건은 변함없다는 인식의 부족이 여러모로 표출되고 있다.

첫째, 대중의 인기를 얻기 위해 많은 선거공약을 그대로 관철하려는 자세가 문제다. 최근 호남 고속철도 조기 착공 발표가 하나의 예다. 유한한 자원을 아껴 그 용도를 선별하는 것이 경제원리의 으뜸임을 아직 깨우치지 못하고 있다. 5년 임기의 10분의 1이 벌써 지났다. 차기정권, 다음 세대에게도 할 일을 남긴다는 통시적 분업의 안목이 요청된다.

둘째, 아무리 정부지지도가 높다 하더라도 이기심을 동기로 움직이는 경제주체들이 정부의 고통분담 구호에 따라 이타주의자로 돌변하지 않는다. 정치민주화는 경제주체들의 사익 추구행위를 오히려 격화시키는 경향이 있다. 일부 노동조합의 불법 노동쟁의에 대해 어정쩡했던 정부 태도에서 이 점에 대한 오해를 엿볼 수 있다. 고임금의 조직화된 소수 노동자의 과열쟁의는 결과적으로 다수의 비조직 노동자의 이익과는 상치된다.

셋째, 국제경제 환경도 국내정권의 성격과 무관하게 전개된다. 국내 문민정부를 환영하여 외국의 수입 장벽이 낮아지는 것도, 국내시장 개방 압력이 늦춰지는 것도 아니다. 지금 주요 선진국들은 심각한 경제침체의 몸살을 앓고 있다. 동남아 경제권이 다소 활기를 띠고 있으나 중국은 이미 긴축기조로 돌아서고 있다. 우리처럼 해외의 존도가 높은 나라에서 내수 위주의 경기부양에는 한계가 있게 마련이다.

넷째, 통화증발이 그대로 물가상승으로 연결된다는 도식적 통화주의가 아니더라도 통화증발은 다른 요인의 변화가 없는 한 일정기간에 걸쳐 결국 물가상승 압력으로 작용하게 마련이다. 현 정부는 이에 대해서 경제주체들이 과거와 달리 움직일 것으로 기대하는 듯하다. 취임 초부터 경기부양을 노려 '신축적'으로 풀던 통화관리가 이제는 금융실명제 부작용 완화를 위해 거의 포기상태에 들어갔다. 실명제 아래의 현금보유 선호로 화폐 유통속도가 늦춰져 물가상승 압력을 부분적으로 흡수하겠지만 이것만으로는 역부족이다.

끝으로 과거 정권 아래 한자리 하거나 한밑천 장만한 계층은 물론 중산층까지도 획일적으로 기득권 세력으로 몰아 배척당하는 느낌이 있다. 물론 썩은 줄기는 절단해야 하지만 성한 뿌리와 줄기는 살려야 한다. 경험과 능력 있는 전문인들에게는 참여와 자문의 기회를 주고 건실하게 축적된 물적 재산이 국민 경제에 기여하도록 유도해야 한다.

우리나라는 인적·물적 자원이 태부족인 형편이다. 사람 흠집내기식의 뒷조사, 절약정신을 해치는 방식의 금융실명제 등은 자원축적이 아니라 자원잠식 수단이다. 모아야 나라의 힘이 되고 재산이 된다.

사전적으로 정통성이 인정되는 정부라도 사후평가에서 부정적일 수 있다. 현 정부가 사후적으로도 긍정적인 평가를 누리려면 요즘처럼 다양한 의견을 수용하지 못하는 옹졸한 권위주의를 탈피하고 대중의 인기에 영합하려는 정책구상을 버려야 한다.

현실 경제세계의 경험과 감각이 부족한 이들이 몸에 어울리지도 않는 '도덕성의 갑옷'으로 무장하고 기발한 아이디어를 실험하고 있는 오늘의 현실을 보며, 포용력 있고 방심하지 않는 적자(嫡子)이기를 바란다.

(《중앙경제》, 1993. 9. 14)

■■■■■■■■■

요즘(2004년 초) 택시를 타면 기사들이 과거 군사권위주의 시대의 향수를 거침없이 내뱉곤 한다. '문민', '국민', '참여'의 정부가 적자임을 자만하며 민생을 괴롭힌 탓일 것이다.

검은 돈, 흰 돈 타령 그만 하자

1580년 9월 말께 3년여의 항해를 마치고 귀항한 선박 한 척이 영국 국민의 대대적 환영을 받았다. 엘리자베스 1세가 몸소 승선하여 선장에게 작위를 수여했다. 이 배의 목재 일부는 의자와 탁자로 만들어져 아직도 옥스퍼드 대학 한 구석에 소중히 간직되고 있다. 그는 누구인가? 포르투갈 식민지와 선박들을 노략질, 분탕질하여 빼앗은 거액의 보물을 싣고 온 해적선 골든 하인드 호의 선장 프랜시스 드레이크였다.

17세기 말부터 약 1세기 반 동안 영국, 아프리카 서안, 미국 동부 및 서인도제도를 연결하며 공산물, 노예, 농작물을 차례로 교환하는 삼각무역이 성행하였다. 1833년 노예철폐법이 제정되기까지 노예무역은 영국의 존경받는 기업인들에게 고수익 사업의 하나였다.

차, 비단 등 중국 상품에 대한 수입수요는 왕성한 반면 자국상품의 중국 수출은 여의치 못했던 영국은 18세기 초엽부터 아편의 중국 수출을 정책사업으로 삼았다. 1839~42년과 1856~60년 두 차례에 걸친 '아편전쟁'은 중국의 입장에서는 억울한 사건이지만 영국의 입장에서는 만성적 무역적자 해결을 위한 불가피한 수단이었다.

작은 섬나라 영국이 국력을 키워 '해가 지지 않는 제국'으로 세계를 제패할 수 있었던 것은 국가적 지원 아래 해적질, 노예상, 아편장사로 마련한 자금의 밑받침이 튼튼했기 때문이었다. 이처럼 어제의 일을 오늘의 눈으로 돌이켜보면 부끄럽고 괴이한 사례가 비일비재하다.

요즘 우리 사회는 벌써 몇 달째 계속 '검은 돈'에 대한 비난과 응징의 화살이 난무하고 있고 앞으로도 사정개혁은 지속된다고 한다. 이와 관련하여 도입된 금융실명제의 준비기간이 오늘로 마감된다. 우리 사회의 검은 돈은 해적질, 노예상, 아편장사와 같은 거창한 일과는 대부분 무관하며, 국민 대다수가 국가를 상대로 벌여온 크거나 작은 좀도둑질(탈세) 잔치가 대종을 이루었다.

그간 금융실명제에 대해 마치 국민적 합의가 이루어진 것처럼 보였던 것은 국민 각자가 모두 자기 것은 깨끗한 돈이고 남의 것은 검은 돈으로 보았기 때문이다. 거리를 달리며 손님에게 검은 돈의 국가 환수를 역설하는 택시기사들 스스로 합승요금 '삥땅'에 열성적임을 우리는 본다. 주말마다 훌륭한 말씀을 설교하는 성직자들이 성실한 납세자가 아닐 수 있음을 안다. 하물며 번거로운 각종 행정규제와 세금에 시달리는 시장 주변의 상인들과 중소기업인들이야 말할 나위도 없다. 검은 돈은 대기업의 비자금만이 아니다.

정치인들이 정경유착으로 재미를 보는 돈과 마찬가지로 유권자들이 선거 때마다 바라는 봉투도 검은 돈이다. 과거 군사정권 아래서 이른바 기득권 세력의 생활내용도 그러하지만, 재야인사들이 그나마 명맥을 유지해 온 것도 보기에 따라서는 관청의 눈길을 피한 검은 돈 덕분이었다. 우리 사회의 어느 계층에도 자신 있게 남을 손가락질 할 수 있는 독점권이 없다.

사실상 지폐의 인쇄 색깔은 일정하며 검은 돈, 흰 돈의 구분은 정부의 실정법이나 개개인의 주관적 도덕성의 기준에 따른 것이어서 상대적일 수밖에 없다. 지난날 우리 사회 관행에 떳떳치 못한 구석이 있었던 것은 숨김 없는 사실이고 그래서 금융실명제의 도입도 불가피했다.

이제 실명제의 도입을 계기로 과거의 관행에서 벗어나고자 각계각층이 노력해야 할 과제를 안고 있다. 새로운 관행의 정착에는 상당한 시일이 소요되며, 실명제만으로 지하경제가 근절된다는 꿈을 현실에 맞게 수정하는 인식의 전환이 필요하다. 각종 정부규제의 완화, 세율

인하, 행정재량권 축소, 공직자 처우개선 등 복합대책이 아울러 베풀어져야 실명제가 정착할 수 있다.

경제발전 과정은 국민소득의 양적 확대와 더불어 부문별, 계층별, 지역별 불균형을 불가피하게 수반한다. 한국이 경제성장과 분배균형을 동시에 달성해 온 모범사례라는 국제 비교평가에도 불구하고 국내에서는 불평등 분배의 시정을 요구하는 외침이 높았다. 이를 무시하고서는 국민적 화합이 어렵다는 판단 아래 정부는 몇 달 사이에 개혁·사정의 바람을 몰아 상당한 성과를 거두었다.

아직도 사회 일각에서는 당국이 몇몇 인사의 추가 처리, 본격적인 재산몰수 등 보다 철저한 조치를 원하는 목소리가 있다. 그러나 이 경우 완벽주의가 초래할 수 있는 사회는 민주주의와 시장경제와는 판이함을 알아야 한다.

이제는 그간의 개혁조치를 밑바탕으로 분배형평에서 다시 생산효율에 주력할 때가 되었다. 사정과 개혁은 국력신장의 수단이지 목적이 될 수 없다.

동서고금을 통해 높은 도덕성 때문에 문약해진 나라가 정복되지 않은 예가 없고, 경제발전 과정에서 검은 돈의 도움이 전혀 없이 오늘의 부강을 누리게 된 나라를 찾아보기 어렵다.

과정이야 어떠했든 일단 부강한 선진국이 된 다음에는 인권 등을 문제삼아 후진국의 내정에 영향력을 행사하는 '점잖은' 위치에 오르는 것을 우리는 보고 있다. 이제 어제의 일을 덮고 내일의 새로운 장을 펼치자.

흰 돈, 검은 돈 구별 말고 국력을 키우자.

(《중앙경제》, 1993. 10. 12)

혼자 깨어 있는 아웃사이더

김수길

(현 중앙일보 편집국장, 당시 중앙일보 기자)

1993년은 일 년 내내 '개혁'과 '사정'의 바람이 몰아친 해였다. 당시에는 '검은 돈을 뿌리뽑자.' '지하경제를 발본색원 하자.'는 당위와 명분이 견해가 다른 주장과 우려를 거의 덮어버리다시피 했다. 이 글은 훌륭한 경제학자가 어떻게 '혼자 깨어 있는 아웃사이더'가 되는지를 잘 보여주는 대표적인 사례다. 그는 이 글에 앞서 이미 문민정부 출범 초기에 '사정 정국'의 함정과 허구를 지적하며 국가의 장래를 우려했었다. 문민정부의 사정 정국은 호랑이 등에 올라탄 형국이며 당장은 대중의 열렬한 지지를 받겠지만 계속 먹이를 던져주지 않으면 결국 호랑이는 돌아서서 물고 만다고 갈파한 것이다. 「검은 돈, 흰 돈」은 김 교수의 그 같은 생각의 일관된 연장선 상에 있다.

문민정부는 그 후 어찌 되었는가. 정권을 잡은 쪽이 내세운 높은 도덕성은 결국 대통령 측근과 가족의 비리가 드러나면서 땅에 떨어졌다. 김 교수가 이 글에서 지적한 바, "우리 사회의 어느 계층에도 자신 있게 남을 손가락질 할 수 있는 독점권이 없다."는 말 그대로였다. 이 같은 지적은 결코 낡은 보수 세력의 '반(反)개혁'을 대변하는 것이 아니다. 그의 진의는 '미래지향적인 개혁'에 있다. 과거를 단죄하는 것에 그칠 뿐인, 그것도 정치적 보복이라는 악순환의 굴레에서 자유롭지 못한 개혁의 허구와 함정을 그는 깨우쳐주고 있는 것이다. 실제로 문민정부는 정작 미래지향적인 개혁을 소홀히 했고, 결국 정권 말기에 외환위기라는 미증유의 파국을 맞고 말았다.

금융실명제는 이후 그럭저럭 정착되었고, 전두환·노태우 전 대통령의 비자금을 비롯해 정치권의 검은 돈을 드러내는데 크게 기여한 것은 사실이다. 그러나 정작 금융실명제의 최종 목표라 할 금융소득 종합과세는 아직도 제대로 이뤄지지 않고 있고, 노무현 정권 출범 후 또 다시 벌어진 비자금 정국이 온 나라를 흔들고 있는 상황을 보면 금융실명제 하나로 검은 돈을 뿌리 뽑고 정경유착을 근절하며 지하경제를 발본색원 한다는 생각이 얼마나 아마추어적인 것이었는지를 확연히 알 수 있다.

등소평의 흑묘백묘론(黑猫白猫論)을 연상케 하는 김 교수의 통찰은 꼭 십 년 뒤인 2003년 비자금 정국이 온 나라를 뒤흔들고 있는 속에 정작 미래지향적인 제도 개혁과 장기 비전은 실종되다시피 한 상황에도 여전히 적용된다.

훌륭한 경제학자의 좋은 글을 반추하는 자리인데, 왜 이리 허탈하고 안타까울까.

이 글을 확대 집필한 원고를 신동아에 주었는데, 데스크가 난도질해 논지가 애매한 글로 실렸다. (≪신동아≫ 1993년 10월호, 「왜 지금 실명제여야 하는가」)

괴짜도 대접 받아야 선진사회

　정상(正常)이란 무엇을 뜻하는가. '어떤 규범·규칙·원칙에 어긋나지 않는 상태', '바른 상태'라는 뜻으로 풀이되는 이 말에는 다분히 주관적 가치판단이 내재한다. 우리의 일상 언어생활에서 정상이란 말은 화자의 마음에 맞는 상태, 자기와 닮은꼴 인물을 지칭한다. 또는 산술평균적인 의미로 풀이되기도 한다.

　그러나 현실의 사물이나 상태 가운데 산술평균적인 것의 실제 본보기를 찾아보면 빈 집합일 가능성이 크다. 예컨대 실존인물 가운데 산술평균적인 한국인이라고 지목할 만한 인물은 찾아보기 어려울 것이다. 만일 그를 발견하더라도 그의 인간상이 바람직한 것이기를 기대할 수 없으며, 이런 사람의 복제인간들로 전 인구가 구성된 단조로운 사회는 열등한 후진 수준을 벗어날 가망이 없을 것이다.

　한편 정신적 이상이 없는 상태를 정상이라고 말하기도 하는데, 따지고 보면 정신이상자는 일반적으로 어느 일면에서 소위 정상인보다 뛰어난 능력과 성향을 나타내는 사람이다. 만일 정신병원에서 발견할 수 있는 비범한 능력만을 모아 한 사람에게 부여할 수 있다면 우리는 불세출의 인물을 얻을 것이다.

　요즘 우리 사회의 유행을 이루고 있는 한국병의 진단과 처방책을 듣고 보노라면 논자마다 '정상'을 판단하는 자기의 주관적 가치기준을 일반국민에게 강요하거나, 사회의 산술평균치를 바람직한 이상으로 추구한다는 느낌을 받게 된다.

이제 우리가 비정상의 가치를 인정하고 단순한 산술평균 지향에서 가중평균 지향으로 사고방식을 전환하는 것이야 말로 국가 발전의 계기를 올바로 마련하는 길이다.

십인십색(十人十色)이란 말과 같이 인간의 다양성은 현실이자 당위다. 근대 경제사회의 기초는 바로 이 같은 사회구성원들의 다양성을 인식하고 각자 나름대로 자유롭게 발전하면서 전체의 공통이익으로 귀착하도록 조화를 이루는 데 있다. 이러한 분업이 국내외로 확대되면서 오늘날과 같은 국민 경제 발전과 국제경제화가 이룩되었다. 사람마다 각양각색의 재능은 다양한 직업의 존재를 가능케 하고, 재간의 희소성 정도와 작업의 난이도에 따라 보수수준 차등화가 성립한다. 아울러 자급자족의 경제행위가 불리한 것이라는 인식 하에서 실제로 나보다 열등하거나 그렇게 보이는 다른 사람의 재능의 가치를 알아주고 그들이 담당하는 작업의 중요성을 평가하는 한편 나의 재능을 경쟁적으로 다듬어 빛내어야 분업과 전문화가 가능케 된다. 이 같은 비교우위 원리를 무시하고 평준화를 지향한 결과 노동현장에서 상호 간 인격무시와 파국적 시위행위가 빚어지고 있다.

교육의 평준화는 결국 질적 하향평준화를 초래하였다. 이름 좋은 전인교육은 필수교과 과목수를 늘려 특수한 자질의 개발을 원천봉쇄하고 선다식 문제 답안지 작성에만 고도의 기술을 습득한 특색 없는 평균적 인간들만을 양산하였다.

인간의 능력이 표출되는 측면은 다양하며, 어느 개별적 측면이나 각 개인의 종합적 능력에는 우열이 있게 마련이다. 학생 개개인마다 비교 우위에 있는 재능과 개성을 키워주는 교육이어야 앞으로 21세기에 나라살림이 생존·번영하는 데 이바지하는 비범한 일꾼들을 길러낼 수 있다.

천재나 수재들은 대체로 일상생활에서 서툰 괴짜들이다. 이러한 괴짜들을 키우고 우대하는 사회가 선진국 수준의 사회다. 우리 사회는 일반적으로 모난 돌이 정 맞는다는 믿음이 지배한다. 그렇다고 통 크게 '무용의 용(無用之用)'을 생각하고 행동하는 사람들도 없다. 우리는 사회 분야마다 특출한 재능을 가진 괴짜들이 마음껏 자라고 활동할 수 있도록, 싹트는 날개를 미리 발견하고 키워주는 포용과 격려를 베풀어야 한다. 예술·운동·학문에서 뿐만 아니라 경제활동에서도 날개의 움직임을 방해하는 각종 규제들을 완화하고 지도기준을 투명하게 하는 일이 중요하다. 비정상을 포용하고 보호하는 사회 분위기와 사회 구성원들의 마음가짐이 있어야 신체부자유한 영국의 우주물리학자 스티븐 호킹과 같은 걸출한 인물이 출현할 수 있다. 이러한 괴짜들에 대한 이해는 지연과 학연을 중시하는 우리 사회의 고질병을 고칠 수 있는 마음의 지름길을 터준다.

마지막으로 가장 중대한 문제는 한 분야에서의 성공을 도덕성의 우월성으로 착각하거나 타 분야의 전문성을 무시하는 경향이다. 요즘 우리 사회에서는 이러한 경향이 정치인들에게서 두드러진다. 지난주 청와대에서는 그간 서로 만나기 거북하거나 어색하였을 네 명의 전·현직 대통령이 자리를 같이했다. 이분들이 지닌 성품과 장단점은 각기 다르다. 극도의 신중함, 용인술과 결단력, 대세추종 성향, 대중인기를 밑바탕으로 한 정통성 추구, 이 네 가지 모두를 겸비할 수는 없는 것인가. 비정상도 정상과 함께 공존하는 괴짜들의 사회가 선진사회다.

《중앙경제》, 1994. 1. 14)

개혁 바람에 속 앓는 중산층

최근 소비자 보호원의 조사에 따르면 우리나라 가구 중 64퍼센트가 스스로 중산층 이상에 속하는 생활수준을 누리고 있다고 여기고 있다. 이같이 중산층 이상 계층에 대한 소속감이 확대되고 있음은 우리 사회의 안정을 위해 반가운 소식이다. 원래 중산계급(또는 계층)은 말하자면 상류 지배자와 무산 노동자의 중간에 놓이는 사회계층으로서 봉건 체제의 붕괴에 따라 토지귀족과 자유농민, 그리고 농노 사이에 존재하면서 상인 및 기업인들의 형태로 나타났다.

오늘날에는 그 범위가 확대·변형되어 소기업인, 전문직 또는 지적 노동 종사자, 숙련 기능인, 화이트칼라 노동자 등 다양한 사람들을 포괄하게 되었다. 앞으로 21세기가 이른바 지식사회 또는 정보사회로 나아간다고 전망되고 있음에 비추어 이들 중산층이 각자 재능에 따라 창의성을 발휘하고 노력에 따라 응분의 보상과 사회적 존경을 획득함으로써 신분의 격상을 도모할 수 있으리라는 자신감을 북돋워 주어야 한다.

그런데 문민정부 출범 이후 우리 사회 중산층 중 상당수는 자존심에 치명적인 상처를 입고 방황하고 있는 것으로 보인다.

우리 사회처럼 중용(中庸)을 숭상하는 분위기 속에서는 절대빈곤 인구 비중이 높았던 50년대에도 스스로 중산층으로 치부하는 계층의 폭이 좁지 않았을 것이지만 실제로 60년대 군사정권 출현 이후 고도 경제성장 과정에서야 비로소 중산층의 폭이 두터워졌다. 이들의 교육수준은 점차 제고되었으며 가정생활의 꿈, 도덕 및 윤리적 관심 등은 다양화되어 이들을 뭉뚱그려 한마디로 정의하기 더욱 어렵게 되었다.

그러나 지난 삼십여 년간의 군사권위주의 시대에는 이들 중산층의 자랑은 정치적 지배층에 대해 도덕적 우월감을 유지할 수 있다는 점이었다. 통치권을 장악한 세력으로부터 가해질 수 있는 신체적 위해(危害)의 위협 때문에 주춤거리며 공개적인 언행에는 상당한 조심성을 보일 수밖에 없었지만, 내면적으로 이들은 그 어느 권력층에 대해서도 자신의 생활윤리에 부끄럼이 없었고, 오히려 상대적으로 우월감마저 가질 수 있었다. 이러한 정서는 집권당의 핵심인사들에 대해서 뿐만 아니라 여야의 구분 없이 직업정치인과 그 주변인물에 대해서도 마찬가지였다.

물론 이들 중산층의 도덕적 우월감은 절대적인 것일 수 없었다. 지난날 경제성장 과정에서 정부와 기업 간의 관계가 투명하고 불편부당하였다고도, 기업 및 가계들의 경제활동을 관장하는 경기규칙이 반드시 공정했다고도, 경제주체들이 경기규칙을 성실하게 지켜왔다고도 말할 수 없다.

국민 경제의 고도성장을 위해 정부행위가 무한궤도 열차의 그것을 방불케했다면 기업 확장을 도모하는 기업행위와 스스로의 사회·경제적 지위 향상을 꾀하는 개인 경제행위도 상당히 신축적인 기준의 규범에서만 정당화될 수 있는 성질의 것이었다.

이러한 와중에서 스스로의 노력의 대가로 신분격상에 성공할 수 있었다는 것이 중산계층의 긍지였다. 최근 우리 사회의 삼십여 년간 만큼 다수의 사람들이 자수성가 방식으로 발돋움해 대거 중산층에 이른 사례도 찾아보기 어려울 것이다. 이들이 집안을 일으킨 과정, 다시 말하여 치부(致富) 과정에는 탈세, 절세 등 지하경제 행위의 도움이 전혀 없었던 것은 아니지만 기업의 경우나 정치계 인사들, 특히 권력층에 비하면 상대적으로 도덕적 자신감에 충만할 수 있었다. 사실상 이러한 정서가 지난 고도성장기의 원동력 바로 그것이었다.

문민정부의 개혁조치 바람 속에서 중산층은 그간의 자구노력 성공에 대한 자긍심을 상실하게 되었다. 문민정부 등장은 사회 안정을 바라는 중산층의 투표성향 덕분에 가능하였다. 그리고 안정성향이란 경제사회의 경기규칙과 규범을 종래처럼 유지하기 바라는 것을 뜻한다. 그러나 이러한 바람이 저버림을 받았다. 그것도 중산층 나름의 주관적 기준으로는 한 수 접어주었던 직업정치인들로부터 말이다.

돌이켜보면 우리 사회는 세계 최하위 수준의 후진국으로부터 오늘날의 상위 중진국으로 발전하는 과정에서 얻은 것도 많지만 불가피하게 잃은 것도 많았다. 전통사회의 가치관 중 현대사회에서도 유지해야 할 덕목, 특히 정직, 근면, 성실 등이 실종된 것은 안타깝다. 그렇다고 현대사회에 걸맞은 새로운 가치질서가 정립된 것도 아닌 아노미 상태가 지배하고 있다.

따라서 새 정부의 개혁방향에 대해서는 중산층도 '기득권층'으로 몰림을 당하면서도 상당한 공감과 반성을 보였다. 그러나 문제는 개혁작업의 구체적 내용과 강도가 현대 경제사회에 걸맞은 현실인식에 밑바탕을 둔 것인가, 그리고 국민 경제 활동의 주력층인 중산층의 원초적 자긍심을 훼손하여 경제 활력의 원천을 위협해야 하느냐에 있다. 어느 개혁주체에게나 조만간 자체의 도덕성 시비가 문제되는 크고 작은 사건들이 발생하게 마련이고, 이 경우 냉소주의가 사회 분위기를 압도한다는 것이 역사적 교훈이다. 자존심에 상처입고 방황하는 중산층의 규모가 앞으로 국민 경제의 흐름과 정치권력의 향배를 좌우할 것으로 보인다.

(《중앙경제》, 1994. 2. 4)

서울은 점령되었는가

　　요즘 정붙이고 살아온 우리 사회가 점차 낯선 사람들과 생경한 목소리가 위세를 부리는 사회로 변해가는 느낌이 든다는 사람들이 부쩍 늘고 있다. 이러한 느낌이 나이가 들면 늘어나는 허전함이나 서러움의 기분만이라면 덮어두어도 좋다. 그러나 삶의 여정에서 아끼고 지켜온 기본적 가치와 선호가 의심받고 뒤엎어지는 데 따른 경악과 위기의식이라면 문제는 자못 심각하다.

　　지난해 문민정부 출범 이후 개혁과 사정의 회오리바람은 이른바 '기득권 세력'에 대한 준열한 비판을 몰고 왔다. 기득권 세력의 개념 정의가 정치·경제적 이권에 기득권을 가진 집단을 뜻하는지, 그간 정치·경제·사회의 기간을 이뤄온 계층 전체를 말하는지 불분명한 상황에서 나름대로 착실히 살아온 대다수의 중산계층 전체가 과거를 돌이켜 반성하며 몸을 움츠리면서 자신의 머릿속 낡은 고정관념이 시대의 새로운 흐름에 대한 이해와 적응을 가로막고 있음을 개탄하기도 하였을 것이다.

　　정치·사회의 움직임을 해학과 빈정거림으로 바라보는 이들은 문민정부의 개혁은 고작 TK 시대를 끝내고 PK 또는 '3D 시대'를 여는 구실을 마련하는 것이었다고 말한다. 또는 우리 사회의 주력세력으로서 오십대 이상의 세대를 대거 밀어내고 삼십대 후반 내지 사십대 초반 세대가 등장하여 주요역할을 담당하는 세대교체의 물갈이라고 보기도 한다. 사실이 비록 이러하다 하더라도 장기간 양지에 머물던 계층은 서운하겠지만 이것이 권력의 생리이며 자연의 섭리라고 대승적으로 본다면 그리 큰 문제일 수 없다.

그러나 문제의 심각성은 요즘 같은 변혁기를 틈타 우리 국가의 기본명제인 자유민주주의와 그 경제적 표현인 시장경제 체제에 대해 이질적인 이념에 근거한 주장들 때문에 가치혼돈이 조장되고 있는 것과, 동서 간 해빙시대에 우리의 국토방위와 국내질서 유지의 중요성이 크게 감퇴하였다고 보는 안이한 안보의식이다. 비록 냉전의 긴 겨울이 가고 동구권의 맹주였던 소련이 개편되었다 해도, 아직 한반도에 이념전쟁의 봄은 멀었음에도 불구하고 우리는 섣불리 군비축소를 논의하기에 분주하였다. 역사상의 폭동, 사건들이 '항쟁'으로 둔갑할 즈음에 있기도 하다. 살인사건은 밖에서보다 집안에서 친족 간에 빈번하게 발생하며, 가장 잔혹한 전쟁은 동족상잔의 싸움임에도 불구하고, 어떠한 동맹국보다도 같은 민족이 더 가깝다는 낭만주의적 발상이 최고지도자의 말씀으로 나타났으며 언론매체도 이에 동조하는 듯 보였다.

이 대목에서 기성세대는 자신의 6·25 경험을 돌이키면서 문민정부가 지난날 군출신 정권이 못 다 한 그 무언가를 성취할 것에 기대보다는 의심이 앞섰던 것이 사실이다. 하기야 과거 군사정권들이 국내 정치위기의 국면 타개책으로 빈번하게 북한 카드를 이용해 왔지만 북측의 대남전략이 기본적으로 바뀌었다고 보기 어려운 상황에서 혹시 그간 우리의 대북정보가 왜곡된 것은 아니었나 하는 의심이 들기도 했다.

며칠 전 판문점 회담에서 북측대표가 서울을 불바다로 만들겠다는 폭언을 서슴지 않았다. 언론의 호들갑에도 불구하고 6·25 경험이 있는 기성세대에게는 그 발언 자체가 결코 놀라운 일이 아니다.

오히려 놀라운 것은 협박한 북측보다 그것을 국민에 공개한 것을 두고 일부 야당의원이 정부 당국에 항의하는 모습이며, 더욱 한심한 것은 대학가 대자보의 침묵이다. 지난 십여 년간 캠퍼스의 게시판은 군사독재 타도를 외치고 인권·노동·농촌 문제를 다루는 대자보로 장식되어 왔으며 이는 문민정부 등장과 소외계층 문제 부각에 상당한 기여를 했다고 본다. 그러나 신기한 것은 북한의 김일성 정권을 비난하고 그곳의 인권문제를 다루는 대자보를 접한 기억이 없다는 사실이다.

핵문제만 해도 그렇다. 남한의 핵무기 철수, 원자력발전 반대 등은 다뤄도 북측의 핵개발이나 NPT 탈퇴에 대한 비난 글귀는 눈을 씻고 봐도 찾을 수 없다. 간혹 북의 핵은 통일 후에는 우리 모두의 것이라는 뜻의 글귀는 본 듯하다.

팀스피리트 훈련과 패트리어트 미사일 배치는 반대하면서도 북의 군사력 전진 배치, 장거리 유도탄의 개발에는 일언반구의 언급도 없는 것이 요즘 대학가 대자보의 실상이다. 강의시간 중 이 괴상한 침묵을 나무라보지만 여전히 반응은 전무하다. 우리 서울이 이방인들에게 점령됐단 말인가?

인간에게 가장 중요한 가치는 생존의 가치다. 북의 핵문제는 달나라의 계수나무 유무를 따지는 한가한 퀴즈 문제가 아니다. 바로 서울 근거리에 우리에게 적의를 가진 집단이 대량살상 무기를 보유하고 우리를 겨냥하고 있다는 긴박한 문제다. 이러한 동족은 그 어떠한 이민족보다 가증스러운 것이다.

우리는 기존의 동맹국 관계를 굳건히 다지고 안보의 중요성을 인식해 군의 사기진작과 전력증강에 힘써야 한다. 율곡사업의 오명에도 불구하고 율곡의 유비무환은 역시 명언이었다.

(《중앙경제》, 1994. 3. 25)

영국의 추리작가 애거서 크리스티(Agatha Christie, 1890~1976)의 소설에서는 살인 등 범죄사건이 가까운 가족구성원 간에 가장 빈번하게 일어난다. 동족 간의 전쟁이 그래서 더 무섭고, 끈질기다.

아버지의 권위와 국민 경제

우리 전설 속에는 흔히 호환(虎患)의 두려움이 담겨 있지만, 한반도 산야에서 큰짐승이 사라진 지 오래다. 근래 한국사회에서 또 하나의 종족이 멸종위기에 몰려 있다. 우리네 가정에서 호랑이처럼 엄한 애비의 권위가 옛이야기로 되어가고 있다. 가부장적 권위가 지나치면 작게는 가정생활에, 크게는 국가사회에 미칠 억압·불공평·비민주 등의 폐해가 적지 않지만, 이제는 권위의 공백으로 방종·무기력·무질서 등 부작용이 나타나고 있다.

아이들이 욕설로 호칭되던 시대에 '어린이'로 품격을 높여준 방정환 선생은 선각자였으며, 해방 후 이를 기리는 '어린이날'의 제정은 적절한 조치였다. 그러나 자식들의 기를 살려 키우다 보니 일년 365일이 모두 어린이날이 되어버렸다. 지난날에는 자식을 기성세대가 정한 모범적 틀에 맞추어 공들여야 완성되는 조형의 소재로 보았다면, 요즘은 아이는 본래 순진무구한 존재이므로 기성세대가 가급적 이를 오염시키지 말아야 한다고 본다.

지난날 전통사회는 수많은 여성들의 서러운 한의 이야기로 점철되었다. 그 시대에는 여성전용의 교육기관 설립 등 여성지위 향상의 노력이 절실했다. 이에 힘입어 여성의 사회진출은 아직도 미흡한 바 있지만 적어도 가정 내에서는 괄목할 만한 진보를 이루었다. 요즘에는 '주부님'이란 말이 탄생한 반면, 남편을 지칭하는 새로운 용어로 '아빠'라는 괴이한 표현이 유행이다. 그 결과 대다수 가정들은 뚜렷한 가장이 없는, 사실상 결손가정으로 변질되었다.

이 같은 변화는 많은 요인들이 서로 맞물려 초래되는데 그 중 몇 가지 요인을 간추려 보기로 하자.

첫째, 서구문화의 충격과 그 모방으로 가족제도에 합리주의가 자리잡은 것이다. 농촌 사회가 도시 산업사회로 바뀌면서 대가족 제도의 해체가 촉진되고 결혼 및 출산에 있어서 이해득실의 타산이 작용했다. 특히 자녀양육에 따른 비용편익의 냉정한 분석이 정부의 인구억제 정책과 맞물려 한국이 세계적 성공사례로 등장했다. 한두 명의 자녀는 귀한 존재로 되었고, 주부의 여가시간이 늘어났다.

둘째, 생활필수품은 시대와 사회변화의 영향을 받는 '가변적 개념'이다. 국민소득 상승으로 어제의 사치품이 오늘의 생필품이 된 것을 비롯해, 산업계에서 부단히 출하하는 신제품 덕분에 이른바 현대문화생활을 위한 소비자 내구재의 품목이 늘어났다. 더구나 다기능, 새 디자인을 앞세워 제품 주기가 단축되고 있다. 이같이 불어난 소비욕구에 비하면 가장이 벌어들이는 소득은 항상 태부족이다. 이에 따라 맞벌이에 나선 주부들이 늘어나고 이들의 소득은 가장의 위상을 위축시켰다. 이는 또 출산 횟수를 더욱 단축시켰다.

셋째, 가전제품의 보급은 주부의 여가시간을 확대·창출한다. 남는 시간은 대부분 건전한 취미생활로 보내지만 때로는 복부인 노릇이나 이런저런 탈선행위로 물의를 일으키고 있다. 우후죽순처럼 자라난 종교기관들의 세력 확장과 일부 광신 경향도 이들 덕분이다. 특히 부동산과 증권 관련 복부인 활동은 때로는 단기간 고소득을 가능케 하며 남편의 고정된 수입을 과소평가하게 된다.

그리고 가장의 소득이 월급봉투가 아닌 온라인 방식으로 주부의 통장으로 직접 입금되는 제도도 작으나마 전통적 가족제도의 파괴요인으로 작용한다. 자녀에게 보여지는 아버지의 상(像)이 벌기보다 오히려 아내에게 용돈을 타 쓰는 모습이어서는 가장으로서의 권위가 설 수 없다. 이처럼 복합적 요인에서 우리 사회 아버지들은 내외간의 은밀하거나 떠들썩한 다툼에서 가정내 평화라는 명분에 밀려 백기를 든 꼴이 되고 있다.

이런 가정생활 변화가 국민 경제에 미치는 함축된 의미는 (이는 곧 경제성장에 미치는 함축된 의미이다.) 결국 경제성장의 감속이다.

첫째, 인간의 경제활동 동기 중에는 기업의 대기업 지향에서 보듯, 자기 확대와 과시욕이 크게 작용한다. 가정에서 남편의 권위 추락은 결국 국민 경제 활력의 무기력화, 성장둔화를 초래한다.

둘째, 대가족 제도의 붕괴는 부의 축적동기를 감퇴시킨다. 대가족 제도의 사적 상부상조 경향이 소멸함에 따라 이를 공적부조 내지 사회보장제도의 확충으로 대체하게 되고, 정부는 그 재원 마련을 위해 불가피하게 세율인상을 해야 한다. 이는 결국 근로의욕을 저하시켜 역시 저성장 사회를 앞당기게 될 것으로 보인다.

셋째, 가정생활에 대한 '합리주의적 계산'을 하게 되며 결혼기피와 동거생활 확대, 이혼율과 결손가정 증가 등을 초래한다. 이는 결국 사회결집력의 약화를 통하여 사회질서 혼란, 범죄 증가 등을 야기하여 치안유지에 할당되는 정부예산이 팽창될 것이다. 역시 저성장 사회가 내다보인다.

가정에 호랑이 같은 애비가 있어야 예의범절이 바로 서고, 사회에 공명정대한 법이 시행되어야 사회질서가 유지된다. 우리 국민의 노력 없이 중국에서 기증받은 한 쌍의 호랑이로 우리 산야가 야생동물이 뛰노는 서식처가 될 수 없듯이, 우리네 가족제도의 반성 없이 세계적 무한경쟁에서 이길 수 있는 사회질서와 경제활력을 지탱할 수 없다는 생각이 든다.

(《중앙경제》, 1994. 4. 22)

위화감은 약이 될 수도 있다

아름다움은 보는 이의 눈에 있다. 한 시대를 풍미하는 미의 기준에 다수의 공감대가 형성돼 있다 하더라도, 궁극적으로 아름다움의 음미는 주관적이다. 심미의 문제에 있어 우리는 자신의 기준을 남에게 강요할 수도, 그럴 필요도 없다. 반면 이해득실이 첨예한 경제·정치·사회 문제의 경우 우리는 자신의 가치관을 타인에게 강요하는 일을 서슴지 않는다.

요즘 우리 사회에서 사용되는 자기주장 관철 수법은 위화감이나 국민정서란 말의 위력을 빌리는 것이다. 어떤 경제·사회 현상을 보고 조화가 안 된다는 느낌, 즉 위화감을 갖는 것은 보고 말하는 이의 눈과 입에 달려 있다. 그런데 조화가 되느냐 안 되느냐의 기준을 흔히 국민정서에 두고 있다. 민주화 시대에 자기주장을 관철시키기 위해서는 국민 일반의 여론이 이미 자기편으로 기울었다고 주장함으로써 반대의견을 선제압하는 것이 유효할 것이다. 국민정서가 이러저러하다는 발언은 거의 대부분 본인의 주장이 그러하다는 말에 지나지 않는다.

때로는 어떤 문제에 대한 이른바 국민정서의 밑바탕에 다수 국민의 감정·기분·선입관들이 응결된 경우도 볼 수 있다. 그러나 그것이 입수 가능한 증거를 토대로 찬반 의견을 신중하게 검토하는 논리의 여과 과정을 거치지 않고 원초적이고 단편적인 사고의 모임 이상이 아닌 경우가 많음을 우리는 본다. 냉철한 논리에 길들여 있지 않은 국민정서는 전제군주로 위세를 부리게 만든다. 요즘 우리 사회의 형세가 바로 국민정서의 독재시대를 방불케 한다. 김 대통령 정부의 슬로건인 개혁이란, 과거의 폐습을 버리고 국정을 새롭게 하자는 것일 테지만 그 추진력이 모호한 국민정서에만 기대해서는 인기영합 정치는 될지언정 진정한 경제·정치·사회의 개혁을 이룩할 수 없다.

요즘 국민정서상 기피하는 첫째 사항이 국민의 위화감을 자극하지 말라는 것으로 보인다. 하나의 사회공동체가 존속하기 위한 필수조건의 하나는 일정한 수준의 응집력을 유지하는 것이다. 따라서 공동체적 응집력을 과도하게 훼손하는 균형 또는 조화의 파괴는 억제돼야 한다. 여기서 어려운 대목은 조화의 분위기를 파괴하는 원인을 선별하는 일이다. 민간부문의 창의력 발휘, 국민 경제의 역동적 성장 발전에 따른 균형의 파괴는 권장돼야 한다. 일정하게 주어진 국민생산물의 몫을 계층별로 나누는 정태적 분배의 과도한 불균등은 지탄받아야 한다.

다가오는 새로운 21세기의 범세계화와 무한경쟁 시대를 바라보면서 우리는 국내의 정태적 위화감 문제에 지나치게 집착하고 있는 느낌이다. 이 길은 막다른 골목으로 이르게 할 뿐이다. 위화감이 두려운 균질화된 사회에서는 도토리나무만 무성할 수밖에 없다. 도토리 근로자, 도토리 기업만을 가지고서는 세계적 경쟁시대에 생존번영할 수 있는 길을 달릴 수 없다. 우리 사회에서도 반짝이는 아이디어, 걸출한 인물, 두드러진 기업들이 나와 활기를 띨 수 있어야 한다. 이것은 기존의 균형과 조화가 끊임없이 창조적으로 파괴되어야 가능하다. 우리는 일체의 위화감을 문제 삼을 것이 아니라 오히려 적절한 위화감을 조성해 경제활동 인구가 자극을 받도록 유도해야 한다. 경제활동 능력의 수월성이 발휘되고 보상되는 사회여야 경제사회 발전의 행진이 계속될 수 있다.

위화감 문제의 일부분은 그렇게 느끼는 이의 마음속에 내재하는, 노력을 수반하지 않은 보상욕구, 아전인수의 욕심에 있음을 직시해야 한다. 앞으로 새로운 세계무역기구(WTO) 시대의 개막을 앞두고 올가을 국회 본회의에서는 우루과이 라운드 협정의 비준문제를 다루게 된다. 여야를 막론하고 이 문제를 다룸에 있어 슬기로운 결행이 요망된다. 근시안적인 정치술수를 부리다보면 대외지향의 경제정책을 펴나갈 수밖에 없는 한국경제의 거시적·장기적 이익에 치명상을 줄 수 있다. 계층별 이해관계가 크게 개입되는 문제일수록 이른바 '국민정서'의 막강한 마력에서 벗어나 판단하기는 어려운 일이다.

문제는 사회지도자 계층이 국민정서를 어떻게 활용하고 이끌어 나가느냐에 있다. 국민정서에 귀를 기울이는 것 못지않게 이를 계몽·선도하는 일이 중요하다. 국가사회의 지도자는 바로 이러한 사실의 중요성을 올바로 인식하고 추진하는 사람이며 국민정서에 일방적으로 이끌리거나 이에 편승하는 자가 아니다.

(《중앙경제》, 1994. 8. 27)

정부의 문민성

　말은 듣기에 따라 칭찬이 되기도 하고 비판이 되기도 한다. 때로는 자신의 평가를 듣고자 충고를 자청하기도 하지만, 찬사는 귀에 순하고 충고는 거슬린다. 충고를 받아들이는 이의 사람됨을 고려치 않고 함부로 충고를 발설하다가는 수난을 겪는다.

　생각해 보면 발언자 못지않게 수용자의 위험부담도 크다. 왜냐하면 "찬사를 받아들이는 태도를 보면 인품을 알 수 있다."는 로마의 철학자 세네카의 말처럼 인품과 금도(襟度)가 노출되는 위험부담이 따르기 때문이다. 충고를 괘씸하게 생각하는 것은 가장 옹졸한 범부(凡夫)의 자세다.

　정부도 개인의 경우와 크게 다름이 없다. 지난날 군사권위주의 정부 하에서는 '윗분'의 심기를 불편하게 건드리면 '괘씸죄'라는 죄목에 해당해 고생했다고 한다. 오늘날 이른바 문민정부 하에서도 여전히 이 죄목이 위협적인지 여부가 정부의 문민성을 판가름하는 중요한 척도가 될 수 있다.

　대통령의 출신성분이 군(軍) 장성인가, 민간 정치인인가만을 기준으로 판가름한다면 미국의 워싱턴 정부, 프랑스의 드골 정부는 모두 군사정부였다. 오늘날 이 지구상에는 문민 대통령이 다스리는 수많은 국가들 가운데 우리의 지난날 군사정권보다 경제성장 실적은 물론 정치 운용에 있어서도 열등한 예가 얼마든지 있다. 민간 정치인의 집권 그 자체만으로 정부의 문민성이 완성되는 것은 결코 아니다.

물론 우리는 지난 삼십여 년간의 군사정부 시대를 마감하고 민간인을 수반(首班)으로 하는 정부를 맞이하게 된 점에 있어 세계를 향하여 국민적 긍지를 느낀다. 현 정부가 출범한 지 1년 반이 경과한 이 즈음 우리는 정부의 이른바 문민성이 국민생활의 여러 측면에서 어떠한 결실로 나타나고 있는가를 점검할 필요를 느낀다. 특히 국민 경제 운용에 있어서 정부의 민간주도 지향, 규제완화 등 내실 있는 변화가 나타나고 있는지를 살펴보아야 한다.

그동안 개혁과 사정이라는 요란한 구호에도 불구하고 지난날 정부들과 달리 획기적으로 돋보이는 변화의 명백한 증거들을 아직은 찾아보기 어렵다. 지나친 정부 개입의 폐습이 답습되거나 오히려 강화되고 있는 조짐마저 볼 수 있다.

지난날 못지않게 문민정부 하에서도 대기업들이 여전히 정부의 눈길을 의식해 몸을 사리고 있는 모습이 보인다. 언론기관도 예외가 아닌 듯하다. 실정법에 명백히 위배된 경우에는 법에 따라 엄정히 징계돼야 하지만 그 밖의 경우에는 법전(法典)에도 없는 괘씸죄에 주눅이 들어 민간부문 활동이 위축되는 사례가 없어야 한다.

무한궤도의 기업활동은 국민 경제를 위협할 수 있다. 그러나 정부가 제도적으로 마련한 테두리 안에서의 기업활동의 자유는 보장돼야 국민 경제의 경쟁력이 신장될 수 있다.

현 정부는 충고 내지 비판에 과잉반응을 보이고 있다. 최근 한 스위스 민간기관의 경쟁력 국제비교에서 한국이 41개 대상 국가 중 24위라는 연구결과를 다루는 태도에 있어 언론도 정부도 지나쳤다. 이 보고서에서 상위권으로 평가된 선진국의 언론은 토막기사 정도로 다루었을 테지만 우리 언론은 대서특필했고, 정부는 이 연구의 연구방법에 이의를 다는데 열성적이었다. '국제화', '금융' 분야를 비롯해서, 주로 '정부' 관련 부문에서 최하위에 가까운 등급을 받았음을 좋은 충고로 받아들이고 개선하고자 노력하는 자세가 아쉽다.

정부의 과도한 시장 개입의 단적인 예는 최근 며칠간 종합주가 지수 1천 포인트 대를 넘어서지 못하도록 관리하는 정책 당국의 손길에서도 볼 수 있다. 정부가 일정 수준의 주가를 마지노선으로 삼아 억제할 논리적이고 합당한 사유는 없다. 자칫 농어민 등 서민들이 대거 투기에 참여할지 모른다는 우려는 현재로서는 기우(杞憂)에 불과하다.

근래 정부의 경제정책 운용을 보노라면 선장이 누구인지, 다른 승무원들이 정위치를 지키고 있는지, 다음 기항지가 어디인지 종잡을 수 없다는 느낌이 든다. 정부의 '문민성'을 살리는 길은 특정 정부는 5년 단임이지만 한국경제는 영구하다는 사실의 뜻을 음미하며 민간부문의 창의력이 마음껏 발휘되도록 정부 규제를 실질적으로 푸는 데서 비롯된다. 현 정부가 자칫 범할 수 있는 최대 과오는 국민의 정치에 대한 냉소 경향을 확산시켜 정부의 '문민성' 가치를 폄하하게 하는 분위기 조성이다.

《중앙경제》, 1994. 9. 16)

문민 '독재'는 YS 이후에도 계속되어 왔음을 어찌하랴.

우려되는 신임(新任) 신드롬

서양 속담에 '새 비는 잘 쓸린다'라는 말이 있다. 신임자는 낡은 폐습을 일소하는 등의 일에 일심이거나 적어도 시늉은 한다는 뜻이다. 아마도 문제의 자리가 높은 지위일수록, 자리오름의 과정이 어려울수록, 그래서 오른 뒤의 희열이 클수록 더욱 두드러지게 나타날 것으로 짐작할 수 있다.

따라서 현 정부가 출범 초부터 '신한국', '신경제' 등 '신(新)' 자 돌림의 용어를 양산하거나 무슨 '원년(元年)'이라는 표현을 즐겨 내걸더라도 우리는 이를 신임자의 신드롬으로 치부하여 조만간 차분히 일해 주길 기다리는 마음을 가졌다. 더구나 오래간만의, 이른바 '문민' 정부답게 더 열심히 일하고자 하는 의욕을 다짐하는 것으로 보아주는 마음마저 없지 않았다.

그런데 지난 추석명절 휴가 어느 자리에선가 김영삼 대통령이 '5천 년' 간 누적되어 온 문제들을 청소하는 일의 어려움을 토로하였다는 보도를 접한 우리는 '신임 신드롬'의 장기화를 보며 우려하게 된다. 우리의 5천년 역사에 미풍양속과 문화유산들은 어디 가고 폐습과 쓰레기만 있었던가. 훌륭한 인걸(人傑)들은 어디 가고 폭군·간신·졸장(拙將)만 있었던가.

물론 우리는 과장된 표현이 가지는 수사학적 매력을 이해하지 못하는 바 아니다. 오랜 재야활동 시절, 복잡한 사정을 압축, 표현하여 언론매체의 좁은 지면을 뚫고 일반 국민에게 호소하던 경험을 가진 이들에게는 과장법이 몸에 배었음직하다. 그러나 역사를 줄잡아 해방 이후만으로 좁혀 살펴보더라도 이승만 대통령이 민간 '독재자'이기만 하고, 박정희 대통령이 군사 '독재자'이기만 하였던가.

독재성의 정도와 집권시의 공과(功過)를 판정하는 것은 당시 야당과 언론의 주장에 의해서가 아니라 결국 역사의 법정에서다. 군사정변 이후 최고회의 의장 박정희 장군도 그의 저서 어느 한 구절에서 각계각층에 누적된 '쓰레기 더미'를 치워야 할 부담에 대해 술회하였다. 그러나 그는 5천년 역사 전체를 타박하지는 않았던 것 같다. 아마도 그에게는 과장법이 익숙하지 않았던 모양이다.

현 정부 경제정책의 무엇이 과연 '신'자에 걸맞은가. 개혁의지의 표현은 빈번한데 비해 결과는 아직 기대에 미흡하거나 불확실하다. 예년과 달리 추석 이후 물가 하락을 홍보하고 있으나 따지고 보면 이것은 오랜 수법을 되풀이한 결과다. 세무공무원의 백화점 방문, 환율조정, 유가인하 조치 덕분이었다. 이것이 시장경제 원리의 존중이며 대부분의 에너지를 수입에 의존하는 나라에서 타당한 조치인가. 국민 경제 운용의 기본 방향도 효율과 형평이라는 두 가지 목표 사이에서 조화를 잃고 시계추 운동을 보이고 있다.

자리 바뀜에 있어서도 특혜대상 지역 및 집단만 바뀌었을 뿐 지난날의 관행에서 크게 벗어나지 못하고 있는 느낌이다. 권력 핵심부에 가까운 이들은 한 자리를 오래 유지하거나 웬만한 과오에도 오뚝이 인생을 과시한다.

대북 자세도 그러하지만 현 정부 정책에 헷갈림을 느끼는 대목이 한두 군데가 아니다. 집권당이 지지 세력으로 인식하는 계층이 어느 계층인지도 분명치 않다. 지난번 선거의 승리는 분명 중산층의 압도적 지지 덕분일 터인데, 집권 이후 정책의 향보와 영입한 재야인사의 전력을 훑어보면 중산층이 느끼는 배척감을 이해할 만하다.

일반 국민의 입장에서 보면 정부는 해방 이후 그들이 경험해 온 여

러 정부 가운데 하나일 뿐이다. 정부마다 특징을 나타내는 상징이 있
다. 예컨대 3공의 상징이 고속도로, 포항제철 등 실물적 건설이었다
면, 김영삼 정부의 대표적 상징은 무엇으로 남을까. 아마도 구(舊) 중
앙청 건물 폭파로 대변되다시피 과거와의 단절이라는 상징적 파괴행위
에 그치지 않을까 우려된다.

전직 대통령들에 비해 김 대통령의 임기는 짧다. 그럼에도 신임 신
드롬이 여전히 계속된다면 이는 초기의 개혁의지를 다짐한다는 긍정적
측면보다 못 다 할 일의 책임전가라는 부정적 측면으로 내비칠 것이
다. 면면한 역사 흐름에서 유일하거나 불변하는 것은 없다. 신임(新
任)은 전임(前任)의 어깨 위에 서야 우뚝하다. 그러나 머잖아 그도 전
임이 되어 도마에 오르는 게 역사의 교훈이다.

(《중앙경제》, 1994. 10. 7)

세계화 시대의 동굴화

동물계에는 굴 파기 명수로 알려진 두더지 이외에도 늘 혈거(穴居) 생활을 하거나 일정 계절 동안 지하에 칩거하는 종류가 적지 않게 존재한다. 인류도 예전엔 혈거생활이 보편적 생존형태였던 시대가 있었다. 이 시대에 동지와 적을 구별하는 기준은 혈연, 지연 등의 냄새가 물씬 풍기는 동물적 체취였다. 인간을 동굴이나 움집의 좁고 어두운 공간에서 해방시킨 것은 경제생활의 발달과 사회화의 진전으로 이웃 부족들과 어울려 살게 되면서부터다.

우리가 요즘 얘기하고 있는 국제화·세계화는 바로 이러한 경제생활 공간 확대 내지 사회화의 마지막 단계를 일컬음이다. 그런데 아직도 '주체'라는 정치경제 이념 아래 실질적으로 혈거생활 단계에 머물러 있는 것이 북한이다. 군사시설은 물론 산업시설도 상당 부분 지하화돼 있음은 잘 알려진 사실이지만, 보다 고질적인 문제는 북한의 '땅굴파기식' 정신세계다.

이에 비하면 남한은 대외 지향적인 경제정책으로 상당한 경제성장을 이룩한 것이 사실이지만 실제로 우리 사회도 여전히 혈거인 같은 사고방식과 행동양식에서 크게 벗어나지 못한 모습이 곳곳에서 발견된다.

이합집산이나 하는 요즘의 정치사회를 보면 여야 정당의 구분 없이 어떠한 이념이나 이상, 원칙에 기초하기보다 국민의 소박한 향토사랑을 격한 지역감정으로 정치도구화 하며 무리지어 움직이는 정치인들의 동물적 모습이 보인다.

관청가와 기업계에 있어서 지연, 학연, 혈연 등 인맥 줄대기가 승진 열쇠 중 하나임은 여전하다. 세상의 티끌과 다를 것이라는 일반의 기대와는 달리 대학 사회에 있어서도 동물적 본능이 발동되고 있다. 동문(同門)만을 교수로 채용하는 근친상간 경향이 명문대학일수록 강하게 작용하고 있고, 총장 등 보직교수 선임 과정에서는 대학 동문끼리 다시 고교 동문 여부를 따져 움직인다.

이미 핵가족 제도로 가닥이 잡힌 우리네 가정에서는 부모가 자녀를 사회·공동생활에 익숙하도록 질서·절제·교양을 가르치기보다 맹목적인 모성애와 가족 이기주의가 맹위를 떨친다. 이 점에서 우리는 지난날 대가족 제도에서보다 오히려 후퇴한 셈이다.

이처럼 우리는 세계화 시대에 우리 사회 구석구석에서 제각기 땅굴 파기에 급급한 모습이다. 겉으로는 세계화의 구호를 외쳐도 한 꺼풀만 벗기고 보면 실제로 우리는 제각기 동굴을 파고 있거나, 조금만 구실이 있어도 그곳으로 회귀하기를 갈망하고 있다.

이는 전구 소켓 하나 변변하게 만들지 못하면서 국민의 국산품 애용에만 기대려는 경제인들, 신토불이를 배타적으로 해석하는 농민들, '우리 것이 좋은 것'임을 옹졸하게 풀이하는 예술인은 물론, 언론계 및 관료들도 예외는 아니다.

그 단적인 예를 최근 멕시코 페소화의 가치폭락으로 중남미와 동남아 국가의 통화와 주식시장이 공세를 받게 되자 곧 한국의 시장개방 계획 지연의 구실을 찾으려는 듯한 일부 언론들의 논지와 관료들의 언행에서 찾아볼 수 있다. 페소화 대폭 평가절하는 지난 살리나스 정부가 거시 경제정책의 실패에도 불구하고 점진적 평가절하를 게을리한데 근본 원인이 있는 것이지 단순히 투기성 자금의 변덕스러운 흐름변화에만 그 책임을 돌릴 수 없는 일이다. 오히려 이번 사태는 국내시장 개방을 일관성 있는 프로그램에 따라 단계적으로 추진하여야 한다는 전략의 필요성을 일깨워 준 사건인 셈이다.

요즘 우리가 세계를 향해서 수치심을 느껴야 하는 것은 일제(日帝)의 강제노동이나 정신대 등 지난날 우리가 당한 일보다는 중국 거주 한국교포와 동남아 지역 노동자들을 상대로 오늘날 우리가 저지르고 있는 비인간적 처우와 불법행위들이다. 이는 지구촌 사회에 접근하는 몸짓이 아니라 세계화 시대에 우리 스스로를 매장하는 무덤파기 행위다.

우리는 흔히 북한과 남한의 동질성 회복을 논의하지만 적어도 땅굴파기 경향에서는 차이를 확대해 경제는 물론 정신, 문화 등 모든 측면에서 북녘을 압도할 수 있어야 통일의 길이 단축된다.

우리가 김일성·김정일 부자의 배지를 착용한 북한의 모습에서 독재사회의 이질감을 느낀다면, 우리가 차고 있는 획일화된 '대통령 손목시계'에서 외국인은 무엇을 느낄 것인가를 한번쯤 생각해 보자. 세계화는 이러한 상징적 '촌티'를 벗는 데까지 미쳐야 한다.

(《중앙경제》, 1995. 1. 21)

우리 기업관, 이대로 좋은가

고인 물보다 흐르는 물이 자정(自淨)작용이 활발하다. 닫힌 사회보다 열린 사회가 문물(文物)이 발달하고 시민의 자유가 신장된다. 근세 역사를 보면 국경의 울타리를 낮춰 상품·자본·노동·정보의 흐름에 장애요인을 줄인 나라일수록 경제발전이 순조로웠다.

경제를 비롯한 사회 전반의 개방화와 국제화는 거스르기 어려운 오늘날의 거센 물결이다. 파도타기 기술의 기본이 균형감각과 유연하고 민첩한 몸놀림에 있듯이 나라 안팎의 급격한 여건변화에 대응하는 국민 경제 운영에도 접근방법의 신축적 조정이 관건이다. 다시 말하자면 경제운영에 있어 무게중심을 정부부문에서 민간부문으로 옮기고 민간부문, 특히 기업부문에서 창의력이 거침없이 발휘되도록 길을 터야 한다. 가장 중요한 과제는 우리의 기업관(企業觀)을 재점검하는 일이다.

요즘 유행하는 세계화는 정부정책이 아니라 정보통신 기술의 혁명으로 민간기업과 금융기관들이 사업 활동 무대를 확대해 세계를 하나의 시장으로 연결한 데서 비롯된다. 이들은 다각적인 사업 네트워크를 통해 지구 전체를 하나로 엮어 사업을 펼침으로써 결과적으로 종래의 국경개념이 사실상 붕괴되고 있다. 민간기업의 영업 본거지는 법률적 국적에 구애받지 않고 각종 규제와 조세 등을 감안해 결정된다. 국내의 각종 조세율이 지나치게 구속적이거나 높다고 판단되는 경우 기업은 해외이주를 서슴지 않는다. 사회 일반에 반기업적 여론이 지배적인 경우에도 이러한 기업의 국경탈출이 충동된다.

  이러한 상황에서 정부는 국내 기업들이 자국 내에서 경제활동을 계속할 수 있도록 하고 외국기업들을 국내로 유치, 고용창출과 조세납부 등을 통해 자국에 경제적으로 기여하도록 각종 규제완화와 세율인하 등의 유인 조치를 베풀기에 게을리할 수 없다. 개방화 시대에는 국적이 아니라 자국에 대한 국민 경제적 기여도를 구별 기준으로 삼아야 한다. 사업 본거지를 해외로 이주시킨 국내 기업보다 오히려 국내에 진출한 외국 기업이 우리의 국민 경제에 기여가 크다면 이 외국 기업을 '우리 기업'으로 간주해야 하는 것이 세계화 시대에 걸맞은 계산법이다. 과연 우리 사회가 이러한 계산법을 수용할 만큼 성숙했는가.

  국경이 허물어지는 개방화 시대에 있어 정부의 기업관이 바뀌어야 할 또 하나의 중요한 측면은 공정거래 관계에 있다. 종래에는 대기업은 문어발식 경영의 무법자이므로 규제대상이 돼야 하고 반면 중소기업은 대기업에 의해 선량하고 억울한 피해자로 전락할 가능성이 있어 보호, 육성돼야 한다는 단순 논리가 통용되었다. 기업의 소유와 경영의 분리 주장도 거의 신앙에 가까운 원칙이었다. 이러한 주장에도 여전히 상당한 유효성이 인정되지만 시대상황의 변화는 고정관념의 재검토 또는 수정을 요청하고 있다.

  지난날 폐쇄경제 시대에는 국내 대기업들의 독과점적 시장 지배력, 이들과 중소기업 간 거래관계의 공정성과 균형문제가 이슈였으나 개방경제 시대에는 외국의 거대기업과 국내 대기업 간의 경쟁관계가 뜨거운 이슈로 달아오르게 된다. 범세계적 시장지배력으로 따져본다면 국내 대기업이라 해봐야 외국 거대기업을 상대하기에 버거운 경량급에 불과하다. 국내 시장에서도 외국 기업들은 우리 정부에 시장개방 압력을 세차게 몰아줄 본국 정부의 뒷심이 있는 반면 우리는 국내 기업의 뒤를 보기에는 정부에 비해 힘이 부칠 수밖에 없는 경제단체가 있을 따름이다. 앞으로 정부의 공정거래 행정의 중요 과제는 지난날 국내 대기업과 중소기업 간의 문제 못지않게 외국 거대기업과 국내 대기업

간의 문제를 공정하게 다루는 것이다.

개방화 시대에는 신기술 개발의 가속화, 제품의 생명주기 단축, 국제 금융시장의 각종 리스크 확산 등으로 위험 분산의 필요성이 커지고 있다. 이러한 상황에서도 국내 기업 활동에 족쇄를 조이는 것이 국민경제 차원에서 바람직한가.

지난날처럼 기업을 국내에 갇혀 있는 경제단위로 생각하거나 국내 대기업이 경쟁 없이 시장 지배력을 행사할 수 있다고 볼 수 있는 시대는 지나가고 있다. 국내 기업을 봉(鳳)으로 여기고 각종 준조세 부담만을 안겨도 좋았던 시대가 지나가고 있다. 정부와 국민은 국내 기업을 계속 알을 잘 낳아주는 암탉으로 키우는 자세로 바뀌어야 하겠다.

(《중앙경제》, 1995. 2. 10)

YS의 경제 재발견

　"철인(哲人)이 군주가 되고 정치적 위세와 지혜가 합치되어야 국가가 사악함에서 벗어날 수 있다."라는 플라톤의 말은 만고불변의 진리지만 유감스럽게도 철인 지도자를 맞이한다는 것은 하나의 이상에 불과하다. 결국 범인(凡人) 가운데 그런대로 자격을 갖춘 것으로 보이는 지도자를 선택해야 한다.

　이미지가 실제를 압도할 수 있는 것이 정치의 현실이다. 국민에게 우리 사회를 이끌고 나갈 자격을 갖춘 인물로 내비치도록 이미지를 창조하고 관리하는 것이 정치인에게 가장 중요한 일이다. 지난날 오랜 군사 권위주의 시대에 있어서 국민에게 가장 호소력이 강한 것은 민주화 투사로서의 이미지였다. 투쟁 경력이 화려할수록, 단식과 투옥기간이 길수록 그것은 유권자에게 더욱 마력의 빛을 발산하는 정치인의 훈장이었다. 외곬의 노력이 큰 결과를 가져오듯 이들의 끊임없는 민주화 투쟁은 드디어 국민의 성원을 업고 정치 민주화를 이룩했다. 그런데 여기서 새로운 문제가 발생했다. 그것은 정치권력이 경제원리를 무시, 압도하려는 경향이었다. 서구사회의 근대화 과정에서는 민주주의 정치와 시장경제가 쌍둥이처럼 사이좋게 함께 성상해 왔다. 빈부격차의 확대 등 시장경제의 문제들을 해소하기 위해 정부가 사회복지 제도를 도입하면서 시장개입 폭을 확대하고 일부 산업의 국유화도 경험하였으나 오늘날 경제협력개발기구(OECD)의 선진국들은 기본적으로 시장경제의 틀을 꾸준히 유지해온 나라들이다. 우리 사회의 정치투사들은 대체로 시장경제에 대한 인식이 부족했다.

시장경제는 경제주체들이 자유의사로 시장의 수요·공급 쌍방이 등장, 각자의 이익 증진을 위해 교환하는 계약제도 아래서 꽃피게 된다. 교환은 곧 상품의 사용·처분의 권한을 주고받음을 뜻하고 이는 사유재산권의 존중과 연결된다. 김영삼 정부 출범 이후 가장 핵심적 이슈는 사유재산권 문제, 특히 재벌 문제였다.

유럽 순방 이후 "유럽국가의 힘은 높은 정치역량과 국민의식, 잘 정비된 법과 제도, 경제력 등이 어우러져 골고루 발전한 데서 나온다."라고 한 김 대통령의 발언은 매우 주목된다. "높은 정치역량"이 뜻하는 바는 분명치 않으나 대체로 종전보다 경제원리에 대한 대통령의 이해가 한걸음 나아간 것으로 보인다.

현 정부는 출범 이후 기업집단들에 대해 주력업종 선정, 축소지향의 조직 개편, 소유지분의 분산 등을 요구하는 강경한 재벌정책을 펴 경제력에 대한 정치권력의 우위를 관철하고 이를 과시하는 데 주력해온 느낌이다. 그러나 유럽 순방 중 선진국 정부들의 경제중시 외교, 한국 대기업들의 활발한 현지 경제활동 등에 감명받아 그간의 입장을 수정할 조짐이 나타나고 있다. 정부와 대기업 간의 관계를 종전의 대결관계에서 협력관계로 전환하고 있다고 한다. 즉 기업의 조직개편이나 소유 지분 분산 등에 대해서는 정부가 간섭하지 않고, 기업의 수출과 해외진출 등 경제활동을 폭넓게 지원하는 것을 정부의 기본 정책과제로 한다고 한다. 이로써 정부·대기업·중소기업 간의 협력관계를 다져 세계 일류만이 생존할 수 있는 세계화 시대에 대비한다는 구상이다.

보도된 이상의 정책기조 변화가 어떻게 결실되는가는 더 지켜보아야 할 우리의 최대 관심사다. 여기서 우리는 정치투사가 행정수반의 지위에 오른 뒤 민주주의와 시장경제의 현실적 접합을 올바로 인식하기 시작하는 데 무려 이 년여의 시간이 소요되었다는 사실에 주목하게

된다. 앞으로 남은 삼 년간은 크고 작은 선거를 치러야 하고 권력누수
현상이 불가피하게 나타나게 돼 있다. 그러고 보면 개혁과 사정의 기
치만을 휘날리던 행정부 수뇌부가 국민 경제 구조와 흐름에 대해 현실
감 있는 인식에 이제야 눈뜨게 되었음이 아쉽다. 현 정부는 이제까지
과거정부 허물찾기, 민간기업 발목잡기에 아까운 세월을 허송한 느낌
이 강하다.

시장경제에서 정부의 기능은 공공재를 공급하는 이외에 생산자와
소비자, 기업경영인과 노동자와 기술자들이 위축되지 않고 창의력을
발휘하면서 경제활동을 할 수 있도록 제도를 갖춰주는 데 있다. 진정
으로 '기업하기 좋은 나라'로 탈바꿈하기 위해서는 정부가 권력의 위
세를 자제하고 정치 민주화 못지않게 시장경제 창달에 노력해야 한다.
결국 시장경제가 발달되어야 정치 민주화가 완성된다.

(《중앙경제》, 1995. 3. 24)

풍수와 경제

옛것을 익혀 새로운 도리를 찾아내는 것을 온고지신(溫故知新)이라 하지만, 옛것 가운데 선별하는 슬기와 버릴 것을 버리는 용기가 있어야 정체 없이 앞으로 나아갈 수 있다. 국민소득 수준의 향상에 따라 옛것, 우리 것을 발굴하고 개발하자는 움직임이 두드러지고 있다. 그간 외래문물의 무분별한 도입에 휘말려 온 우리에게 이것은 바람직한 자기복귀 작용이다. 그러나 이러한 과거지향적 운동이 자칫 전통사회의 바람직하지 못한 폐습마저 재연시킬 조짐을 보이고 있다.

그 단적인 예가 음양설(陰陽說)과 오행설(五行說)에 기초해서 땅의 형세와 방위를 인간의 길흉화복과 관련시켜 설명하는 풍수지리설과 관련된 현상이다.

한반도는 이미 포화상태에 가까운 인구에 일터와 집터를 주고 묘자리까지 마련하느라 고달프다. 남한만 따져보면 일 평방킬로미터 안에 사백 명 이상의 사람들이 몰려 살고 있어 오늘날 지구상에서 인구가 가장 밀집한 나라 중 하나다.

북한의 경우 남한보다 약간 더 넓은 면적에 인구는 절반을 약간 웃돌아 수치상으로는 다소 여유가 있는 듯하지만 산악지대의 비중이 더욱 큰 점을 감안한다면 통일이 되더라도 상황은 크게 바뀌지 않을 것이다. 이 좁은 땅에 명당(明堂)과 길지(吉地)가 과연 몇 곳이며, 그중에서 반만년 역사를 통해 이미 터 잡지 않은 곳이 얼마나 남아 있을까.

간척사업 등으로 늘릴 수 있는 국토 증가분이 물리적으로 제한되어 있고, 해외이민 추진으로 인위적으로 줄일 수 있는 인구수에도 한도가 있다. 남한 인구의 자연증가율은 앞으로 2020년께 정체될 전망이지만, 그 시기까지 인구밀도의 상승은 계속될 것이다. 부존자원 가운데 이처럼 날로 희소성이 높아지고 있는 토지의 중요성에 비추어 좁은 국토 늘려 쓰기 방안을 찾기 위해 우리는 슬기를 모아야 하겠다. 절약과 활용 극대화를 최우선 원칙으로 삼아야 한다. 영농제도의 개선과 각종 산업의 원단위(原單位) 설정에 있어서는 물론, 도시계획·주거방식·레저시설 등 모든 용도에 있어서 제한된 토지 공간의 경제성을 높여야 한다. 신성불가침으로 여겨지고 있는 농지제도, 도시 주변의 그린벨트 제도 등을 인구규모 및 산업구조의 변화에 걸맞은 공간수요를 충족할 수 있는 방향으로 수정 보완해야 할 때가 왔다.

스위스는 부존자원 활용에 가장 성공한 나라 중 하나다. 최근세까지도 스위스는 가난 때문에 많은 인력을 해외취업에 내보내야 했다.

오늘날에도 볼 수 있는 바티칸 시티의 다채로운 복장을 입은 스위스 용병이 그 역사적 유물이다. 스위스가 부국으로 탈바꿈할 수 있었던 것은 화공업 등 제조업의 발전이었으며 그 이후 금융·관광 등 서비스 산업의 신장이 기여했다. 사만여 평방킬로미터 남짓한 국토면적과 칠백만 명에 못 미치는 인구를 가진 스위스가 개도국에 주는 교훈은 시계와 칼 등 자원절약적·기술집약적 산업이다. 이처럼 부족한 자원을 아껴 쓰는 한편 상대적으로 여유 있고 발전 가능성이 있는 자원을 집중 개발·활용하는 전략이 우리의 경제발전 전략이 되어야 한다.

김 정부는 등장 이후 각 방면으로 개혁을 추진하고 있지만 국토이용 정책발상의 근본적 전환이 없다. 특히 해마다 묘자리로 쓰이는 토지면적이 증대하고 있음에노 불구하고 화장(火葬)제도를 보편화시키는 방향으로 분묘제도를 개혁하는 일을 미루고 있다.

현실이 이러함에도 불구하고 풍수지리설 주제의 책자들에 독서인구가 몰리고 공영방송 등 대중매체들이 편성한 풍수 프로그램을 통해 도로건설로 잘려나간 산자락의 지세(地勢), 지하철 공사로 끊긴 수맥 등을 한탄하고 있고, 국민들은 산마루에 박힌 일제(日帝) 쇠막대기 뽑아내는 일에 시간과 정력을 낭비하고 있다.

정부도 구 중앙청 건물의 철거계획에 풍수의 주장을 이용하고 있는 듯하다. 우리 사회는 21세기를 지향하고 있는 나라인가, 18세기로 뒷걸음치고 있는 나라인가. 풍수설에 충실하려면 아마도 현재 인구를 약 10분의 1정도로 줄여 토지를 과점하는 양반사회를 소생시키고 농경단계의 경제생활에 만족해야 할 것이다.

자연보호는 바람직하다. 그러나 자연과 인간생활의 조화로운 공존은 불가피하다. 좋은 터를 찾는 풍수도 결국 토지의 이용이며 자연훼손이다. 우리는 토지의 근대 산업사회적 이용을 반풍수적인 것으로 몰아세우는 시대착오에서 벗어나야 한다.

(《중앙일보》, 1995. 4. 18)

광복 50돌의 새로운 다짐

강산도 변한다는 십 년 세월이 다섯 번이나 흘러간 지난 반세기, 놀랍게도 한일관계는 크게 바뀐 게 별로 없다. '유감(遺憾)' 또는 '통석(痛惜)의 염(念)' 수준에 머무르는 저들의 과거 반성 말솜씨도 그러하지만 우리의 이중성도 여전하다.

우리는 일본에 대해 우월감과 열등감을 공유하고 있다. 세계 어느 곳이든 인접국가들 간에는 전쟁과 평화를 주고받으며 애증의 골이 깊게 패어 있음을 본다. 그러나 한일 사이에는 독특한 두 가지 대목이 있다.

첫째로 근대화 이전 일본 문화의 원형이 상당 부분 한반도에서 흘러간 것이라는 점, 둘째는 유례없이 가혹했던 일제 식민지를 기억하고 있는 세대가 아직도 생존하고 있다는 점이다. 그럼에도 가해자인 일본은 고대사를 변조, 왜곡하고 식민통치의 수탈행위보다 근대화 공헌 측면을 부각시키고 있다. 고대사 변조에 대해서는 고고학적 발굴연구와 역사 기록의 새로운 해석 작업이 꾸준히 체계적으로 진행돼야 한다. 여기서 유념해야 할 것은 역사관계의 상대성이다.

문명발상지 중국의 중원 땅에서 본다면 그곳에서 한반도로 흘러간 문물이 약간의 변형을 거쳐 다시 일본 열도로 흘러간 자취를 볼 수 있을 것이다. 일본 문화의 원형이 한국의 것임을 강조한다면 중원의 주인공들은 무엇이라 할 것인가. 대일(對日) 우월감은 대중(對中) 열등감을 함축한다. 역사는 인류문명의 무게중심을 중앙에서 변방으로, 변방을 새로운 중앙으로 부상시키면서 역동적으로 전개돼 왔다. 중요한 것은 원천 못지않게 창조적 수용이며 과거보다 현재와 미래라는 인식이다.

오늘 옛 중앙청 건물의 철거 행사가 거행된다. 일제보다 더 장기간 사용한 우리 정부의 역사현장이 사라진다. 건물 보존론자들도 상당수 있건만 국민적 합의가 이뤄졌다는 일반적 주장에 외면당하고 말았다.

불행한 역사의 자취일수록 지워버리는 것보다 절치부심(切齒腐心)의 상징물로 남기는 게 낫다. 또한 '국민학교'가 '초등학교'로 개칭된다. 광복 이후 국민학교에서 '대한 국민'으로서의 반일(反日)교육이 철저했지 '일본제국 국민' 교육은 전무했건만 일제 냄새가 난다는 것이 개칭 이유란다. 그러면 일제 냄새가 어찌 그것뿐인가.

여기에 우리의 이중성이 있다. 우리는 근대적 법질서 속에 일상생활을 영위한다. 한국의 육법전서를 들춰보면 일본 냄새 안 나는 대목을 찾아보기 어렵다.

그러나 일본의 법률체계도 따지고 보면 서양의 로마법전에 기원을 두고 있다. 이것은 한국이 일본을 통해 받아들인 서구 문물의 일부에 불과하다. 우리의 의식주 생활 구석구석에 얼핏 보면 일본 것답지만 실상은 서구적인 요소들이 내면에 깊숙이 자리 잡으면서 근대화가 진행됐다. 언어생활에서도 과민할 까닭이 없다. 영어처럼 외래어를 부단히 흡수해야 세계 언어로 발달할 수 있다. 우리는 결코 경국대전의 사회, 훈민정음의 시대로 되돌아갈 수 없다.

광복 50년, 이제는 감상적 애국자들의 소아병적 발상으로부터 해방돼야 할 때다. 한일관계에도 장기적 안목에서 국가안보와 국익을 합리적으로 추구하는 냉정한 실용주의자들이 등장할 때다. 미래를 바라볼 때 가장 중요한 것은 양국 간에 새로운 차원의 경제관계를 수립하는 것이다.

지난 반세기에는 일본의 과거반성과 청산에 호소해 자본과 기술의 이전을 추진하는 것이 한국의 기본자세였다. 결과적으로 이는 한국의 고도 경제성장에 기여하기도 했으나 수입 원자재의 가공수출 구조를 심화시켜 대일 무역수지의 적자 폭만 늘리게 됐다. 지난날의 자세를 되풀이해 기술 이전을 구걸하는 것은 이제는 한계에 이르렀고, 양국간 수직관계도 개선할 수 없다.

앞으로 수직관계를 수평관계로 전환하는 데는 우리 측의 연구개발 결과에 일본 측 경제인들이 스스로 매력을 느껴 상호 간에 전략적 제휴가 활발히 전개되도록 해야 한다. 최근 포철, 삼성, 대우, LG 등 일부 대기업이 이러한 방향으로 변신하고 있음은 반가운 일이지만 아직 갈 길은 아득하다.

일본은 배울 것도 많고 배우지 말아야 할 것도 적지 않은 나라다. 한국과 중국 등 이웃 나라와의 과거 문제에 대한 일본의 미청산 망언들은 세계 주도권 도전을 늦출 따름이다. 반면 우리도 과거청산 요구에만 집착한다면 정신적으로 일본을 넘을 수 없고, 일본을 넘지 않고서는 세계 일류를 바라볼 수 없다.

(《중앙일보》, 1995. 8. 15)

김 정부에 대한 다섯 가지 충고

계절이 바뀌는 가을의 문턱에 서서 지난봄의 화사함을 돌이켜보는 것은 헛된 꿈이다. 오히려 다가오는 겨우살이에 대비하는 것이 현실과제다.

진주군(進駐軍)인양 위풍당당했던 기세의 기억은 아스라이 멀어지고, 이제 잔여 임기를 바라보는 김 정부는 써늘한 느낌이 들 것이다. 달도 차면 기운다던가. 취임 초기 하늘 높은 줄 모르던 인기가 지난 지자제 선거에서 보듯이 요즘은 종전과 사뭇 다르다. 앞으로 이 년 반을 내다보면 첩첩산중으로 보인다.

첫째, 처음에는 "사정(司正)" 요즘에는 "변화와 개혁"이라는 구호에 따라 박수 치던 다수 국민들이 이제는 식상하고 있다. 그간 애매모호했던 사정기준, 보복성이 의심되기도 했던 수사대상 선정 등도 작용했겠지만, 근본적으로 세인의 인기는 결국 중력의 법칙을 거역하고 높은 곳에서 오래 버틸 수 없다. 둘째, 지난번 대선에서 표 주고 그 보답으로 뺨 맞았다고 느끼는 중산계층이 이반하고 있다. 특히 공직자 사회의 정서가 심상치 않게 보인다.

셋째, 대형사고가 빈발해 '사고공화국'이란 악명을 얻었다. 집권 초기에는 전임 정권에 책임을 전가할 길이 열려 있었으나 이제는 책임회피의 길이 좁아졌다. 넷째, 그간 고위직에 등장했던 이른바 '실세'의 참신성은 퇴색됐고, 그들의 무모와 무지와 무능도 알려졌다. 앞으로 핵심세력 가운데 내세울 만한 인물도 고갈된 모양이다. 다섯째, 내년 4월 총선 후보 공천 이후에는 정당 통제의 지렛대가 사라지고 권력의 누수현상 발생이 불가피하다. 앞으로 여소야대의 국회구성 가능성마저 엿보인다.

계절변화를 알리는 가장 확실한 조짐은 철새 이동이다. 그간 친(親) 또는 준(準) 여권으로 남아 있던 인사들이 현 정권의 물갈이 위협, 짧은 잔여 임기를 보고 야권으로 이동하고 있다. 그간 출세기회를 엿보며 자제하던 논객들이 차기 정권행 열차자리 예매표 확보를 위해 이제부터 공격의 포문을 열어 일제 사격할 채비 중이다.

이상의 진단이 크게 어긋나지 않다는 가정 아래 김 정권을 바르게 구원하는 방법을 그려보기로 하자.

첫째, 정권유지 목적으로 헌법 고치기에 손대지 않아야 한다. 대통령 단임제보다 중임제가 정책의 일관성, 권력의 조기누수 현상방지 등에 유효하다. 개헌의 조항을 차기부터 적용하는 것은 납득되겠지만 현직부터 적용한다면 독재시대와 다를 바 없다. 국회의원 임기를 대통령 임기와 일치시키는 것도 한 방법이다.

둘째, 철새의 대규모 이동에서 오는 지지기반 붕괴를 막기 위해서는 우선 물갈이 폭을 조절해 내년 봄 총선의 승리 가능성을 높여야 한다. 다음 후계자 선정이 관건이다.

셋째, 이미 공직자 어르기와 중산계층 다독거리기가 부분적으로 시작되고 있는 것 같다. 초기 사정바람이 워낙 드셌던 만큼 아직도 불신의 골은 깊다. 반면 현 정권은 어차피 '개혁'의 깃발 아래 사활을 도모해야 한다. 조화가 문제의 핵심이다.

넷째, 요즘 정부의 구호인 '변화와 개혁'은 일종의 동의어 반복이다. 굳이 따진다면 사물의 모양과 성질이 바뀌는 자동(自動)의 의미를 '변화'가, 그것을 고치는 타동(他動)의 의미를 '개혁'이 함축한다. 현 정권의 개혁이 성공하려면 남을 개혁하기에 앞서 자신이 먼저 변화한 모습을 보이는 것이 으뜸 과제다.

　마지막으로 가장 어려운 문제는 스스로 변화해야 할 주체가 누구인가다. 그것은 정권의 이른바 '실체'와 그 주변 인물들이다. 집권 초기 이들의 재산공개가 실제로 성실하게 이행됐던가. 그 후 치부해 큰 집 짓고 고대광실로 옮겨 호강하는 자들은 없는가. 각종 청탁과 이권개입의 기회를 과연 자제해 왔던가. 세상에는 늘 소문이 난무한다. 대부분 근거 없는 악성루머다. 사실이 그러하더라도 적어도 도덕성의 기치를 높이 들었던 정권으로서는 떠도는 소문에도 부끄러움이 있어야 한다. 고대 로마의 "황제의 아내는 의혹의 대상이어서도 안 된다."던 시저의 고사(故事)는 시대와 정황은 다르겠지만 오늘날에도 가치가 있다. 가까운 가족과 친인척을 빗대는 소문이 너무 많다. 친인척 관리를 잘했던 대통령이 그나마 국민에게 존경받고 있다. 큰일도 사소하게 보이는 데서 비롯되는 법, 자신의 주변을 엄격히 다스려 성공한 지도자로 기록될 수 있기를 기대한다.

(《중앙일보》, 1995. 9. 5)

외로운 정상의 모래시계

산이 저기 있기에 산에 오르게 된다지만 일단 산에 오르면 정상 정복의 기쁨은 잠시, 곧바로 하산을 채비하게 된다. 낮은 산은 올라 느긋한 여유를 즐길 수 있지만 높은 산이면 정상에 머무르는 시간은 그만큼 단축된다. 또한 등반길에 비하면 하산은 소요시간은 짧지만 사고 발생 위험은 오히려 많은 편이다.

산악인들에 비교한다면 정치인들은 정상지점 체제기간을 그래도 오년이나 보장받고 있으니 다행이라고 생각해야 한다. 지금도 산마루를 향해 도전하고 있는 몇몇 고령의 정치인들은 더디 가는 나날을 원망하겠지만 현재 정상을 차지하고 있는 대통령으로서는 시간의 화살 같음을 실감하고 있을 것으로 짐작된다.

지켜보는 주전자 물은 끓지 않고, 사우나 실내의 모래시계는 느릿느릿 모래알을 흘려 내린다. 같은 시간의 경과를 두고도 관찰자의 입장에 따라 길게도 짧게도 느껴진다. 우둔한 이는 남은 시간의 짧음을 충고하는 사람을 탓하다가 오히려 세월의 흐름을 재촉하지만 현명한 이는 묵묵히 시간을 쪼개어 일하느라 세월의 흐름을 잊어버린다. 시간 관념을 어떻게 갖느냐의 문제는 현재 정상에 있지만 얼마 후 하산채비를 해야 할 사람인 경우 더욱 중요하다.

시계의 추는 한 방향으로 가다 곧 다른 방향으로 돌아가는 반전운동을 되풀이 한다. 태산준령은 물의 흐름을 서로 다른 방향으로 갈라

놓는다. 꿈을 가진 사람은 각자의 분야에서 자신이 이룩한 업적이 뒷사람에 의해 시계추처럼 되돌려지기보다는 그 누구도 어쩔 수 없는 시대흐름을 전환하는 계기가 되었으면 하는 바람을 품는다.

그러나 광복 이래 전임자가 가장 자유로이 믿는 후임자를 자신 있게 선정했던 전·노 간의 대권 주고받기 이후 과연 전임자가 백담사 유배 뒤에도 자신의 선택에 만족했던가는 되돌아 보아야 한다. 노·김 간의 대권 연결 이후 노의 실망은 군사정부와 '문민' 정부 간의 차이에서 비롯됐다 치더라도 초록동색인 전·노 간의 불편한 관계가 최근까지도 계속되고 있음을 본다.

권력의 생리는 신임이 전임자 행적의 일괄승계를 거부하는 데 있는 것으로 보인다. 이것은 앞으로도 전임·후임 간의 불편관계 재발 가능성이 매우 높음을 의미한다. 가령 현재의 여당이 대선에 승리할 경우에도 신임은 자신을 지명해 준 전임의 업적을 기리고, 기본노선을 그대로 전승하고, 개인적으로 고분고분할 것이라 기대하기 어렵다. 더구나 국가장래를 위해 그것이 반드시 바람직스러운 것도 아니다. 왜냐하면 앞으로 국내외 정치·경제·사회의 끊임없는 여건 변화가 종래의 사고방식과 정책의 간단없는 수정과 전환을 요구할 것이기 때문이다.

산악인의 정상 정복에는 동반자들이 많을수록 즐겁다. 정치인의 경우 결국 최정상은 동반자 없는 단독등반일 수밖에 없다. 대등하게 환담을 주고받을 상대 없이 외로운 자리가 산마루 꼭대기다. 정상에 오르기까지 도움을 주었던 측근과 가족친지들에게만 둘러싸여 있는 입장이라면 세상 돌아가는 형세를 바로 읽기 어렵고 외로움도 더할 것이다. 어느 정도까지는 고독이 창조적 사고에 이바지 한다. 그러나 깊은 지식과 넓은 정보 없는 고독한 결행은 흔히 위태로운 결과를 함축한다.

지난번 대선에서 찍은 손가락을 자르고 싶다는 후회와 자르라는 극단적 요구가 공공연히 나돌고 있는 게 요즘 세월이다. 그러나 한국 사회의 무게중심을 이루는 중산층의 진정한 목소리는 이제부터 김영삼 정부가 귀를 열고 민심을 바로 읽기를 당부하고 있다. 목소리 크기로는 권리 주장을 앞세워 정부로부터 특혜를 바라는 이익집단과 저소득 계층이다. 권리증진 못지않게 책임감을 느끼는 중산계층의 목소리는 작지만 여권의 향후 정치생명을 좌우한다. 국정운영 경험이 풍부한 중진들을 주변에 가까이 두어 대통령을 자문하는 특별보좌관 직제의 부활을 생각해 볼 만하다. 임기 중 치적이 후임에 의해 '도루묵'이 되지 않고 분수령적 치적이 되기 위해서도 주변에 무게 있는 사람이 필요하다.

등반길에는 목표도 뚜렷하고 동행도 있다. 그러나 하산 길에는 목표도 불분명하고 동료도 없다. 정상에서의 외로움에 이어 허탈감이 엄습할 수 있다. 엇비슷한 대화자가 있어야 독단을 막고 외로움도 달랠 수 있다.

(《중앙일보》, 1995. 9. 26)

겨울밤의 옛날이야기

나이 듬직한 사람에게는 어른들의 옛날이야기 듣기를 즐겼던 어릴 적 추억이 없을 수 없다. 헛기침으로 목소리를 가다듬은 다음 '옛날 호랑이 담배 피울 적에'로 시작해 '그 후로는 잘 살았대'로 마감될 때까지 말 한 마디 놓칠세라 얼마나 긴장했던가. 그 속에서 배운 권선징악이 평생 우리를 지탱해 온 가치기준이 아니던가. 지금 우리는 어린 세대에 어떤 이야깃거리를 준비하고 있는가.

옛날 어느 깊은 산골에 몹시도 가난한 마을이 있었더래. 글귀나 아는 선비들이 꽤 있었으나 파당 싸움에 세월 가는 줄 모르고 지내고, 백성들은 '노세 노세 젊어서 노세'로 살았더래. 원님도 마음씨만 착할 뿐 가난 구제할 방도를 몰라 먼 부자 마을에서 곡식을 얻어 백성들의 굶주림을 달래곤 했더래.

그러던 어느 날 돌연 포도대장이 원님 자리에 오르더니 백성들 정신이 번쩍 들게 호령했더래. 가난은 스스로의 힘으로 구제해야 한다고. 고을의 소문난 망나니들은 옥에 잡아 가두고, 게으른 백성들은 달달 볶아댔더래. 명을 거스른 젊은이들에게는 치도곤을 안겼다지. 백성들은 처음에는 심드렁하다 차츰 스스로도 신이 나 농사꾼 남정네는 쟁기질을 잽싸게, 그 아낙은 호미질을 호되게 놀리고, 대장장이는 풀무질, 담금질을 불티나게 하고, 갖바치는 무두질에 무지하게 힘쓰고, 특히 봇짐 장사꾼들은 이웃 마을 먼 마을 가림 없이 찾아나서 분주히 잇

속 차리기에 힘쓰면서 세상은 좁고 할 일은 많다고 노래했다지.

그러자 마을 곳간마다 곡식과 피륙이 차곡차곡 들어차기 시작했더래. 이제 배고픔을 면하고 좀 먹고 살 만하게 되니까 사람들은 다시 예전의 '노세 노세'가 그리워지기 시작하고 불호령 받고 살기가 싫어졌더래. 그리고 그렇게 열심이던 원님도 부인을 잃고 나더니 사람이 달라져 언행이 흐트러지더래. 그러다가 비가 오면 생각날 만한 어느 날 밤 술자리에서 수하의 칼날이 두어 번 번득이더니 원님이 숨을 거두었대.

어느 틈엔가 또 다른 포도대장이 잽싸게 현청 마루에 올라 제법 원님 행세 다부지게 하는가 했더래. 형님 아우 자리 이음으로 세월이 흘렀는데 아, 글쎄 도둑 잡는 포도대장 출신이 원님 자리에 있는 동안 저지른 엄청난 도둑질이 들통나고 말았대. 그 방법이야 굵직굵직한 장사꾼들을 겁주기도 하고 이권 주고 떡고물 떼기도 해서지.

그러는 사이 백성들은 자기네를 들볶지 않고 재미있는 구경거리를 계속 연출하는 사람을 원님으로 뽑아주기로 했대. 그때 그 고을에서는 세 사람의 재인(才人)이 각기 다른 많은 사람들의 인기를 모으고 있었는데 그중 남보다 높은 곳에 올라 우뚝 서는 묘기를 잘 보이는 재인을 원님으로 뽑았더래. 그는 천성이 착해 보이는 반면 관중의 박수소리에 민감했었더래.

처음에는 사람 키 높이에서 줄타기하더라도 우레 같던 박수가 점차 시들해지니까 차츰 줄 높이를 두 길 세 길로 높혀갔더래. 높이가 대추나무만큼 올라만 가고 관중은 줄 높이가 다시 오를 때마다 처음에는 환성을 크게 내더니 곧 잠잠해져서 그와 경쟁적인 다른 재인의 등장을 기다리는 눈치더래.

어느 날 원님이 마을 뒷산 계곡의 벼랑 위에 줄을 매달고 깜짝 놀랄 만한 묘기를 보이겠노라는 방문(榜文)을 저자거리에 내걸었더니 구경꾼들이 풍물놀이 패를 앞세우고 구름같이 몰려 인산인해를 이루었더래. 벼랑 위의 줄타기에 원님이 성공했냐고? 아, 그것은 내년 겨울밤

속편에서 알려주기로 하고 그만 잠자리에 들기로 하자. 하기야 어른도 모르는 귀결을 어찌 말할 수 있을까.

겨울밤 이야기의 교훈은 아마도 이러할 것이다. 백성은 구경거리에 정신이 팔려 있는 동안 축난 곳간 속을 단속하고 점차 '노세' 풍조에 물들어 온 자신을 반성해 다시 근로의욕에 불을 지펴야 한다.

원님은 돈 뜯기고 볼기까지 맞게 된 꼴인 장사꾼들의 기업의욕 저하에 신경 써야 한다. 다수가 모여 군중을 이루면 독재로 흐르게 되기 십상이고, 변덕스러운 관객은 한없이 더욱 자극적인 연기를 원한다, 인기에 영합해 경쟁자보다 우뚝해 보이려 발돋움하는 일은 자신에게나 백성에게나 이로울 게 없다.

벼랑 위에 선 정치판을 보며 우리는 국민 경제가 치러야 할 비용 부담을 우려하지 않을 수 없다. '그 후로는 잘 살았대.'로 끝맺음하는 이야기를 전하고 싶다.

(《중앙일보》, 1995. 11. 28)

━━━━━━━━━

전통 가사 형식을 빌려 모처럼 멋을 부려 쓴 글이다. 이때쯤부터 필자는 반(反)YS 인사로 '확실히' 지목된 것 같고, 신문사 원고 집필의뢰도 뜸해진다. 세무사찰 등으로 신문사들이 알아서 기어야 할 정황이었다.

역사나무 가꾸기

과학시대의 눈으로 보면 모든 나라의 개국신화(開國神話)는 수상쩍은 대목투성이다. 단군 탄생설화에서 우리는 역사적 사실성보다 상징성을 취하고, 홍익인간이라는 건국이념을 기린다. 역사의 나무는 신화의 안개 속에서 싹터 전설의 이슬을 머금고 자란다.

고작 2백년 남짓한 역사를 가진 미국도 나라 세우고 굳히는 데 역사교육이 한몫을 한다. 정직성의 귀감을 보이고자 어린 조지 워싱턴이 아버지의 꾸중을 두려워하지 않고 사과나무를 벤 자신의 과오를 실토했다는 일화가 만들어졌다. 링컨 대통령이 어린 시절 책을 빌려 읽곤 하다가 한번은 빌린 책을 비에 적셔 그 대가를 며칠 품값으로 치렀다는 것도 후세에 지어낸 이야기다. 미국에는 마틴 루터 킹 목사와 같은 위인들의 이름을 기념하는 공휴일이 있다.

미국 대학에서 본받을 점은 우수한 교육시설과 교수진 못지않게 암묵적으로 애국심을 고취하는 분위기 연출이다. 예컨대 프린스턴 대학교의 본관인 나소 홀(Nassau Hall)은 독립전쟁 때 포탄 피해도 입고 건국 초기 '대륙의회'가 열리기도 한 유서 깊은 건물이다. 이 건물 중앙 공간의 벽면에는 독립전쟁, 1·2차 세계대전, 한국선생 등에서 전사한 동문들의 이름이 하나하나 정성껏 새겨져 엄숙한 분위기를 조성하고 있다. 유서 깊은 대학들은 모두 이처럼 국가의 부름에 목숨으로 응한 이름들을 기리고 있다.

미국보다 스무 배 이상 유구한 역사를 가진 한국은 국가적 위인을 기념하는 공휴일 하루 없고, 집안의 조상 모시기를 위한 민속명절만 있다. 가문의식은 있으되 국가의식은 실종됐다. 요즘 대학 캠퍼스 곳곳에서 재야운동과 관련해 사망한 자를 기념하는 이른바 열사들의 비석들을 발견할 수 있으나, 한국전쟁 때 산화한 동문들의 이름을 기리는 표지는 어느 대학, 어느 구석에서도 발견할 수 없는 줄 안다. 이것이 우연인가 고의인가.

광복 50년의 역사 흐름 속에 국가 존엄성에 흠이 되고 정부 정통성에 의심이 가는 대목이 적지 않았다. 그러나 국토분단과 전쟁을 이겨내고 세계 어느 나라보다 짧은 기간에 세계 12위 경제대국으로 성장함으로써 반도 북쪽과의 체제경쟁에서 승리한 사실에 대해 우리는 이제 가슴을 펴고 세계인에게 개발 경험담을 나눠줄 수 있는 입장에 섰다. 이 같은 자랑스러운 기록을 세우고도 스스로 움츠러드는 한국인의 자화상은 무엇 때문인가.

그것은 물론 정치의 미성숙 때문일 것이다. 이제야 한국은 그간 경제성장의 토대 위에 본격적으로 정치 민주화와 부패척결의 단계에 들어섰다. 혁명적으로 몰고 가면 역사는 반전(反轉)하기 십상이지만 점진적 진화로 다져나가면 역사는 뒷걸음질을 모른다. 모든 나라의 역사는 깨끗한 물과 혼탁한 물이 어우러져 흐름을 이룬다. 맑은 물을 찾아 위화도 회군(回軍)을 되돌릴 수 없다.

요즘 정치권의 비자금 태풍에 '12·12', '5·18' 사건 바람이 가세하면서 두 전직 대통령이 구속되고 나머지 한 사람마저 여론의 지탄 대상으로 몰리고 있다. 김영삼 정부는 부박한 대중의 박수소리를 반기겠지만, 세상에는 5, 6공 세력이 아니면서 마음 불편한 국민이 다수 있음을 알아야 한다.

김영삼 정부는 정치권 부패와 군사정권을 응징한다는 가상스런 목표를 추구하고 있지만, 이것은 자칫 앞으로 집권자가 후계자에게 허물을 추궁당할까 두려워 장기집권을 꾀할 강력한 유인이 될 수 있다는 우려를 자아낸다. 때가 되면 전직으로 바뀌는 현직은 마치 유리집에 사는 셈이다. 역사적 연속 고리를 의식하는 사람은 돌 던지기 게임의 위험을 알고 자제한다.

워터게이트 사건으로 추락한 미국의 위신은 닉슨의 명예회복으로 회생했다. 모든 전·현직 대통령들이 애도하는 가운데 치러진 닉슨의 장례식은 사뭇 장중했다. 한때의 오욕이 거대한 역사 흐름에 세척됨을 보는 느낌이었다.

우리도 장점만 취하면 건국 대통령을 비롯해 민주·경제건설, 위기관리, 단임(單任) 실천, 민정이양 과도기, 민주개혁 등의 대통령을 가질 수 있다. 독재, 우유부단, 군사독재, 부정축재 등의 허물에도 불구하고 말이다. 역사나무를 가꾸려면 가지치기 못지않게 신화와 설화, 일화를 발굴하고 창작하는 밑거름 주기가 필요하다. 이제부터라도 나라 세우기 작업을 제도화하기로 하자.

(《중앙일보》, 1995. 12. 19)

진정한 봄은 언제 오는가?

봄이 왜 이다지 더디 오는가. 엊그제 봄비가 내렸건만 아직 겨울옷을 벗고 완연한 봄을 노래하기엔 이르다. 삼 년 전 이른바 문민정부가 출범하였지만 지난날 권위주의 시대의 잔재들이 곳곳에 버티고 있어 국민의 삶이 마음껏 생동하기에는 아직 싸늘한 계절이다. 자칫 문민(文民) 감기 안 들까 조심하여야 한다.

일제에 신음하던 한반도에 한때 유행했던 '사(死)의 찬미'라는 노래는 당시 젊은이들이 경험했던 심신의 고통, 허탈감, 무력감을 잘 표출했다. 노래를 따라 자살하는 예도 있었다. 광복 50년이 지난 오늘날에도 죽음을 찬미하고 이용하는 풍조가 우리 생활 구석구석에서 꿈틀거리고 있음을 발견하게 된다. 실연, 신병, 가정불화, 입시낙방 등의 사유로 자신의 목숨을 끝내는 일들을 우리는 안타깝게 지켜본다. 그러나 진정 경계할 일은 남의 죽음을 자극하고 그것을 이용하는 행위다. 이는 때론 세련된 예술적 형식으로, 때론 집단 시위로, 때론 천박한 보상금 구걸행위로 표현된다.

노동운동 억압 시기에 분신자살한 한 젊은이의 일생을 그린 영화가 장안의 화제가 되었다. 잘 만든 영화라고들 한다. 그러나 왜 '아름다운' 청년이란 제목을 달았을까. '장한' 청년이랬다면 수긍이 갈 만도 하였겠다. 앞으로 노동운동가들이 줄줄이 죽어야 아름다워지는가. 남의 죽음이라서 아름다운가.

요즘은 다소 잠잠하지만 폭력시위 중에는 사상자가 발생하기 쉽다. 이렇게 희생된 사람들을 열사(烈士)라고 호칭하는 게 재야 운동권의 버릇이다. 앞으로 열사 대열이 늘어날 것을 기대하는가.

본래 열사란 '나라를 위해 절의를 굳게 지켜 죽은 사람'을 말한다. 그리고 의사(義士)란 '나라를 위해 의로운 행동으로 목숨을 바친 사람'이다. 여기서 '의로운' 행동이란 국가와 민족의 원수를 살상하는 행동을 의미한다. 다시 말해서 타인에게 신체상 위해를 가하는 공격행위를 한 사람을 의사라고 부르고 타인의 폭력에 의해 희생당한 사람들을 열사라고 부르는 셈이다.

그런데 문제는 상대방 측 견해가 있다는 사실이다. 우리가 중동의 하마스, 북아일랜드의 IRA 등 각자의 폭력집단 보도를 접하면서 '테러리스트'라는 용어에 거부감 없이 익숙해 있는 까닭은 입장의 차이 때문이다.

인간사회 문제 가운데 가장 어려운 문제는 쌍방이 동감하는 폭력, 인류가 함께 정당하다고 인정하는 '테러'가 있을 수 있느냐의 문제다. 유감스럽게도 선진국입네 하는 나라에서도 폭력이 합법화되는 상황들이 있다. 특히 군대와 경찰 등 국가의 공권력이 합법적으로 행사될 경우가 그러하다.

우리나라의 경우 국가의 합법성과 정통성 자체를 인정하려 들지 않는 것이 재야 운동권의 특징이다. 이래서 양산되는 것이 국민 대다수가 공감하지 않는 열사와 의사들이다. 오다 가다 희생된 운동권의 일부 인사들을 안중근, 윤동길, 이준 등 애국지사들과 같은 반열에 오를 공직자로 치받들어야 역사가 바로 쓰이는가.

재야인사들의 목적지향에 찬동할 수 없는 대목이 바로 여기에 있다.

이상의 사례보다 우리를 더욱 비참한 국민으로 전락시키는 것은 시체를 앞에 두고 보상금을 올리려 떼를 쓰는 시위행위이다. 크고 작은 사고가 발생할 때마다 유가족들은 왜 죽은 이의 인격과 품위를 생각하지 않는가. 가족의 죽음은 억만금을 받아도 보상받을 수 없을 만큼 비통한 이별의 슬픔이자 고통일 것이다. 사체 인수 대금 얼마를 목표로 정하고 한 푼이라도 더 받아내려고 폭력시위마저 마다하지 않는 일들이 그치지 않고 이어져 왔다. 이러고도 선진 문화국민이기를 바라는가.

죽음은 엄숙한 예의로 조문할 일이다. 죽음을 찬미하는 사회는 병든 사회이며 남의 죽음을 자극하는 사회는 폭력사회이다.

《한국경제》, 1996. 3. 10)

한국의 무지개와 '5강' 론

하와이 관광을 다녀온 사람이라면 호놀룰루에 '마누아 벨리'라는 지명이 있고, 그 이름의 유래가 '무지개가 많이 발생하는 계곡'이라는 이야기를 들었음직하다. 막상 그 마누아 벨리 가장자리에 위치한 동서 문화센터나 하와이 대학, 또는 계곡 깊숙이 위치한 '파라다이스 파크'를 방문해 본 사람은 무지개 끝에 기적이 있는 게 아니라 인간세계의 일상(日常)이 있을 뿐이라는 사실을 안다.

산업화가 진행되기 이전, 그래서 우리가 굶주렸지만 공해문제를 몰랐던 시절에는 한국의 하늘에도 무지개가 자주 떠올라 우리가 잠시 일상생활의 어려움을 잊고 제 나름대로 소망을 무지개의 구름다리에 걸어보곤 하였다. 산업화 이후 자연의 무지개는 드물어졌지만 그 자리를 대신하여 인공의 무지개가 찬란한 빛깔로 다가오곤 한다.

요즘 시중의 화제는 얼마 전 국책연구기관에서 발표한 '21세기 한국경제의 비전'이다. 2020년에는 한국경제가 국내총생산(GNP) 4조 달러, 수출 1조 2천억 달러에 이르러 규모에 있어 'G7 국가'에 진입하고, 1인당 국민소득은 경상가격으로 8만 달러(1995년 불변가격 기준 3만 달러)를 웃돌게 된다고 한다. 이에 따라 '창의와 활력이 넘치는 선진경제', '풍요롭고 안정된 복지·문화 국가', '지구촌 사회에서 신뢰받는 열린 국가' 등이 성취됨으로써 한국이 '세계 일류국가'로 등장한다고 한다.

국민에게 꿈을 심어주고 꿈의 실현을 위해 노력을 동원하는 게 정부의 할 일 가운데 하나이다. 다만 문제는 꿈이 지나치게 거창하거나 꿈은 있으되 노력이 뒤따르지 못하는 경우이다.

지난날 3공 시절 이전 1975년에도 역시 한국개발연구원(KDI)이 1977년~91년의 15년을 전망하는 '장기 경제사회 발전' 연구보고서를 통하여 1991년 1인당 국민소득이 7,731달러에 이를 것으로 추정한 적이 있었다. 당시 박 대통령의 장기 집권연장 의욕을 뒷받침하는 장밋빛 전망이라는 비판의 화살이 난무했다. 그런데 그 후 한국경제의 발걸음은 전망했던 바와 놀랍게도 엇비슷했다. 1인당 국민총생산이 91년에 6,753달러로 예측수준을 약간 밑돌았으나 93년 7,513달러로 접근하였고, 94년 8,483달러 그리고 95년 10,076달러에 이르렀다. 이 정도 예측이라면 요즘 유명 역술인으로 알려진 심(沈)모 등의 점치기보다 한수 위라고 보아줄 수 있다.

그러나 20년 전과 오늘날에 달라진 것은 국내외 정치·경제·사회 등 각 분야에 걸쳐 예상되는 변화들이 훨씬 가변성이 높고, 충격이 크다는 사실이다. 더구나 개도국에서 중진국으로 오름길을 달려온 과정에서 당면했던 걸림돌들과 중진국에서 선진국으로 뛰어오르는 과정에서 예상되는 장애요소들은 크게 다를 것이다. 전자가 부분적, 양적인 것이었다면 후자는 전면적, 질적인 것이다.

선진국으로 발돋움하는 데는 경제만으로는 불가능하다. 정치·사회·문화·과학기술 모든 분야에 국민의 노력이 균형 있게 투입되어야 한다. 기업인과 정부관료, 기업인과 노동자, 생산자와 소비자등 경제의 인간관계에서도 탈바꿈이 있어야 하지만, 국민 각자가 생활인으로서 남과 함께 살 줄 아는 예의와 질서를 습득하여야 한다.

국토가 좁고 인구가 조밀한 나라의 경우 남에게 폐가 안 되는 교육이 필요하다. 기(氣) 살려 자식 키우기를 가정교육헌장 제1조로 삼는 우리는 결국 공동체생활 부적격자를 양산하고 있다. 이들이 주역(主役)일 다음 시대에 한국의 선진국 진입을 기대할 수 없다.

앞으로 더욱 긴밀해질 국제사회에서는 남과 더불어 사는 슬기가 중요하다. 아직도 수입규제가 애국이라고 생각하는 정부관료, 독도 앞바다에서 시 낭송회를 개최하는 문화인, 국내에 취업한 동남아 근로자를 핍박하는 기업인, 해외여행에서 허튼 언행을 서슴지 않는 여행객 등 모두 한국의 선진국 진입의 발목을 잡는 사례들이다. 무엇보다도 정치인의 허장성세는 우리를 경악케 한다.

바로 얼마 전 있었던 '5강' 해프닝이 그러한 예의 하나다. 아마도 대통령은 국민의 자부심을 고취하려는 취지에서 꺼낸 말이겠지만, 보좌진들이 APEC, ASEM에서의 중심역할, OECD 가입 예정, 65만의 군사력 등을 근거로 제시하였다고 한다. 한국이 미국, 일본, 중국, 러시아 다음 순위로 오르려면 제쳐야 할 나라들 예컨대 독일, 영국, 프랑스 등은 잠자고 있을 것인가. 한국이 프랑스만큼 축적된 근대문화의 인적·물적 부(富)를 보유하고 있는가. 영국만큼 발달된 국제 금융센터를 성장시킬 자신이 있는가. 통일진통을 치를 만큼 이제는 통합유럽의 주도국으로 비약을 꿈꾸고 있는 독일만큼 한국이 일본, 중국을 꺾고 아세아를 주도할 수 있는가.

경제변수의 수치상으로 KDI의 청사진 비슷한 수준으로 한국이 접근할 수 있을 가능성을 부정하고 싶지 않다. 그러나 국민이 생활인으로서, 경제주체로서, 유권자로서 스스로 탈바꿈하여야 할 측면이 너무도 많다.

꿈이 있는 국민이어야 보람 있게 산다. 꿈만 있고 노력이 없는 경우 낭패와 좌절밖에 없다. 정부가 무지개를 자주 띄우는 것도 좋다. 그러나 무지개의 끝에 대한 허상을 키우지 마라.

(《문화일보》, 1996. 5. 23)

상식의 죽음

상식으로 이해되지 않는 사회, 상식이 통하지 않는 사회를 우리는 혐오한다. 사회가 괴물이 되었는가. 그 구성원인 우리가 부적격 시민인가.

상식이란 보통사람들이 당연시하는 의견이나 판단을 뜻한다. 그것은 전래되는 사회 통념적 지혜의 조각들이기 때문에 시대와 장소에 따라 그 내용이 상이할 수 있다. 급변하는 시대에는 고루한 상식과 참신한 상식 간에 충돌이 빚어지고, 나라마다 통용되는 상식의 내용이 부분적으로 다르다.

통신·교통의 혁신이 빠르게 진행되고 있는 오늘날에는 국경을 넘나드는 지식, 정보의 교류가 빈번하여 상식의 국제적 보편화가 이루어지고 있다. 한때 미개인들의 소박한 원초적 판단이기도 했던 것이 문화인의 건전한 판단으로 변모하고 있다. 이쯤 되면 진리의 마지막 근거를 상식에 두어야 한다는 주장에 힘이 붙는다.

요즘 사회의 여러 부문에서 상식으로 이해하기 어려운 일들이 많다. 몇 가지만 간추려 보자. 우선 지난 총선 때 거의 모든 입후보자들이 법정한도를 크게 초과하는 선거비용을 치렀다는 언론매체의 보도가 있었으나, 허위보도 죄목으로 기소된 언론기관이 있다는 소식은 없다. 사직당국이 암묵적으로 보도내용을 시인하고 있는 것인가, 직무유기하고 있는가.

둘째, 지난 군사·권위주의 시대에 정부 여당의 야당 탄압이 수사기관을 통한 물리적 수단이었던 반면, 이른바 문민시대에는 돈, 이성관계 등 개인적 약점을 지능적으로 이용하는 방식으로 바뀌고 있다는 이야기다. 그렇다면 과거에는 집권세력에 잘 못 보인 사람들이 고초를 겪은 뒤에 '민주투사'로 격상될 수 있었으나, 오늘날에는 자칫 밉게 보여 파렴치범으로 전락할까 전전긍긍할 사람이 많은 듯하다. 털어 먼지 안 나는 사람 없다는 게 중론이고, 먼지떨이는 집권세력의 손에 있다. 발 뻗고 잠잘 사람 늘었을까, 줄었을까.

셋째, 지켜질 수 없는 선거법 아래 치러진 총선 후 여당의 의석수 늘리기가 용이했던 것은 정부기관의 선택적 법적용 가능성에 있었다고 본다면 무리일까. 국회의 개원을 저지하고 있는 야당들은 당초 약점 많고 정견 없는 후보를 내세웠던 원초적 책임을 왜 외면하고 있는가. 공천헌금 때문이었을까.

넷째, 세계중심국 타령은 국민적 열등감의 표출인가. 임기 중 OECD 가입이 역사에 남는 대통령을 보장하는가. OECD 가입의 비용은 구체적인데, 이득은 추상적인 것은 아닌가. OECD가 가입을 권유할 때까지 기다리면 국가이익에 어떤 손실이 있는가.

다섯째, 경기침체 장기화가 우려되고 있다. 항상 그러하듯 기업계는 경쟁력 저하요인을 요소비용 특히 금융비용에 있다고 호도하고 이에 정부도 솔깃하다. 인위적 금리조작은 금리 자유화 조치의 사실상 후퇴는 물론 실물경기 회복에도 단기적으로만 효과를 가져올 뿐이다. 경기침체의 탈출도 금리, 환율과 같은 물가상승 요인을 불러오며 기업 경영합리화 노력의 감퇴 등 부작용이 크다.

여섯째, 국민저축이 줄고 소비가 늘고 있다. 94년 33.0퍼센트이던 개인금융 저축률이 95년에 29.9퍼센트로 낮아졌다. 국민소득증가, 금융실명제, 시장개방 등에 따라 고급 수입상품 구입, 해외여행 등 소비의 고급화가 두드러지고 있다. 여기에 정부도 2002년 월드컵 개최 등 사회 분위기를 들뜨게 하고 있다. 중남미 축구강국 MBA(멕시코, 브라질, 아르헨티나) 모두 외채부담과 경제난에 신음하고 있다. 축구실력이 향상되는 것은 좋은 일이지만 아울러 경제난도 MBA 수준이 되지 않도록 사회분위기를 진정시키고 국민의 경제 마인드를 자극하여야 한다.

일곱째, 요즘 공공부문 노조들의 연대파업이 발 빠른 움직임을 보이고 있다. 이미 지하철 노조, 한국통신 노조가 '준법투쟁'에 돌입했다. 평상시 이들 노조의 근무자세는 '준법'이 아닌 '탈법'이었나. 이 같은 언어조작으로 국민의 반교육적 효과가 심각하다. 비현실적 법규정을 방치해 온 정부의 변명은 무엇인가. 이미 선진국 수준에 근접하는 임금을 받으면서, 부가가치와 생산성 증가율을 무시한 임금인상 요구는 무엇인가. 상근 노조근무자의 봉급이 노조 회비로 부담되지 않고 있는 변칙은 언제까지 지속되어야 하는가.

마지막으로 부존자원이 부족한 나라가 자원 낭비국으로 전락하고서야 국가 경쟁력 강화의 첫걸음도 내딛을 수 없다. 일반국민, 기업, 정부도 할 일이 많지만, 언론기관들부터 발행부수 허세를 위해 찍어서 그냥 버리는 신문부수가 각 사마다 엄청나다는 소문이고, TV사들도 청소년 들뜨게 하는 프로그램 개발에 경쟁적이다.

참으로 상식인이 살기 어려운 세상모습이다. 건전한 상식인에게 실종 또는 사망선고가 내려질 즈음이다. 이들이 중심이 되는 사회가 그립다.

(《문화일보》, 1996. 6. 2)

자화상과 초상화의 사이

유명 화가들도 제 얼굴을 그릴 때 주름살, 곰보 자국들을 지우고 대신 보조개를 그려 넣고 싶은 충동을 느낄 것인가. 다른 화가들의 모습은 캔버스에 담을 때 흉한 점을 과장하고 싶은가. 자화상과 초상화 중에서 무엇이 진면목일까.

오늘날 인터넷 시대에는 먼 나라 사정에 대해서도 예전의 이웃나라보다 더 정통한 정보를 가질 수 있게 되었다. 그런 가운데에서도 각 나라 국민마다 자국의 평가와 외국인의 평가 사이에는 아직도 상당한 거리가 있는 예를 빈번하게 발견한다.

한국인은 일본인의 식민지시대 미화, 독도 문제 등 일본을 비롯한 외국의 교과서들에 실린 한국에 관한 낡고 편향된 기술에 분개한다. 그러나 때로는 외국인의 시각에서 그려진 한국의 모습에서 우리는 오히려 값진 교훈을 얻을 수 있다.

먼저 중국 대륙의 입장에서 보면, 만주벌판과 반도북부를 차지하며 중국의 중원국가 수(隨)나라와 당(唐)나라를 괴롭히던 고구려 시대를 제외하면 세계의 중심인 자기나라에 해마다 조공을 바쳐오던 나라의 반쪽이 한국이다. 문화적으로도 한민족 문화권에 예속되어 왔다. 사십여 년 전 그 남쪽을 상대로 전쟁을 치르기도 하였지만, 그 이후 경제 성장 실적을 고려하여 경제 협력관계 확대를 통해 자국의 경제발전에 도움을 얻으려 외교관계를 수립한 지 몇 년 안 되었다. 최근 연변지역을 찾아드는 한국 관광객과 연안 경제특구에 진출한 한국기업의 자세에서 중국인의 자존심을 건드리는 대목이 없지 않다. 최근 중국의 경제성장률이 한국을 앞지르고 있어 시간이 지나면 다시 과거의 전통적 중국 우위의 관계로 복귀할 것으로 보고 있다.

러시아 입장에서는 꼭 백 년 전인 1896년 왕과 태자를 공사관에 피신시켜 주는 등 도움을 주었음에도 불구하고 소련연방 붕괴 후 다소 국력이 쇠퇴한 틈을 타 불과 30여억 달러 지원을 크게 내세우며 현재의 러시아를 얕보는 듯한 한국인들의 언행이 달가워 보이지 않는다.

소련 붕괴 이후 앞으로 상당 기간 유일한 세계 초강대국으로 영향력을 행사할 것으로 전망되는 미국의 입장에서 한국은 곱상한 존재가 아니다. 해방 이후 남쪽에서 민주정부와 시장경제 체제의 성립을 도와 군사 지원, 경제 원조를 아끼지 않던 미국은 근래 자기네를 경원하고 다른 강대국과 관계를 개선, 독자노선을 걷기 시작하는 한국에 때로는 곤혹감을 느낀다.

일본의 입장에서는 건국신화 시대의 문제는 덮어두고 싶어한다. 근대화의 싹이 자생적으로 자라는 긴 시간을 단축할 수 있었던 계기는 식민지 기간에 제공되었다. 동기야 어떻든 적어도 결과는 그러하였다. 1945년 이후에도 한국은 반일을 외치면서도 각종 법제도를 도입할 때마다 일본의 것을 모방하고 있다. 그러면서도 일본문화의 원천이 한국임을 주장한다. 그것은 중국 문화의 흐름 길목에 한국이 있었던 까닭에 그렇게 보인다. 한국은 가장 얄미운 이웃이다.

동남아 제국들 가운데 몇 나라는 한국전쟁 중 군사적으로 도움을 준 우방이었고 당시에는 경제적으로 한국보다 앞섰던 나라였다. 아시아의 호랑이로 자라난 한국이 강대국에게 당한 수모를 요즘 동남아 국가들에게 강요하고 있다. 국내외에서 한국 기업에 취업한 노동자들은 때로는 인간 이하의 처우에 신음하고 분개한다. 풍부한 자연자원을 보유한 동남아는 이제 부흥의 붐을 타고 급성장하며 한국을 넘보고 있다.

한국인이 스스로를 "엽전"이라고 폄하하던 시대에서 갑자기 "세계

중심국가"임을 뽐내는 시대가 되었다. 외국인에 대한 한국인의 자세는 오만방자한 졸부의 모습이다. 지나친 자조도 문제지만 분수에 걸맞지 않은 우쭐거림은 세계화 시대에 가장 경계할 일이다.

21세기 초반에 과연 태평양 시대가 전개될 것인지, 그리고 이러한 시대의 물결을 타고 대한민국이 세계 중심의 일원이 될 수 있을지는 우리의 노력과 의지 여하에 달려 있다. 최근 세계화 시대 한국인은 오히려 옹졸한 국수주의자로 변모하여 상대적 지위가 추락하고 있지 않은가 우려된다.

(《지역경제》 제5권 10호, 1996. 10월호)

사회 결속력의 위기

한 사회는 생명력 있는 조직체이다. 개인은 세포나 잎사귀, 지역사회는 줄기, 이렇게 확대하면 한 그루 큰 나무와 같은 국가사회가 이루어진다. 개인의 생존과 번영은 국가와 사회 속에서만 가능하다. 나무가 시들어 죽으면 잎사귀나 세포도 생명을 잃는다. 이 같은 사회유기체설은 조직적 결속력을 다지는 장점이 있는 반면, 이른바 전체의지가 개인의 자유의지를 굴종시키는 전체주의 사회를 초래하는 경향이 있는 단점이 있다.

모든 개인은 자기 의지를 마음껏 펴 자유롭게 활동하고자 한다. 그러다 보면 다른 이들과의 다툼이 발생하기 마련이고, 그 때문에 서로 약속하여 사회공동체를 이룬다. 이러한 개인주의적 사회계약설은 정치적으로는 민주주의, 경제적으로는 시장경제를 잉태·육성시키는 장점이 있는 반면, 이해득실의 다툼이 날카로워지는 위기에 봉착하면 사회적 결속력이 쉽사리 와해되는 단점이 있다.

한국 사회를 지탱하는 저력은 무엇인가. 지난날 권위주의 시대에는 집권 세력이 안보와 경제발전이라는 국가의 지상목표를 향해 돌진하는 과정에서 개인의 자유의지와 분배몫 챙기기를 힘으로 유보시켰다. 민주화 이후에는 개인의 자유의지에 날개가 돋치고 자기몫 챙기기가 활기를 띠도록 방임하는 상황에서 사회를 결속하는 힘이 약화일로에 있다.

　지방자치제 실시 이후 지역 이기주의가 확산되고, 이것은 전국가적 차원의 자원 활용을 그르치고 있다. 자동차 보급의 대중화에 따라 날마다 골목마다 벌어지는 주차 공간 싸움으로 이웃이 견원지간으로 멀어지고 있다.

　가장 큰 변화는 경제활동의 본거지인 직장에서 나타나고 있다. 직장의 상하간 관계가 예전과 다르다. 민주화와 PC 보급 이후 신입 사원의 기는 살고 고참 사원의 기는 죽었다. 기업 소유주의 세대교체와 조기·명예퇴직제의 도입은 이러한 경향을 더욱 심화한다. 기업 내 공동체 정신이 무너졌다. 무엇보다도 우리 사회의 결속력에 가장 치명적인 것은 노사분쟁이다.

　1953년 휴전 성립 이전 노동법 제정 당시 "노동자 천국"이라 자칭하던 북한의 존재를 정부가 의식하였을 것이다. 노동계층이 북한의 감언이설에 속지 말고 경제재건에 협력하도록 유도하기 위해 선진 복지사회의 법제를 본떠 이상적인 노동법이 마련되었다. 그러나 당시 국민경제능력에 비추어 당장 실현할 능력이 없었다는 뜻에서 '그림의 떡'이었다. 1961년 군사정변 이후 유행한 "먼저(先)성장, 나중(後)분배"라는 구호는 바로 노동법의 이 같은 성질을 잘 나타내는 말이었다. 1987년 이른바 민주화운동 이후 노사분규가 빈발하고 과격해지면서 노조운동권이 사용하는 '준법투쟁'이란 말이 가능한 것도 역시 기존법의 비현실성에 근거를 두고 있다.

　최근의 파업사태를 어떻게 볼 것인가. 이것은 화려한 '그림의 떡'을 진짜 '떡'으로 바꿔 먹으려는 노조 측과 그들의 주장을 조촐하지만 나라 살림에 '알맞은' 떡으로 바꾸려는 정부 측 간의 다툼이라고 비유할 수 있다. 그러나 장기간 시행해 온 사회보장제도 덕분에 성장잠재력이 크게 잠식된 서구 선진국들은 심각한 불황과 높은 실업률에 시달리다 못해 노동조건 등 복지장치 일부를 개혁하고자 진통을 겪고 있다. 후발 개도국들의 정치제도는 아직 권위주의적이고 복지제도는 미비하다. 이 같은 세계적 구도 속에 한국은 그림의 떡을 그대로 삼키고서는 체증으로 생명을 보존하기 어려운 상황이다.

지난 연말 법안을 긴급 통과시킨 국회의 모습은 민주주의 국가로서 유감스럽기 그지없다. 전면철회를 요구하며 총파업으로 대응하는 노조의 모습도 세계경제 흐름을 너무나 외면하는 집단이기주의 모습이다. 문제는 사회를 보는 관점의 균형과 조화이다. 원자(原子)와 같은 개인의 의지와 활동은 중시하면서도 유기체적 결속력이 크게 훼손되지 않도록 유지하는 새로운 사회관이 성립되어야 나라경제가 산다. 노동법 분규의 진통은 새로운 사회관을 잉태하고 경쟁력 있는 국민 경제를 출산하는 계기가 되어야 한다.

과거 농경사회의 평민은 거의 문맹자였고, 문자를 구사하는 지식계층은 존경의 대상이었다. 그중 대표적 계층이 성직자였다. 현대에는 경제사회 구조가 복잡 다기화 되고 대학 교육마저 대중 보편화 되었으나 성직자들의 교육내용은 고루한 것으로 보인다. 따라서 일반국민이나 평신도에 비해 이들의 우월적 지위가 소멸되었다. 노조 시위에 합세하는 성직자들의 모습을 보며, 그들의 현실인식 수준을 의심하게 된다.

야당 정치권에서도 노동법 개정이 어려운 나라 경제문제 해결의 실마리임을 시인해야 한다. 누가 정권을 잡느냐가 아니라 국민 경제의 사활이 문제이다. 그만큼 나라살림이 어렵다. 국민 모두 근검절약을 생활화해야 한다. 이것이야말로 국민 경제 경쟁력 회생의 탄탄대로이고, 통일을 앞당기는 고속도로이다.

(《문화일보》, 1997. 1. 17)

피라미드 거품경제

고대 이집트 왕족들의 무덤으로 건조된 피라미드는 인류의 대표적 문화유적이다. 거대한 삼각탑으로 쌓아올린 큰 돌 하나하나마다 당시 인간들의 영혼불멸의 믿음이 각인돼 있다. 한편 경탄스럽고, 한편 부질없는 꿈에 사역된 수많은 백성들의 피맺힌 원성이 들리는 듯하다.

오천 년 역사의 한국 문화유물은 다양하고 찬란하다. 고려시대 믿음의 강렬함이 팔만대장경 같은 세계적 보물을 남겼다. 그러나 유적의 규모는 중국이나 이집트 등 고대의 대표적 유적지에 견주어 아주 작다. 그것은 역사상 한반도 국가들이 경제적으로 힘에 부치는 부담을 백성들에게 부과할 만큼 대규모의 꿈을 추구하지 않았던 사실의 방증이기도 하다.

그러나 현대의 한국인들은 사뭇 다르다. 불황의 골이 깊어진 지난 해에도 7퍼센트 이상의 경제성장을 기록했으나 그중 상당 부분은 팔리지 않은 상품재고를 생산한 덕분이다. 한국판 피라미드형 돌무덤을 보는 느낌이다.

한 치 높다고 좋은 것인가. 1퍼센트 또는 그것의 몇 분의 일이 높다고 대수인가. 경제성장은 외형적 수치보다 내실이 중요하다. 올해 성장률이 5퍼센트대로 낮추어지더라도 거품을 빼는 경제운용의 결과라면 오히려 환영할 만하다. 국내외 시장에서 잘 팔리는 상품을 만들어 얻은 낮은 성장률이 시장에서 외면당하는 상품의 거품으로 불어난 높은 성장률보다 값지다. 공장 짓노라 땅값과 건설자재 값을 올리고, 만드노라 임금·원료대 다 올리고, 시장에 출하해 외면당하는 상품들의 재고는 상품이 아니라 돌 더미, 심하게 말하면 쓰레기 더미일 뿐이다. 그리고 빚더미다.

지난해 7퍼센트대 성장에는 한보 당진제철소 건설도 한몫 거들었을 것이다. 이것이 국내는 물론 중국대륙의 철강 수요를 미리 내다본 유망한 기간산업 설비인지 무용의 고철더미인지를 판단하기엔 아직 시기상조인 듯하다. 분명한 것은 엄청난 규모의 빚더미란 사실이다. 그 빚더미에 깔려 굴지의 은행들이 신음하고 있다. 한보 도산 파문에 신용 위기 악성루머가 나돌고 있다. 그러나 미리 예견된 위기는 오지 않는 법, 진짜 위기는 예측 불가능한 형태와 시기를 선택해 소리 없이 다가오는 법이다.

한국의 진짜 위기는 무엇인가. 그것은 무엇보다도 정치 야심가들의 피라미드 꿈이다. 애국심·민족통일·도덕성 등 그럴싸한 구호를 총동원해 국민을 우롱하며 집권 또는 권력 재창출 야욕에 불타고, 지역감정을 부추겨 국민을 분열시키는 과정에서 대중인기에 영합해 국민 경제 운용을 그르치는 정치인들이 지지기반을 갖고 있는 풍토가 한국적 위기의 밑바탕이다.

세계화 시대에 걸맞은 정치 지도자는 부상하지 않고 조무래기 야심가들의 옹골진 꿈 잔치가 펼쳐지고 있는 한 한국의 추락은 예정돼 있다.

다음으로 기업인들의 피라미드 놀음이다. 자기자본 능력에 넘친 기업 확장은 불황기에 도산위험을 가중시킨다. 급성장 기업은 위험수위가 낮아 작은 비에도 침몰한다.

마지막으로 근로자 가계들의 살림살이도 더 큰 집, 더 큰 자동차를 추구해 피라미드 쌓기에 바빴다.

규모를 자랑하는 피라미드를 이루는 돌조각 자체에는 가치가 없다. 그러나 독특한 맑음과 빛깔을 자랑하는 보석은 작은 부피에도 가치는

지대하다. 우리 사회의 구성원 모두 각자의 적성과 능력에 맞는 일에
매진한다면, 각자의 꿈이 금자탑으로 영글 것이다.

(《중앙일보》, 1997. 3. 26)

■■■■■■▫▫
당시 이석재 경제수석의 도움으로 반(反)YS 딱지에도 불구하고 금융개혁위원회를 주
관하게 되고 거품경제 우려 속에서 '한국의 진짜 위기'를 고민하게 되었다.

금개위, '햄릿'은 곤란

바로잡기 어려운 부당함을 바로잡고 이를 수 없는 별에 이르고자 무모하리만큼 우직하게 도전하는 돈키호테. 그는 비현실적인 인물이지만 우리에게 꿈을 심어준다. 정권 말기, 그것도 주무 부서의 냉소 속에 발족한 지 불과 넉 달 만에 크고 작은 고질적 과제를 다루며 쾌도난마의 개편방안을 제시하는 금융개혁위원회는 라만차 기사의 후예답다.

더구나 이해관련 집단들의 끈덕진 외압공세를 견뎌낼 만한 변변한 갑옷도 없이 노출된 위원들이 때로는 대리전쟁을 치르기도 했다. 항상 지루하게 마련인 토론은 열기를 띠는 대목도 있었으나 의견의 대세 흐름을 존중해 단 한 차례의 표결도 없이 매듭지어지곤 했다.

그러나 금개위는 돈키호테보다는 햄릿을 닮은 데가 더 많다. 그것은 금융개혁이란 수미일관한 논리추구이기보다 이것저것 챙겨보아야 할 현실적 제약조건이 많은 작업이기 때문이다. 제약조건을 무시할수록 논리적 일관성은 돋보이지만 실행 가능성이 떨어지고, 반면 그것을 의식할수록 논리와 개혁의지는 왜곡 퇴색된다.

정부의 금융개혁 목표인식이 투철하지 못하다. 햄릿의 유명한 독백처럼 금융개혁을 '할 것인가, 말 것인가'. 특히 재경원과 중앙은행에 관련된 문제에 대해 중립적 입장에서 금개위 작업에 무게중심을 잡아줄 정부기구가 실종된 느낌이다.

발족 초기에 자금을 당장 '싸게, 많이, 담보 없이' 쓸 수 있게 하는 것이 금융개혁 목표라고 보는 기업계 시각을 부각시킨 것도 정부 일각이었고, 금개위 건의안을 대체로 시큰둥하게 보거나 때로는 헌법까지 거론해 트집 잡는 것도 또 다른 정부 일각이었다. 기관 간 이해대립이 첨예한 안건을 다룬 회의에 위원별 출결사항, 찬반발언 내용을 점검하고 토의 내용 녹취 테이프에도 관심을 보이는 모양이다. 응분의 무엇을 베풀겠다는 말인가.

도대체 대한민국에 몇 개의 정부가 존재하는가. 진정으로 금융개혁을 할 것인가, 말 것인가. 정부의 의지와 능력이 시험받는 국면에 들어섰다. 햄릿의 독백은 죽음과 삶을 저울질하며 인생의 고뇌를 말하는 가운데 '법의 지체, 관료의 건방진 언행'을 언급한다. 이 구절은 셰익스피어의 실수다. 햄릿은 왕자의 신분이므로 법과 관료로부터 수모를 당할 위치에 있지 않았으며, 작가 자신의 경험을 작중인물의 입을 빌려 토로한 것이다.

제도와 관료조직으로부터 부당한 조치와 대접이 엄연히 지배하는 것이 오늘날 한국의 드라마 아닌 실제 상황이다. 특히 금융산업이 그 대표적인 피해 부문이었고, 낙후된 금융부문이 국민 경제의 발전을 가로막고 있다.

금융개혁은 관치금융의 잔재를 청소하는 작업이다. 청소 작업부는 먼지와 검댕을 덮어쓸 각오가 돼 있어야 한다. 잡다한 인원구성을 가진 금개위도 때론 우유부단한 모습으로 비친다. 청소작업에 동참해야 할 정부관료와 국회의원들의 각오가 의문시되고 있다.

여기서 관료란 재경원뿐만 아니라 한국은행의 관료도 포함된다. 입행 시에는 우수한 인력이 변질해 집단 이기주의에 충실하고 일반 은행 위에 군림함을 즐기는 자세에서 탈피해야 한다. 중앙은행 독립이 집행부의 성숙된 의식에 기초해야 한다. 가장 우수한 관료의 집결체가 재경원 금융정책실이지만 그 발전적 기능조정과 기구 축소 없이는 금융개혁은 공염불이다. 금융산업 발전에 이바지할 각오로 낡은 틀을 벗어던지자. 햄릿이기보다는 돈키호테를 닮기로 하자.

(《중앙일보》, 1997. 5. 26)

■■■■■■▫▫

　　금개위 작업 중 번민을 토로했는데, 당시 상황을 모르는 국외자들에게는 아리송한 글
이다. 이해 당사 기관들(정부·한은 등)의 시달림 속에서 중심을 잡아야 했다.

'티나'를 기다리며

요즘 한국인을 엄습하는 스산한 느낌은 계절 탓이겠지만, 통렬한 자멸감은 나라 살림 탓이다. 짙은 안개 속 한국 경제의 진로는 한치 앞이 어둡다. 외환 보유고가 거의 거덜나 금융기관과 기업들이 벼랑 끝에 섰다. 공여될 국제통화기금(IMF) 자금 자체는 미흡한 규모이지만, 미국과 일본 등의 국가로부터 협조 융자금의 물꼬를 여는 힘을 가진다. 확보될 1선, 2선 크레디트 라인을 모두 합치면 한국의 단기외채에 근접하는 500억 달러 이상의 규모에 이를 것이다.

정부당국은 경제성장률 감소, 예산규모 축소, 부실 금융기관 폐쇄 정리 등 여러 조건을 놓고 IMF 실무 팀과 힘겨운 막바지 협상을 주말 밤낮없이 연이어 벌여왔다. 1994년 말 외환시장 붕괴 후, 수년간 멕시코가 경험했던 엄청난 경제사회의 진통이 우리 발등에 떨어진 불로 다가왔다. 구조조정의 어려움은 환율인상→물가, 이자율, 세율 등의 인상→투자심리 위축→실업률 상승→경제성장률 저하 등으로 이어질 것이다. 반면 수출시장, 수입위축에 따라 무역수지는 어느 정도 개선될 것이다.

구조조정 비용을 제대로 치르지 않고서는 국민 경제의 회생이 불가하다. 이 같은 경제난국의 발생계기를 동남아 통화위기의 여파로, 외국 기관투자가들이 투기자금을 회수한 탓만으로 돌릴 수 없다. 난국의 빌미는 대부분 국내에서 축적되어 왔다.

지난 며칠간 협상 테이블에서 재경원 당국이 국익을 위해 애써온 노력을 인정한다. 그러나 이들이 마치 네덜란드의 전설 속 소년처럼 제방의 붕괴를 막으려 터진 물구멍에 손을 넣어 홀로 막았다는 애국적 상념의 자만에 빠진다면 가당치 않다. 국민 경제 제방에 구멍이 날 지경으로 사전예방에 소홀했던 책임을 통감해야 한다. 중앙은행도 보유 외화자산의 운영자로서 직무에 충실하지 못했다. 물론 몇 해 전 영국의 사례에서 보듯이 개방경제 시대에는 시장 투기세력이 웬만한 중앙은행의 시장 조정기능을 능히 압도할 만큼 강하다. 그러나 우리 관련 기관들은 통화위기 조짐에는 이목을 돌리고 금융개혁을 아전인수(我田引水)로 이끌며 관련법안 입법화를 좌절시키고 마지막 한 가닥 기대마저 저버렸다.

정부주도 아래 산업정책이 가능했던 시절이 마감된 상황에서 금융기관의 역할 변화에 정부도 은행도 둔감했다. 국제무역기구(WTO) 시대에는 통상산업부 등 정부 관료가 아니라 은행의 대출심사역이 기업 투자 조정을 담당해야 한다. 그럼에도 알게 모르게 정부의 개입은 계속되고 금융기관은 부동산 담보와 대기업 순위만 믿고 건성으로 심사하여 돈을 내주고 있었다.

금융기관을 가지고 놀며 부실화시킨 주범은 기업이다. 지난날 고도성장, 고물가, 오름세 시대의 문어발 확장으로 외형을 불려온 기업들의 성공비결은 작은 자기자본을 밑천으로 가급적 많은 타인 자본을 국내외 금융시장에서 빌려 쓰기 용이하도록 재무제표를 분식하고 정경유착 고리를 이용하는 것이었다. 필요한 비자금이 클수록 분식의 정도를 심화했다. 상호 출자방식으로 기업의 손익이 어디로 빼돌려지고 메워지는지 알기 어렵다. 주식시장도 자금조달의 창구일 뿐 소액주주의 이익은 안중에 없었다.

저렴하고 근면한 노동력에 기초했던 기업의 국제경쟁력이 민주화 이후 임금은 4~5배 가까이 오른 반면, 생산성은 오히려 감퇴해 동남아 개도국에 밀렸다. 중화학이나 첨단산업의 경쟁력은 연구개발 부족으로 선진국 시장에 발붙이기 어렵다. 무역수지가 적자기조를 벗어나지 못하는 것은 당연하다. 산술평균적 평등주의 사상은 각계각층의 욕구를 부추겨 GNP의 5퍼센트 요구가 입버릇이었다. 혼미하고 취약한 정부는 이런저런 예산요구에 응하다 보니 재정규모는 확대일로였다.

이럴 때 우리는 어려운 구조조정을 성공시켜 영국 경제를 되살린 대처 수상을 생각하게 된다. 당시 그녀의 별명은 '티나(TINA)'였다. 항상 개혁 이외의 "다른 대안이 없다.(There Is No Alternative.)"라는 말을 즐겨 했기 때문이다.

우리도 구조조정 고통의 불가피성을 올바로 알고 국민을 이끌 정치지도자를 선출해야 한다. 내년 경제성장률이 3퍼센트 이내, 실업인구 백만 명 이상, 높은 인플레이션 등 피 말리는 어려움이 예상된다. 실질소득 하락, 실업인구 증가는 사회의 결집력을 혹독하게 시험하고 민생질서를 어지럽힐 것이다. 한국 경제에는 아직 여전히 높은 저축률, 마음만 먹으면 열심히 뛸 고급 노동력이 있다. 작은 정부, 경쟁력 있는 기업, 일하는 노동자, 검약하는 가계를 이끌고 나아갈 정치지도력이 필요하다. 이래서 우리는 '티나'라는 애칭의 지도자를 기다린다. 한심한 정치인은 "나밖에 대안이 없다."로 오해할까 걱정이다.

(《한국일보》, 1997. 12. 2)

금융개혁으로 환란의 바람막이가 실패하고 IMF 구제금융을 받기 직전에 쓴 글이다.

벼랑 위의 선택

세상에 먹고사는 문제보다 중요한 일이 있는가. 음식·옷·집, 동양식으로 말해서 의식주가 인간의 기본생활의 욕구이며 이를 충족시키는 일이 가장 중요하다. 나라 살림이 얼마나 넉넉한가를 결정하는 요인은 무엇보다도 생업에 종사하는 국민의 수와 질이다.

각 개인은 저마다 이익을 챙기려 노력하지만 결과적으로 사회의 공익에 이바지하게 된다는 이기심의 자연조화론을 굳이 빌리지 않더라도 경제활동 인구가 공동체의 핵심임을 아무도 부인할 수 없다. 시장이 커지고 분업이 발달함에 따라 직종이 다양해지고 기초 경제활동과 거리가 있는 가람들의 수도 늘어났다. 좁은 국내시장을 벗어나 세계시장과 거래하는 일이 중요해질수록 우리끼리의 방식으로 통하던 국내제도와 관행이 국제기준에 맞도록 수정되고 있다.

동서고금의 역사는 공동체가 커지면 직접 생업에 종사하지 않는 사람들이 지배계급으로 등장하고 이들의 지도역량에 따라 공동체 운명이 좌우되었던 수많은 사례를 보여준다. 성공한 정치지도자는 위인으로 추앙되지만, 기초 경제활동 인구의 중요성은 영원한 것이다.

정치지도자의 성공비결은 무엇인가. 그것은 시대 흐름을 바로 읽어 나라 안팎의 안보와 질서를 확립하고 국민 경제를 풍족하게 만드는 것이다. 국민에게 따뜻하되 때로는 엄하게 꾸짖으며 공감할 수 있는 미래의 비전을 향해 역량을 모을 수 있어야 한다.

요즘 한국인의 눈에 비친 정치인의 모습은 어떠한가. 일정한 직업 없이 무위도식하는 건달패, 국민에게 부담을 주는 방해꾼, 국민을 현혹하여 국정의 최고 자리를 노리는 권모술수꾼, 최고 자리에 오른 다음 억만금을 챙겨 숨기는 탐욕의 화신이라면 지나친가. 역대 대통령의 별칭을 "건국"으로 시작해서 "돌", "물" 하고 무엇으로 끝나는 요즘 사람들의 험구는 다음 대통령을 또 무엇으로 폄하할 것인가. 그러고 보면 다음 대통령이 중요하다. 국제통화기금(IMF) 지원금융을 받을 만큼 중병에 걸린 경제, 벼랑에 선 나라 살림을 생각하면 차기 대통령 선거는 그야말로 중차대하다.

그러나 우리에게 주어진 선택대상이 끔찍하게도 환상적이다. 중대한 국면마다 삭발해 CNN 뉴스를 타고 세계만방에 한국정치 수준을 홍보하는 군소정당 후보는 그렇다 치고 3대 정당 후보들마저 이런저런 흠집이 있어 유권자의 선택을 어렵게 만든다. TV 토론 역시 치졸한 상호비방으로 점철돼 큰 도움이 되지 못했다. 그러면 무엇을 선택기준으로 삼아야 하나.

첫째로, 후보의 인생역정을 살펴보아야겠다. 득표공작 목적으로 표얻을 만한 공약을 모두 담다 보니 정당마다 특색 있는 정강이 없고, 정당은 후보 중심의 패거리 모임에 불과하기 때문이다. 후보가 국민 경제활동에 보탬이었나 부담이었나, 국민의 기본의무를 다했는가, 편의대로 입장을 자주 바꾸지 않았던가를 생각해야 한다.

둘째로, 후보의 가족과 주변을 살펴야겠다. 세상소문의 허구를 감안하더라도 그간 대통령마다 부인, 자식, 친척이나 주변사람들에 휘둘려 국정의 혼미를 초래했다. 후보 주변인들의 면면을 둘러보아야 한다. 불빛 찾아 모이는 부나비 같은 엽관운동자들의 구성을 보면 후보의 자질이 보인다.

셋째로, 사람은 애향심과 애교심을 간직하는 게 자연스럽다. 그러나 애향심을 정략적 지역할거주의로 변질시켜 사회결집력을 훼손시키는 일은 금물이다. 지금 상황을 보면 연고지역의 출산율을 높여 유권자수를 늘리는 것이 최선의 선거 전략이다. 이는 들쥐들의 전략일 게다.

넷째로, 하루하루 추가 IMF 지원이 아쉬운 국가파산 위기의 벼랑 끝일수록 국제화 시대의 국가발전 비전이 뚜렷해야겠다. 북한처럼 폐쇄적 자급경제냐 아니면 세계경제와 연결된 개방시장 경제로 되살아나느냐가 목전의 선택이다. IMF 요구조건 대부분은 한국 스스로 이미 시행했어야 할 내용이다. <u>IMF 재협상을 요구하면 더욱 궁지에 몰릴 것이다.</u> IMF 뒤에 있음직한 미국의 영향력을 지나치게 혐오하도록 국민심리에 영향을 주는 것은 바람직하지 않다.

마지막으로 누구나 한 점 결함 없는 사람은 실재하지 않는다는 인식이 필요하다. 그렇다면 선택은 가능해진다. 드러난 결함이 가장 경미하고 <u>지난날 언행의 일관성이 그런대로 인정되는 사람, 선거기간 중 경기규칙을 준수하는 사람</u>, 무엇보다도 국민의 고통분담으로 경제난국을 수습할 지도자를 선택하자.

(《한국일보》, 1997. 12. 15)

97년 대선 직전에 쓴 글이다. 밑줄 친 부문은 신문사 데스크의 J기자가 DJ의 편을 들어 필자의 동의 없이 삭제한 대목이다. 공정성을 잃은 글을 보고 분노했으나 이미 엎질러진 물이었다. 한편 이것이 DJ정부 초기에 글 쓰는 숨통이 트인 계기가 된 듯하다. 참으로 인생은 새옹지마(塞翁之馬)로다.

시작의 시작일 뿐

　며칠 전 뉴욕에서 한국 측은 국제 채권은행단과의 줄다리기 협상에서 단기외채 240억 달러 중 20퍼센트는 2년짜리로, 나머지 80퍼센트는 2~3년짜리로 장기화하기로 타결해 단기 위주의 외채구조를 개선하는 길을 텄다. 그 대가는 민간 금융기관 간의 대차관계를 이미 정부가 보증하기로 한 데다, 리보(LIBOR)에 1년짜리 2.25퍼센트, 2년 이내 2.5퍼센트, 3년짜리 2.75퍼센트의 금리를 가산하기로 한 것이다.

　당초 미국 채권은행단의 높은 금리수준 요구에 대해서 우리 측은 높은 금리를 수용하자니 원리금상환 부담 때문에 걱정, 낮은 금리를 주장하자니 참여은행이 적을까 걱정 사이에서 고민하였을 것이다. 그러나 다급한 것은 우리 측이었고, 협상결과에도 불구하고 외환위기의 종결이 가시화된 것은 아니다.

　오늘날 외환위기의 대외적 원인을 찾아보면, 90년대 초 이래 국제금융시장에 유동성이 급속히 증가한 점과 헤지펀드 등 국경을 넘나드는 단기 자금흐름의 가변성이 높아진 점에 주목하게 된다. 국제 금융시장에서 '에머징 마켓(emerging market)'이란 자극적 용어를 만들어 신흥국가에 자금대여 확대를 노린 깃은 대여자 측이었다. 한국 외채문제는 멕시코처럼 공공부문이 아니라 민간부문이 차입주체였다는 게 특징이다. 이번 협상에서 민간부문의 부채를 정부가 대신 보증해 주고도 멕시코의 경우보다 더 높은 금리를 받아들인 게 아쉽다. 채권은행들에게

떼이지 않게 보증하고 높은 금리를 챙기도록 이중적 이익을 안겨준 셈이다. 이는 앞으로 국제 금융시장에서 대여자의 도덕적 불감증을 부채질할 가능성이 있음을 뉴욕 월 가의 양심 있는 금융인들도 인정하고 있다.

외환위기는 아직도 끝나지 않았다. 채권 비중이 가장 큰 일본계 은행이 3월 말 결산을 앞두고 있어 이들의 움직임이 주목된다. 인도네시아 정치·경제 상황이 심각하게 돌아가고 있어 그곳에 60여억 달러의 한국 투자가 회수불능에 몰릴 가능성도 있다.

한편 국내 요인에 눈을 돌려보면, 우리는 경제위기의 양파를 만나게 된다. 금세 알맹이를 드러내는 마늘쪽과 달리, 양파는 몇 겹을 벗겨내도 속이 드러나지 않는다. 외환위기가 겉으로 드러난 껍질이다. 환율이 높은 수준에서 관리되었고, 쉬쉬하는 가운데 가용 외환보유고는 급속히 줄고 있었던 게 드러났다. 그러나 외피를 한 껍질 벗기고 나면, 금융위기 그리고 이것과 맞물린 실물경제 위기를 보게 된다. 실물경제 부문의 위기는 한편으로는 차입자금의 힘으로 문어발식 사업 확대에 주력하고 방만한 기업경영, 다른 한편으로 민주화 이후 생산성 제고는 게을리하면서 임금수준을 몇 배나 올린 전투적 노동운동 때문이었다. 그리고 한 껍질 더 벗기면 효율적 경제활동을 위축시키는 규제 위주의 행정부 그리고 비자금 등 정경유착의 고리의 단절을 외면하고 있는 정치권에 이르게 된다.

그리고 또 한층 벗기고 속을 들여다보면, 전근대적 사회전통에 이르게 된다. 가족중시 사상은 아름다운 전통이지만, 배타적 기업경영에 이르면 한국적 재벌기업의 모태를 이룬다. 정보의 투명성 결여도 이러한 모태에서 비롯된다.

현재 감사원은 재경원, 한국은행 실무자들을 대상으로 외환위기의 책임자를 색출하는 과정에 있다. 이를 뒷받침 하듯이 정치권에서도 국민은 책임이 없다는 말까지 오가고 있다. 만일 경제난국이 모두 단순히 외환관리의 실수에 불과했다면, 이 같은 책임자 색출이 의미 있을

것이다. 그러나 우리의 문제는 여러 겹으로 층을 이루는 복합적 구조
를 이루고 있다. 사실이 그러하다면 국민 각계각층 모두의 책임이 아
닐 수 없다. 그러나 노조는 기업가에, 기업가는 은행에, 은행은 정부
에 책임을 전가하는 게 요즘 세태다. 이러한 책임 떠넘기기로는 경제
위기 탈출에 아무런 도움이 되지 못한다. 크게는 비자금 정치인에서부
터 작게는 자기 노력 없이 잘 사는 이웃을 질시해 온 서민층에 이르기
까지 모든 국민이 책임을 공감해야 한다.

흔히 우리는 시장과 경쟁을 전쟁에 비유한다. 그러나 전쟁 끝에는
승자와 패자가 있지만 시장 흥정 끝은 다르다. 흥정이 끝나면 쌍방 모
두 떨떠름한 기분이 들어야 잘된 거래다. 우리 대중매체에서 협상결과
를 보도할 때 이 점을 고려했어야 한다. 개선장군은 없다.

부실 금융기관을 퇴출시키는 등 금융구조 개편을 지속하는 일, 노
동시장의 유연성 제고를 위해 정리해고제를 도입하는 일, 재벌문제 정
리를 위해 결합재무제표제를 조기 도입하는 일 등 앞으로 할 일이 산
적해 있다. 강조하거니와 아직 경제난국의 끝이 보이지 않는다. 시작
의 끝도 아니고, 다만 시작의 시작일 따름이다.

(《한국일보》, 1998. 2. 3)

아듀, YS

좋은 일은 한이 없었으면, 좋은 자리에서는 계속 머물렀으면 바라는 마음으로 저울질하면 세상일이란 야속하기만 하다. 그러나 세상만사를 고르게 만드는 위대한 평등장치는 시간이다. 천하를 주름잡던 대통령도 5년 단임이란 시간의 명령에 따라 다시 평범한 국민의 한 사람으로 돌아가야 한다.

돌이켜 보면 어떤 시작이었던가. 대한민국 초유의 '문민'정부라 했다. 군사정변 이전 문민정부의 역사적 존재에 눈감은 점은 신정부의 흥분 탓이었겠다. 여론조사마다 90퍼센트 이상 치솟던 지지도가 당시의 열기였다.

그런데 퇴임 일주일 전 바닥으로 가라앉은 인기도는 그저, 급등한 것은 급락하게 마련이라는, 대중인기의 중력법칙 때문인가. 처음에는 개혁에 찬사를 보내던 많은 사람들이 스스로 개혁대상이 되자 비판세력으로 돌아서 국정운영이 어려웠음을 대통령은 최근 지적했다 한다. 일견 일리 있는 말이다. 그러나 그간 국정운영의 애로를 국민 탓으로만 돌리지 않고 자기 주변의 잘잘못을 올바로 가려 상당한 책임이 자신에게도 있었음을 통감해야 지도자다운 체면을 유지할 수 있다.

취임사를 비롯해 대통령의 초기 발언에 다수 국민을 열광하게 하는 수사학적 표현이 많았다. 그러나 깊이 천착해 준비한 정치 경제의 철학적 바탕 없이 표현의 기교에 기운 대목이 없지 않았다. 대통령의 초기 발언 중 우리는 일찍이 국정의 혼란을 내다볼 수 있었던 두 가지 대목이 있었다. 그것은 "어떤 우방보다 동족"이 우선하고 "가진 자에게 고통"을 주겠다는 대목이었다.

전자는 한국의 주어진 지정학적 여건 하에서 그의 안보관에 의구심을 갖게 했다. "같은 핏줄"을 가진 사람끼리 만나면 통한다는 대학운동권 구호와 정서를 같이하는 자세로 보였다. 그 후 경수로 건설, 4자회담 제안 등으로 이어지면서 때로는 대 우방관계를 경색시키는 보수성향을 보이기도 했다. 같은 핏줄을 강조한 관점은 또한 배타적 국수주의 함정에 빠질 우려를 자아냈다.

그 후 "세계 중심국가"로의 도약을 목표로 외국어로 번역하기도 어려운 '세계화' 운동을 전개하였으나 아태경제협력체(APEC) 회의 중에서 우뚝 선 대통령의 모습이 기억될 뿐이다. 96년 말 선진국 대열에 오르려 경제협력개발기구(OECD)에 서둘러 가입한지 일 년 만에 국제통화기금(IMF) 금융지원을 받게 된 '세계화'의 아이러니가 없었다면 얼마나 떳떳할까.

시장경제란 무엇인가. 수요와 공급 두 측면에서 사람이 자유로이 거래하는 시장이 있어야 한다. 거래의 대상인 재화와 용역의 소유권을 가진 자들 사이에서 시장경제가 작동한다. 사회주의 계획경제 하에서 시장이 시들한 이유는 사유재산이 크게 제한되어 있기 때문이다. 가진 자에게 고통을 주다니.

물론 우리는 시장경제가 사회정의와 어울리려면 소득분배의 지나친 불평등을 누진과세, 증여세 등의 조세수단, 사회복지 제도의 확충 등으로 완화해야 한다. 경제주체들을 움직이는 기본 동기는 이기심과 두려움으로 압축된다.

국민의 경세활동의 왕성함은 남보다 잘 살고 싶은 욕심에 정비례하고, 노력의 결실을 빼앗길 우려에 반비례한다. 정당하게 얻은 노력의 열매를 누릴 수 있도록 보호받는 질서의 사회여야 자유시장경제가 꽃핀다. 과반수 이상의 국민이 스스로 중산층이라고 생각하고 사는 나라에서 가진 자에게 고통을 주겠다는 정권은 스스로 정치기반을 허문다. 금융실명제는 바람직한 제도이다. 그러나 금융자산 보유자에게 지나친 두려움을 주는 방향의 제도는 부작용을 불가피하게 수반한다.

과거 권위주의 정부들의 경우도 그러했지만, 물러나는 정부의 개혁 정책들이 대부분 좋은 뜻에서 기획되었다고 생각한다. 그러나 실패의 무덤에 이르는 길은 좌절되고 왜곡된 선의로 포장되어 있다. 성공한 경제정책은 경제주체들의 기본 동기를 거스르지 않고 구슬러 활용한 정책들이다. 개혁의 뜻이 선의였다 해도 무리하면 실패한다.

마지막으로 모든 개혁조치들이 선의로 잉태됐다 해도, 개혁추진 세력들이 순수한 개혁취지에 충실했던가 하는 의문에 이르게 된다. 대통령 본인의 순수성을 믿고 싶지만, 측근의 책임을 포함하는 경우 의문은 남는다.

아마도 역사의 긴 흐름에서 YS의 평가는 현재보다는 다소 동정적일 것이다. 왜냐하면 반면 교육적 기여가 이처럼 큰 인물은 드물 터이기 때문이다. 우리는 국민이 퇴임을 아쉬워하는 대통령을 갖고 싶다. 한국인은 이 점에서 불운했다. 다음 정부는 어떨까.

(《한국일보》, 1998. 2. 17)

제3부
구조조정 시대
(1998~2002)

'국민의 정부'가 IMF 관리체제 아래 구조조정을 시작하던 시대.

'옷 로비' 사건을 비롯한 새로운 비리의혹 사건들이 빈발하기도 했다. 신문사 사장들을 줄줄이 법정에 서게 만든 정부 위세에 언론이 몸을 사렸다. 신문 지면이 40쪽 이상 늘어나고 섹션화가 일반화 돼 칼럼이 많아져 글 쓸 기회가 넉넉해졌다. 필자의 칼럼 톤이 다소 낮추어진 느낌인데, 환란 극복, 소외지역의 집권을 감안했기 때문이다. 또 이때부터 팩스로 보내던 원고가 이메일로 대체되기 시작했다.

대통령에게 띄우는 편지

　오늘 시점에서 여론 조사를 한다면 새 대통령께서는 지난번 대선에서 보여줬던 40만 표 미만의 근소한 득표마진보다 몇 곱절 불어난 지지도 상승을 확인하실 수 있을 것입니다. 이는 광복 이래 초유의 여야 교체에 따른 불안심리가 가라앉고, 그간 당선자로서의 행보를 지켜보면서 새 대통령에게 기대를 거는 민심이 두터워졌기 때문일 것입니다.

　취임 초기, 새 대통령께선 전 정권의 실정을 빌미 삼아 보신할 수 있을 것입니다. 하지만 조만간 대통령직이 갖는 책임의 무게는 피할 도리가 없을 것입니다. 취임 초기 치솟았던 지지도가 퇴임 시에 바닥으로 떨어진 전임자의 전철을 밟지 말아야 할 것입니다. '개혁'과 '사정'을 줄기차게 외쳤으면서도 좌초하고 만 지난 정권을 타산지석으로 삼아야 합니다. 전임자는 아무리 선의로 시작한 일도 사람을 바로 쓰지 못하고 민심을 바로 읽고 추스르지 못하면 실패로 끝난다는 교훈을 남겼습니다.

　저는 새 대통령께서 멀리 역사의 과녁을 겨냥하심에 있어 다음의 열 가지 고언을 드리고자 합니다.

　첫째, 지난날의 선거공약을 선별해 채택하시기 바랍니다. 선거열기 속에서 광범한 계층의 유권자를 의식하여 편성한 대다수 공약들은 재원상의 제약으로 실현가능성이 적거나 상충된 것들이 적지 않았습니다. 국가 최대의 당면과제인 경제위기 극복에 초점을 맞춰 국정과제를 몇 가지로 압축해 국력을 집결시켜야 합니다. 다행히도 유권자는 선거

공약을 그대로 믿지 않을 만큼 성숙해 있습니다.

둘째, 국제통화기금(IMF) 구조조정 요구사항은 신임 대통령에게 걸림돌이자 지렛대로 작용할 것입니다. 제한된 재원이 부채탕감이나 조세감면, 사회복지 확대 등 '대중 경제'식 발상의 정책을 펴기에는 걸림돌이 되겠지만 금융, 기업, 노동 등 각 부문의 효율성·유연성을 끌어올리는 데는 지렛대가 될 수 있다는 것입니다. 이는 이미 노사정(勞使政) 합의를 끌어내는 데 주효하지 않았습니까.

셋째, 전임자는 인사가 '만사(萬事)'라더니 인사 때문에 '망사(亡事)'가 됐다는 혹평을 받고 있습니다. 연합정당의 지분요구를 감안한다면 신임 대통령의 인사재량권은 제한될 것입니다. 여기에는 두 가지 길이 있습니다. 하나는 시대요청에 걸맞은 능력과 자질을 갖춘 인재를 활용하는 방식입니다. 문제는 인재의 능력을 판정하는 투명한 객관적 기준을 세우기가 어렵다는 데 있지요. 다른 하나는 한국적인 방식, 즉 과거 정권들처럼 출신지역을 중시하는 방식입니다. 길고 어려웠던 야당생활 중에 신세진 사람들이 많고 보면 이는 간단명료하게 빛 갚음하는 길일 것입니다. 관계기업계 등 각 부문에서 상당한 자리 바뀜이 예상됩니다만 일정 기간 후에 반대의 물갈이 인사를 각오하면 됩니다. 두 방식 중 어떤 배합을 택할 것인가가 관건이겠지요.

넷째, 취임 전에 설치했던 몇몇 '위원회'의 여러 가지 정책구상들은 때론 돌출적·단편적이어서 전체를 수미일관하게 엮는 청사진이 실종된 느낌이었습니다. 정부조직 개편이 대표적인 사례였습니다. 취임 즉시 각 분야 정책의 분명한 밑그림이 제시돼야 할 것입니다.

다섯째, 정부관료 조직의 장악력이 요청됩니다. 소규모 단순 구조의 국민 경제를 고도성장 궤도로 달리게 하던 기간에는 정부관료가 국민 경제의 견인차였습니다. 국민 경제의 규모 확대와 복잡한 구조, 그리고 국제 개방화가 특징인 오늘날 관료의 정부규제는 오히려 민간경제 활동을 옭아매고 있습니다. 관료는 기득권을 고수하려고 규제완화와 조직개편에 저항하는 기관 이기주의를 발동하게 마련입니다. 정치

인은 정보와 행정기술을 관료를 통해 배우게 마련이지만 그 과정에서
관료의 집단 이기주의적 로비활동 덫에 걸리기 쉽습니다. '졸작'으로
밖에 볼 수 없는 최근의 정부조직 개편이 대표적인 결과일 것입니다.

여섯째, 재벌정책이 중구난방입니다. '빅딜'이라거나, 재벌은 '3~6
개 기업'만 가져야 한다는 등 빈번하게 발표되는 지침들이 헷갈립니
다. 자유시장 경제를 지향한다는 원칙을 존중한다면 금융기관의 책임
경영체제 확립, 상호지보 금지, 결합재무제표 작성 의무화 등으로도
재벌의 문어발 경영은 크게 제약될 것입니다. 시장경제 원칙을 존중하
고도 무능한 재벌의 경영퇴출이 가능해진다는 것입니다.

일곱째, 노사정 협의로 한고비를 넘기긴 했으나 무리한 노조 측의
요구에는 결연한 자세를 보여야 합니다. 앞으로 전임 노조원의 급여
지급 문제 행방이 주목됩니다. 성역 없이 '철밥통'을 부수지 않고는
기업의 국제경쟁력이 강화될 수 없기 때문입니다.

여덟째, IMF 시대의 난국을 1년 반이면 극복할 수 있다는 낙관은 버
려야 합니다. 단순히 보유외환의 유동성 부족 문제로 보아 쉽게 넘어갈
국면이 아니기 때문입니다. 더구나 부실기업 등 실물경제 애로의 해소에
는 대통령이 5년 내내 총력을 경주해도 부족하다는 인식이 필요합니다.

아홉째, 이런 관점에서 남북문제도 우선 우리의 경제난국을 넘긴
다음 튼튼한 경제력을 바탕으로 접근하는 것이 바람직할 것입니다.

마지막으로 굵은 일만 직접 챙기고 잔일은 위임함으로써 심신의 건
강유지에 최선을 다해 국정의 중단을 예방해야 합니다. 취임을 축하하
면서 아울러 퇴임 시 존경받는 대통령이 되시길 기원합니다.

(《중앙일보》, 1998. 2. 25)

DJ 대통령 취임에 즈음하여 쓴 글이다. 신문사가 낯간지러운 서간문 형식으로 바꾸고
'IMF 조기졸업 낙관은 버리십시오'라는 제목을 달았다. 그 이후 DJ 정부의 행적이 필
자의 열 가지 충고와 어긋나 3년 뒤 약간의 자구 수정을 제외하고 원문을 그대로 살려
'다시 보내는 묵은 편지'란 제목으로 2001년 2월 14일자 신문에 게재했다. 같은 원고를
받고 두 번 원고료를 지급한 신문사에 감사한다.

빅뱅 없이 새 한국 없다

얼마 전 인공위성이 120억 광년 이상 떨어진 먼 우주의 한쪽에서 새로운 태양계의 탄생을 알리는 대폭발을 관측했다. 빅뱅 이후 얼마나 세월이 흘러야 지구와 같은 행성 무리의 궤도가 정착될 것인가. 얼마나 시간이 더 흘러야 그 어느 행성에 원초적 생명체가 출현하고 그로부터 인간과 유사한 고등생물이 진화되기까지 얼마나 많은 단계를 거쳐야 할 것인가. 도대체 삼라만상의 궁극적 원인은 무엇이며 최종적 귀착지는 어디일까.

자연계의 인과관계 연속고리는 이처럼 무한히 길다. 사회현상의 인과고리도 길다. 어떤 일이든 과거에 있었던 무수한 원인들의 결과이며, 미래에 무수한 결과들의 원인이 된다. 더구나 인과고리는 단순 고리가 아니다. 오늘 일어나는 일은 어제의 여러 가지 일들이 복합된 결과이며, 이미 내일의 새로운 일의 원인을 잉태하고 있다.

이 같은 인과고리는 길고 복잡해서 관찰자는 불가피하게 어디에선가 고리를 절단하게 된다. 이는 간결하고 명료한 이해를 돕기 위해 필요한 작업이다. 그러나 관찰자가 머릿속 어림으로 작업의 치밀성을 잃으면 어떤 일의 직·간접적 원인 가운데 중요한 것도 빠뜨리는 오류를 범하게 된다. 더구나 원인 귀속의 누락이 고의적·선별적인 경우가 있다.

어느 나라에서나 정치권의 원인 규명이 정략적인 경향이 짙다. 한국 정치권이 특히 그러했다. 두 차례 군부세력이 등장하면서 정치권을 비롯한 사회비리 척결, 사회혼란 방지 등의 기치를 높이 들었으며 근본 원인 규명에는 정략적이었다. 따라서 집권 후 스스로 부패면역 체질을 기를 수 없었고, 오히려 엄청난 비자금을 챙기는 수준으로 추락했다.

'문민정부'의 기치를 내세운 김영삼 정부는 정치권의 비자금을 색출하고 정경유착 고리를 절단하는 과정에서 다분히 위선적, 권위주의적이었다. 한국 현실에서 40여 년간 정치생활이 어떻게 비자금의 도움 없이 가능했는지 궁금했다. 철저하지 못한 책임의식은 결국 가족과 측근의 비리의혹을 가능하게 했다. 몇 가지 중요한 개혁과제 추진에도 불구하고, 냉엄한 경제현실과 유리되었던 권위주의적 국정운영은 결국 국내외 시장의 반발로 전대미문의 위기를 몰고 왔다.

'국민의 정부'라는 신정부의 책임의식도 문제가 없지 않다. 오늘의 환란이 어떻게 왔는가. 몇 사람의 직무유기 때문만이었나.

지난번 대선 막판에 전직 대통령과의 관계가 아리송해졌지만 여당이었던 한나라당의 책임은 입이 열 개라도 변명의 여지가 없다. 한번도 집권 경험이 없는 과거의 야당과 달리 방금 집권에서 물러난 현재의 야당은 오늘날 경제위기 해결에 적극적으로 협력해야 한다. 총리 인준 문제가 무슨 대수인가. '5·16'에서 어언 37년, 일제 식민지 통치 기간보다 더 긴 기간 정계의 중심 또는 언저리에 위치했던 당사자(JP)에 대해서는 국민 각자 나름으로 지겹다거나 중후하다고 평가하고 있다고 본다. 한나라당에게 굳이 정계개편의 빌미를 잡힐 대목이 아니다.

연합 집권세력도 경제위기의 간접적 원인 제공자라는 책임의식을 철저히 느껴야 한다. 무능했던 정권으로 낙인된 김영삼 정부도 노사개혁, 금융개혁 등 국민 경제 기본구조의 조정에 노력했다. 노동법 개정을 번복시킨 것, 두 차례나 금융개혁 법안의 통과를 가로막은 것, 부실기업 정리를 어렵게 한 것 등에 현재 집권세력이 상당한 책임의 무게를 철저히 느껴야 한다.

최근에는 현 정부가 환란 책임 규명에는 선별적이며, 김영삼 정부를 점차 닮아가고 있다는 느낌을 떨칠 수 없다.

대통령의 1차 '국민과의 TV 대화'에서 경제 위기에 "국민은 책임 없다."는 말씀에서 국민은 누구인가. 기업인으로, 노동자로, 소비자로 당면 경제 위기에 크고 작은 책임이 없는 국민이 있는가. 2차 TV 대화에서 말한 "명년의 IMF 졸업"은 지자체 선거를 앞둔 정부 홍보용인가.

생각이 깊은 철인(哲人)은 인과연속의 긴 고리를 꿰뚫어 본다. 국가 사회에 티끌만한 무게의 부담을 주더라도 마음 아파하는 사람이 책임 있는 사람이다. 큰 정치란 바로 이런 사람들이 빚어내는 작품이다.

집권 초기에는 전 정권 비판으로 인기를 유지할 수 있다. 그러나 곧 현 정권의 책임이 분명한 사안들이 즐비하게 등장한다. 낡은 한국의 폐습을 파괴하는 대폭발, 빅뱅이 없이는 새로운 한국의 탄생을 기대할 수 없다.

(《한국경제》, 1998. 5. 13)

신화를 버려야 산다

신화라면 우리는 대뜸 아르테미스, 아폴로 등이 천지를 주름잡는 그리스 신화를 떠올린다. 신화란 무엇인가. 역사 이전 오랜 세월의 안개 속에서 부족들마다 신앙의 대상을 신격화해서 전해 내려온 설화를 말한다. 자연계 현상에 대한 이해가 부족했던 시절에 엄청난 대사건에 대해서 신화는 초자연적 존재들의 기적 같은 일들로 알기 쉽게 설명했다. 역사시대에도 신화는 살아 있다.

한국인은 60~70년대의 고도 경제성장이 "한강의 기적"이라는 평가에 으쓱해 한다. 국토분단, 민족상잔과 대량파괴의 전쟁, 절대 빈곤을 딛고 일어선 한국 경제의 발전은 20세기 후반 세계 경제사의 가장 획기적 사건 중 하나였다. 박 대통령은 '신화'의 주인공이 되었다. 그러나 그것은 기적도 아니고, 더구나 신화도 아니었다. 생산요소의 투입 증대와 효율적 배분, 기술진보와 같은 전통적 성장요인에 추가하여 기업인과 정부 관료의 대외지향 전략이 주효했을 뿐이다. 당시 자유무역 기조의 국제 경제질서가 큰 도움이 되었던 것은 더 말할 나위도 없다.

고도 경제성장의 '기적'이 IMF 지원금융 이후 미증유의 경제사회 '위기'로 급변했다. 신화 속 인물이 재등상해 경제회생의 기적을 이루어 주기를 기대할 수 없다.

경제위기 탈출은 지난날 고도성장기와 달라진 대내외 경제여건의 냉엄한 점검에서 출발해야 한다. 우선 국제 경제질서가 달라졌다. 세계무역기구(WTO) 시대는 과거 국내산업 지원정책들이 무장 해제됨을 의미한다. 정부 관료가 베푸는 보호와 규제 패러다임이 바뀌어야 국익이 증진된다. 민주화 운동 이후 '성장 먼저, 분배 나중'이 '성장 불문, 분배 우선'으로 뒤바뀐 노동시장의 투쟁성·경직성이 꺾이어 누그러져야 한다. 확대 지향의 기업경영을 수익성 지향으로 바로 잡아야 한다.

요즘 사람들이 만나면 주고받는 우문우답은 위기탈출 시기 문제다. 정부 권력 핵심부에서 1년 반이면 IMF를 "졸업"한다고 했으니, 내년 하반기까지 기다려 보기만 하면 될까.

그러나 문제는 그리 간단하지 않아 보인다. 우선 WTO 및 구미 제국의 시장개방 압력이 국내경제의 어려움을 감안해 늦추어질 기세가 아니다. 자동차 시장이 그렇고, 농산물 시장도 그렇다. 우둔했던 정치권을 비롯, 경제위기의 원인 제공자가 아닌 경제주체가 없다. 가장 무거운 책임을 통감해야 할 정부관료 가운데 현재 위기국면을 오히려 관치경제의 고삐를 조이는 데 이용하려는 자들의 작태가 우려할 만한 지경이다. 줄줄이 도산위기에 있는 기업들도 아직 대마불사의 신화에 연연하고 있다. 무엇보다도 위기국면에도 노조들이 임금인상 투쟁을 벌이고 있는 노동시장이 큰 걸림돌이다. 가장 꼴불견은 금융노조다. 고객·주주 모두 외면한 제 몫 챙기기의 극치가 일부 퇴출은행에서 발견되었다.

요즘 또 다른 유행어는 "국민 합의"다. 현대의 다원적 사회구성에 비추어 그것은 집단 의지라는 개념처럼 도출하기도 어렵고 위험성마저 내포하는 개념이다. 왜냐하면 특정집단이 반대의견을 분쇄하는 무기로 이용되는 성향이 있기 때문이다. 서로 엇갈리는 집단으로 이루어지는 국민에는 다수 의견은 있으되, 반대 의견을 잠재우는 국민합의는 없다. 이해관계를 달리하는 집단들마저 계몽된 이기심에 이끌려 소극적으로나마 동의하도록 도출하는 절차를 밟는 길고 고통스런 과정이 있을 뿐이다.

　한국이 구조조정에 어느 정도 성공한대도 단독으로 위기탈출이 가능한 것은 아니다. 일본의 금융개혁이 제대로 추진되고, 중국의 국영 기업 부문 개혁이 함께 성공해 양국의 통화가치가 안정될 때 비로소 경제회생의 전기가 마련될 것이다. 이렇게 보면 경제위기 조기 탈출론은 국민 불안의 일시적 해소에 도움이 될지 모르나 추후 불가피한 말 바꿈에 따라 정부 신뢰가 추락하고 경제주체들이 고통 분담 노력을 게을리해서 오히려 위기가 연장될 위험이 있다.

　경제에는 기적이 없다. 신화는 냉엄한 현실의 계산법으로 검증되어야 한다. 그것은 정부가 "DJ노믹스"를 어떻게 포장하더라도 변할 수 없는 진리이다.

(《한국경제》, 1998. 7. 22)

코카콜라와 광복절

어릴 적 살던 동해안 강릉에 미군이 진주한 것은 45년 10월이었던 것으로 기억한다. 그 겨울 어느 날 개구쟁이는 추위를 마다 않고 바닷가로 나갔다 돌아오던 길에 미군 수송차량에서 버린 빈 병 하나를 주워들고 돌아왔다. 어머니는 그 신기한 병에 참기름을 담아 부엌 시렁에 귀하게 모셨다. 그것이 나와 코카콜라 병과의 첫 해후였다. 중년에 들어 영화 「부시맨」 속 한 장면에서 예전 내 모습을 다시 보고 실소를 금치 못했다. 그 시절 한국인 대부분은 그렇게 가난하고 단순하게 살았다.

광복절에 즈음해 국책 연구기관에서 발표한 자료에서 그간 한국 경제사회의 엄청난 변화를 읽는다. 공식 통계는 해방 이후 혼돈과 전쟁의 참화를 마감한 53년까지만 거슬러 올라간다. 당시 14억 달러이던 국민총생산(GNP)이 97년 4374억 달러로 312.4배 늘어났다. 그간 물가 오름세에 따른 달러가치 하락을 감안해도 놀라운 성장이다. 국민 1인당 GNP도 꾸준히 증가해 95년과 96년에 만 달러를 넘어섰다가 환란을 맞은 97년 9,511달러로 주저앉았으나 53년의 67달러에 비해 142배 올랐다.

산업구조의 중심이 1차 산업에서 3차 산업으로 바뀌었다. 53년 당시 농림어업이 47.3퍼센트, 광공업이 10.1퍼센트, 사회 간접자본 및 기타 42.6퍼센트이던 것이, 97년에는 농림어업이 5.7퍼센트로 크게 낮아진 반면 광공업과 사회 간접자본 및 기타는 각각 25.9퍼센트와 68.4퍼센트로 높아졌다. 농가 수와 농가 인구는 60년대 중반부터 계속 줄어들어 총 인구 중 농가 인구 비율이 49년 71.4퍼센트에서 97년 9.7퍼센트로 감소했다. 국제교역도 양적, 질적으로 크게 바뀌었다. 수출액은 48년 2,230만 달러에서 97년 1,320억 달러로 6,106배, 수입액은 2억 800만 달러에서 1,446억 달러로 695.3배 늘어났다. 이상의 변화를 통해 세계 최빈국이 세계 주요 경제국으로 탈바꿈했다. 1인당 국내총생산(1996년 기준)은 세계 31위, 수출입을 합친 교역량(1997년 기준)은 세계 11위로 올라섰다.

그러나 고도성장의 그늘에 산적해 있던 문제들이 97년 말 국제통화기금(IMF)의 긴급 수혈을 받아야 할 위기를 몰고 왔다. 그 이후 아직도 불황의 늪에 빠져들고 있는 국민 경제는 사회 전반에 심각한 위기를 몰고 오고 있다. 기업과 금융기관의 부실 도산에 이어 드디어 사회 생활의 기본구성 요소인 가정이 파탄되는 사례가 늘고 있다.

길게 근본적 문제를 살펴보면 여전히 대다수 국민을 지배하고 있는 전통적 농촌사회 관념이 산업추이의 국제화 사회에 걸맞은 의식 및 행동양식의 확산과 충돌하고 있다. 이 같은 충돌에서 미래지향적으로 해법을 찾는 일이 중요하다. 고도성장 과정에서 절대 빈곤은 축출되었으나 상대 빈곤, 특히 그 의식은 오히려 확산되어 사회 결속력에 금이 가게 하고 있다. 한때 유효했던 정부주도형 경제 운용방식은 여전히 촘촘한 규제의 그물을 늦추지 않고 있다.

한편 국민소득이 높아지는 과정에서 어느 틈에 코카콜라가 '부시맨'의 후예들 사이에 인기 음료로 자리잡았다. 십여 년 전 가련한 소녀 가장이 자살하기 전에 남긴 일기장에 코카콜라를 마음대로 먹고 싶다는 구절을 남겼다는 보도가 있었다. 코카콜라의 인기를 실감케 하는 사건이었다.

코카콜라는 패스트푸드와 함께 미국 문화의 상징이다. 동서 대립의 시대가 종식되면서 요즘에는 코카콜라 광고 간판을 구 사회주의권의 곳곳에서도 쉽게 찾아볼 수 있다. 그러나 팍스 아메리카나의 위세는 반발을 부르기도 한다. 그래서 얼마 전 '8·15'란 음료가 탄생했다.

사람은 가끔 병의 원인과 증세를 착각한다. 치유과정에서 나타나는 통증을 질병 그 자체보다 증오하기도 한다. 경제위기에 대해서도 마찬가지다. 오늘날의 경제위기를 몰고 온 고비용 저효율의 구조적 요인들을 외면하고 IMF의 거시경제지표 운용목표와 구조조정 요구를 문제삼는다. 더구나 선진국의 금융자본과 산업자본의 음모를 주범으로 본다. 이런 분위기가 '8·15' 음료의 판매 확대를 부추기고 있다.

한국인이라면 누구나 IMF 상황을 하루 빨리 벗어나고 싶어한다. 그러나 병을 제대로 진단해야 병상에서 일어날 수 있듯이 현재 당면한 경제위기 원인을 바로 알고 대처해야 회생이 가능하다.

우리는 '8·15' 음료의 성공을 바란다. 그러나 국내외 소비자의 솔직한 입맛에 맞아떨어진 시장수요의 힘을 빌려야 한다. 우물 안 개구리들만의 반짝 상품은 세계 시장이 외면한다. 코카콜라와 같은 인기 상품들을 세계 시장에 출하할 수 있는 그 날이 바로 진정한 경제 광복절이 될 것이다.

(《문화일보》, 1998. 8. 20)

강시가 들끓는 사회

가난했던 시절, 추운 계절에는 강시(疆屍)가 나곤 했다. 얼어죽은 송장이 생겼다는 말이다. 중국 괴기 영화에서는 강시가 뻗정다리로 껑충껑충 돌아다니며 사람을 괴롭히는 장면이 나온다. 부두(voodoo) 신앙을 신봉하는 서인도 제도 주민들은 죽은 시체를 움직이는 초자연적 힘이 있다고 보고, 그 힘으로 송장처럼 움직이는 사람을 좀비(zombie)라 부른다. 죽어 있어야 하는 시체들이 나돌아 다니거나, 살아 있어도 시체나 다름없는 존재들이 많은 사회는 정상적인 사회일 수 없다.

요즘 한국 사회에는 말하자면 강시나 좀비들이 버젓이 나돌고 있다. 벌써 문을 닫았어야 할 기업들, 금융기관들이 살아 꿈틀거리고 있다. 얼마 전 5개 은행이 퇴출되었으나, 영업 중인 은행 가운데 퇴출은행보다 더 나을 바 없는 은행들도 없지 않다. 퇴출기준의 객관성·투명성·공정성에 시비가 있을 것이다. 며칠 전 생명보험 업계의 퇴출도 역시 마찬가지다. 부실혐의가 짙은 생보사 중에도 살아남는 게 있다.

일반 기업들 가운데에도 강시가 많다. 기아자동차가 대표적 사례다. 한보철강도 보통 시체라기보다 강시에 가깝다. 기업은 덩치가 클수록 파산 후 주변을 괴롭히는 강시가 된다. IMF 상황 이후 수많은 기업들이 도산해 쓰러져도 편히 잠들지 못하고 한(恨) 많은 강시로 세상을 떠도는 신세가 되었다.

강시들은 경제계에만 존재하는 게 아니다. 대중매체의 경우도 마찬가지다. 서울은 물론 지방 도시에도 신문사가 너무 많다. 그러다 보니 거의 대부분 엄청난 적자에 허덕이고 있다. 그러면서도 망하지 않고 신문을 찍어내고 있다. 신기한 일이다. 아마도 억지 광고, 억지 자금 조달, 부조리, 공갈 등으로 생명을 유지하고 있을 것이다. 아직 살아 움직이는 건전한 기업들이 몽땅 그 비용을 부담하지 않을 수 없다.

그렇다. 강시를 움직이는 것은 어떤 초자연적 힘이 아니다. 그것은 멀쩡하게 살아 있는 기업들의 활기를 빼앗으며 존재할 따름이다. 강시들의 작폐를 방임하다가는 사회 구성원 가운데 강시 비율이 높아져 언젠가 모두 희생자가 되고 만다. 강시보다 그들이 뜯어먹을 성한 산 사람이 적은 사회가 두렵다.

경제난국의 해법은 무엇인가. 강시들을 조용히 잠들게 하고 성한 사람은 신나게 뛰게 하는 데서 실마리를 찾아야 한다. 움직인다고 살아 있는 게 아니라는 인식이 중요하다. 목소리 크게 말한다고 다 말이 아니라는 분별이 필요하다.

제 구실을 못하면서 헛소리 하는 인간은 강시보다 나을 게 없다. 한국 사회에서 정치인은 과연 어떤 긍정적 기능을 하고 있는가. 여야 가릴 것 없이 강시가 아니라고 주장할 수 있는 정치인을 알고 싶다. 직접 간접으로 기업들에 부담을 주지 않는 떳떳한 정치인들이 있어야 하겠다. 요즘 세태를 보노라면 권력형 부패가 전직 정치인·관료들의 과거 문제라고 치부할 수 없겠다는 느낌이 든다.

IMF 상황에서 시장경제를 입버릇처럼 말하는 관료들도 실제로는 기업활동을 옥죄는 그물 짜기에 여념이 없는 모습을 보인다. 귀에 걸면 귀걸이, 코에 걸면 코걸이 잣대로 기업을 다스린다. 이들은 몸은 살아 있으되 정신이 죽어 있어 역시 강시일 뿐이다.

그래도 강시 사회를 유지하는 힘은 기업의 생산활동에서 나온다. 그런데 기업들도 속으로 중병에 걸려 있다. 합리적 생산참여자이기보다 전투적 지도부에 맹종하는 노조원들도 강시들일 뿐이다. 기업인들도 세계 시장의 경쟁을 외면하고 정부의 보호와 규제에 안주하려 한다면 시대착오적 강시들이다.

　요즘 영화인들처럼 국민의 폐쇄적 애국심에만 호소하는 문화인도 마찬가지다. 필자와 같은 교육자도 제구실 못하면 강시인 셈이다. 아니 벌써 촌지, 입학 비리로 강시인 교육자도 많다.

(《주간 이코노미스트》, 1998. 8. 25)

사회의 먹이 사슬

셰익스피어는 인간만사에 남다른 통찰력을 보였다. 그의 희곡 「페리클레스」에 나오는 어부들의 대화가 심상치 않다. "어르신네, 물고기는 바다에서 어떻게 살까요?" "그야, 뭍에서 인간들 살듯이 살지. 큰 놈이 작은 놈을 잡아먹고 말이야."

오백여 년이 지난 오늘날 세상은 달라졌는가. 놀랍게도 세상사는 그리 달라지지 않았다. 요즘은 몸의 덩치보다도 권력, 돈, 명성을 기준으로 사람들 사이에 상하·우열의 지위가 결정된다. 말하자면 먹이 사슬이 있는 셈이다. 요즘 떠들썩한 고액과외를 거쳐 일류대학에 입학한 다음에는 무엇을 하나. 영민한 학생들은 고시 준비 하느라 정규교육을 외면한다. 대학의 고시학원화는 우리 사회에 먹이 사슬이 존재한다는 것과 우월한 지위가 어느 직종에 있는가를 보여준다.

물론 아직도 캠퍼스를 소란하게 만드는 운동권 학생들이 있다. 선배의 인생 역정을 살펴보면 상당수가 재야 운동권에서 제도권으로, 정치의 주변에서 중앙 무대로 진출하는 데 성공했기 때문이다. 이처럼 재야 운동권이 나름대로 사회 먹이사슬의 우월한 고지를 쟁취하는 데 유리한 또 다른 지름길을 제공한 것으로 평가된다.

자연의 섭리는 오묘하다. 자연은 환경변화를 만들고 이에 순응하는 생물만 살아남아 생태계를 이룬다. 동물계의 먹이사슬은 종족들의 수적 균형 유지에 이바지한다. 어떤 이유로 한 종족이 지나치게 늘어나면 먹이 부족으로 과잉 여분의 수를 소멸시킨다. 먹이사슬의 연결고리 아래위로 파급효과가 전달된다. 절묘한 것은 먹이사슬의 상위로 갈수록 그 수가 줄고, 포식자는 배고픔에 의하지 않고는 먹이를 살생하지 않는다는 사실이다.

인간 사회도 마찬가지다. 연쇄고리 위로 올라갈수록 그 수가 적어야 하고, 아래 직종을 남획 말고 든든하게 밑받침 하도록 보존해야 한다. 왜냐하면 사회 발전의 기본 원동력은 의식주 등 기본 수요를 충족하는 경제활동에 있기 때문이다.

당면한 경제난국은 왜 왔는가?

우선 국제무역기구(WTO)의 출범 등 세계 경제질서 변화에 민첩하게 대응하지 못했다. 국제화·개방화와 더불어 자유화로 대변되는 환경 변화에 지난날 정부주도형 국민 경제 운용방식의 맹위가 장애요인이었다. 아직도 시대착오적 '관치'경제는 상당한 영향력을 발휘하고 있다.

시장경제에도 정부의 역할은 분명히 있다. 외부효과·독과점·정보 비대칭 등으로 자원배분이 왜곡되고, 소득분배의 문제가 심화될 때 정부의 기능이 요청된다. 지난날 관치경제의 폐해는 명백하고 비판받아야 하지만 그래도 관료는 정책의 합리성을 추구하는 경향이 있다는 점을 인정해야 한다. 적어도 행동의 하한선이 있다. 취약점은 부패이다.

'관치'보다 못한 것이 '정치'경제다. 정치인은 생리적으로 이해득실, 득표 극대화를 지향한다. 이익집단의 로비 활동에 취약하다 보니 합리성은 뒷전으로 몰린다. 행동에는 하한이 거의 없다. 상당한 정치자금이 소요되는 한 정경유착은 불가피하고 부패에 가장 취약하다.

민주화 이후 한국 사회의 먹이사슬 최상위에 직업정치인이 자리잡게 되었다. 정치는 전부냐 전무냐의 게임이다. 승률은 낮으나 판돈이 엄청나게 크기 때문에 기대값이 괜찮은 노름이다. 민주화 이후 벌써 한 팀이 갈리고 새 팀이 들어선 지 벌써 6개월이 되었다. 요즘도 여의도 싸움이 치열한 것은 승패의 판가름이 너무나 대조적이기 때문이다.

　한국 경제를 되살리려면 사회의 먹이사슬을 새로 짜야 한다. 정치에 의한 시장 경제활동 침해 사례가 최소화되어야 한다. 직업 정치인의 수를 줄이고 질을 높여야 한다.

　우수한 젊은이가 유형·무형의 무엇을 생산하는 직종을 선망해야 사회가 견실해진다. 정치 지망, 관료 지망의 야망을 버리고 스스로 많은 부가가치를 생산해 남을 먹이는 것이 젊은이의 꿈이어야 하고 그것이 응분의 보상을 받는 사회여야 한다.

(《한국경제》, 1998. 9. 18)

개혁은 믿음에서 출발

　예로부터 나라의 일꾼은 백성들의 믿음을 얻는 일에 고심했다. 때로는 신뢰를 얻으려는 책략을 쓰기도 했던 모양이다. 중국 중원 땅이 여러 나라로 나뉘어 다투던 전국 시대 진(秦)나라 상앙(商鞅)이 그런 사람이었다. 상앙은 변법(變法)이라는 새로운 법을 마련했으나 어찌하면 백성들이 새로운 법을 따르도록 만들까 근심했다. 궁리 끝에 한 가지 묘한 계책이 떠올랐다.

　성문 앞에 긴 나무 기둥 하나를 세우고, 이 기둥을 옮겨놓는 사람에게 후한 상금을 내리겠노라 방을 붙이게 했다. 무슨 방인가 궁금한 사람들이 모였다. 그렇게 쉬운 일에 상금을 준다니 관청에서 백성 우롱하는 처사라고들 수군수군 빈정댔다. 이때 건장한 젊은이가 하나 나서며 말했다. "내가 나무 기둥을 옮길 테니 두고 봅시다. 만약 관청이 약속을 어기면 우리 백성이 또 한 번 속은 셈치고, 약속을 지키면 앞으로 관청 말을 믿고 잘 따르도록 합시다." 말을 마치고 기둥을 옮겼다. 상앙은 즉시 약속한 대로 상금을 후하게 내렸다. 발 없는 말이 천리 간다고 이 사실은 방방곡곡으로 퍼졌다. 이 때를 놓치지 않고 상앙은 새 법을 성공적으로 시행할 수 있었다. 그런데 오히려 백성이 너무 법을 잘 지켜 뒤탈이 났다.

　요즘 한국인들은 심신이 몹시 피로하다. IMF 지원금융 사태 탓만 아니다. 그간 얼마나 요란한 이름의 국민운동이 많았던가. 변질되기 이전 초기의 새마을 운동은 그런대로 상당한 성과가 있었다. 그 이후 '문민'정부의 '역사 바로 세우기'에 이르기까지 갖가지 운동들은 오늘날 기억 속에 공허하게 남아 있다. 이래서 사람들의 국민운동 불감증은 뿌리가 깊다. 이제 '국민의' 정부는 '제2의 건국' 운동을 추진하고 있다. 만일 현 정부가 새로운 국민운동에 진지하다면 무엇보다도 국민 사이에 만연된 관청 불신과 운동 불감증을 해소하는 일부터 착수하는 게 올바른 순서다.

사람의 심리적 자기방어 메커니즘은 흔히 냉소주의로 표출된다. 빈정거림의 전염성은 때론 공동체를 압도할 만큼 강렬하다. 어떤 국민운동이든 이 앞에서는 무력하다. 현 정부의 새로운 운동이 성공하려면 냉소주의를 극복하는 것이 최우선 과제다.

첫째로, '제2의' 건국의 뜻을 분명히 밝힐 필요가 있다. 단군 건국, 상해 임정 수립, 48년 정부 수립 등 어느 역사적 사건을 첫 번째 나라 세움으로 인식하는가의 문제는 시비꾼의 부질없는 말장난이 아니다. 이는 정부의 정통성과 역사인식이 걸려 있는 중대한 사안이다. 단순히 다시 나라를 세우는 정신으로 국력을 모으자는 수사학적 표현으로 쓰인 것일 수도 있다. 용어의 역사성과 논리성이 분명해야 한다.

둘째로, 누가 개혁의 일꾼인지 불분명하다. 현 정부도 과거 정부들처럼 각 분야의 개혁 추진에 적극적이다. 미증유의 경제위기에 처한 나라로서 당연한 일이다. 그런데 개혁파와 반개혁파의 분류가 애매모호해 보인다. 개혁하려는 의지·능력·실적으로 사람을 구분하지 않고 패거리와 줄서기로 분류한다. 자질불문하고 우리 쪽 사람은 개혁파로 감싸고 타인은 반개혁파로 내친다. 따라서 사정 대상은 당연 남의 쪽 사람일 가능성이 크다. '국민의' 정부 하에서 선별적인 소외의식을 느끼는 국민이 적어야 개혁의 국민운동이 유효하다.

셋째로 개혁의 긍정적 의미가 불분명하다. 요즘 정부가 하는 일을 보면 무엇을 반대하는지를 보고서야 내용을 짐작할 수 있다. 건설적 개혁 의미가 부각되어야 한다.

마지막으로 개혁은 인도주의의 얼굴을 가지고 평범한 국민에게 숨 쉴 공간을 주어야 한다. 옭아 조이며 개혁하다가 스스로 덫에 걸린 상 앙의 비극적 종말이 무엇을 말하는가.

새로운 나라 만들기 운동, 그 취지는 백번 좋고 옳다. 그러나 그 많 던 국민운동 가운데 지속적인 게 있었던가. 모두 당초 취지는 좋아 꽃 피다가 집권세력이 번번이 자기홍보, 정권 재창출의 수단으로 이용해 시들었다.

이번 국민운동은 국난해결에 이바지할 수 있어야 한다. 그러나 기 본철학, 지략과 포용력이 미흡한 게 아쉽다.

《한국경제》, 1998. 11. 5)

국민경제와 거미

옛날 그리스 시골에 베 짜는 솜씨가 좋은 처녀가 살고 있었다. 이름하여 아라크네. 그녀가 만든 옷감은 더할 나위 없이 훌륭했다. 사람들 칭찬에 으쓱한 그녀는 지혜의 여신 아테나도 자기 솜씨를 못 따를 거라는 등 자기 자랑 수다를 떨기 시작했다. 그저 웃어넘기던 아테나도 반복된 경솔한 언행에 드디어 화가 나 물레질 시합을 제의했다. 아라크네는 시합 중에도 아테나의 면전에서 제 솜씨가 더 낫다고 떠들어댔다. 화가 머리 끝까지 치민 아테나는 "그래, 네가 잘 하는 짓을 영원히 하게 하마." 하고 그녀를 거미로 만들었다.

어찌되었거나 오늘날 이 지구상에는 4만여 종의 거미류가 살고 있고, 한국의 거미류는 602종에 이르는 것으로 기록되어 있다.

국민 경제생활에도 아라크네의 후예들이 존재한다. 민간 경제주체들의 눈으로 보면 각종의 지나친 규제는 경제활동을 옭아매는 거미줄이다. 먹이를 기다리며 한 귀퉁이에 도사리고 있는 거미는 규제의 그물을 좁히고 늘이는 힘을 가진 공직자들인 셈이다. 이들은 대부분 아라크네를 닮아 자기 실력 자랑하기를 역겹게 즐긴다. 거미줄에 걸린 먹이는 제 몸을 희생하거나 뇌물을 주고 풀려나는 수밖에 별다른 도리가 없다.

아주 미세한 곤충은 거미줄 사이의 공간을 자유롭게 통과하거나 잡히더라도 별 영양가 없다. 들짐승에게 거미줄은 운신에 아무런 지장을 주지 못하고 오히려 거미줄이 헤어진다. 적당한 크기의 곤충만 걸려들어 먹이가 된다. 인간 세상의 법망도 그러하다. 털어 먼지밖에 안 날 무지렁이들보다 먼지 외에도 부수입을 진상할 게 있음직한 중산층이 좋은 먹잇감이다. 독자적으로 힘이 있거나 정부 요로의 힘을 빌릴 수 있는 자에게는 규제법규가 곧잘 휘어지는 신축성을 보이거나 편의마저 제공한다.

민주사회에 있어서 어불성설인 권력기관이란 말이 불행하게도 우리나라에는 통용되고 있다. 권력기관의 중심축은 검찰이다. 검찰은 법의 시행에 공정을 기하는 것을 생명으로 삼아야 한다. 그런데 여기에 문제가 있어, 검찰이 "권력의 시녀"로 불리고 있다. 최근 검찰 내부에서 일어난 "자기 정화"의 목소리가 "단결"을 다짐하며 잠재워진 모양이다. 그런데 무엇을 위한 단결인가. 거미줄의 신축성을 위해서인가.

시장경제란 무엇인가. 그것은 경제주체들이 제 나름의 기호와 능력에 따라 자유롭게 경제생활을 영위하는 경제이다. 여기에는 자유 재산권이 존중되고 자유로운 거래계약이 실행될 수 있는 법질서가 밑받침되어 있어야 한다. 아무리 자연자원과 인적자원이 풍부해도 기본 법질서가 흔들리는 경제사회는 거미줄 사회일 따름이다.

거미의 서식처는 광범위하다. 집 안팎·들·숲·습지·사막을 가리지 않는다. 물밑에서 대부분의 삶을 보내는 놈도 있다. 세계 최고봉 에베레스트 근처에 살고 있는 거미류도 있다. 거미는 해충을 포식하는 천적으로 인간에게 도움을 주기도 하고 가축과 사람을 무는 등 해를 주기도 한다. 북미나 호주지역에 서식하는 '검은독거미(black widow)'가 독종으로 이름나 있다.

우리나라 공무원은 대부분 근면성실하고 국민에게 유익한 공직자들이다. 그러나 일선 동사무소에서 중앙관서, 국회주변 등 권력 핵심부에 이르기까지 때로는 요소요소에 유해한 공직자들이 있어 탈이다. 그래서 큰 탈이 났던 게 환란이고 경제위기였다고 보아야 한다.

해로운 거미를 없애려면 거미의 서식 습관과 일생 주기를 잘 알아야 한다. 거미는 어두운 곳에 잘 숨는다. 사람 거미는 오히려 밝은 곳. 권력의 햇살이 비치는 곳에 가장 튼튼하게 서식한다. 독종 왕초일수록 그러하다. 온대 지방 거미는 보통 1년을 주기로 하지만, 아열대 지방의 독거미 타란툴라는 다년생이다. 16~7세기 유럽에선 이놈한테 물리면 미친 듯 춤을 춘다고 믿었다.

우리는 공직사회의 쇄신을 부르짖고 있지만 지난 정권의 끊임없는 사정을 이겨낸 유해 공직자는 이번 정부의 개혁바람에도 살아남는 끈질김을 보일 것이다.

(《한국경제》, 1999. 2. 10)

뉴스의 도플러 효과

어린 시절 희미한 기억을 더듬어 보면 먼 기적 소리에 새벽잠 설치던 날이 며칠이던가. 입속의 침을 말리고 가슴 두근거리게 만들던 방랑길에 대한 동경이 얼마나 간절했던가. 이제 국내에선 박물관으로 옮겨진 증기 기관차들의 기적을 다시 들을 기회가 없지만 여행에 대한 기대만은 저버릴 수 없다.

열차의 굉음은 듣는 이의 위치에 따라 달리 들린다. 열차 좌석에 앉은 승객에게 한결같이 들리는 소리가 정거장 플랫폼에 선 사람에게 가까이 다가올 때는 주파수가 높아져 크게 들리다가 멀어지면 주파수가 낮아져서 작게 들린다. 1842년 이 현상을 설명한 오스트리아 과학자 크리스티안 도플러의 이름을 따서 도플러 효과라고 한다. 이는 소리와 빛의 파장에 공통되게 적용된다. 빛은 근접할 때 푸른색을, 멀어질 때 붉은색을 띤다는 원리가 천체 관측자에게 요긴하게 쓰인다.

사회 현상에도 유사한 원리가 작용한다고 볼 수 있다. 특히 대중매체의 보도자세에 의한 도플러 효과가 주목된다. 항상 새로운 것을 추구하고 기왕 뉴스화 된 것의 후속 보도를 소홀히 다루는 것이 매스컴의 기본 생리이나. 새로운 것을 요란하게 대서특필해 독자로 하여금 기사 내용의 중요성을 과장 인식하게 유도한다. 반면 낡은 것은 토막 기사로 다루거나 아예 무시한다. 여기에는 보도자의 주관적 자의성도 작용한다. 자연 현상의 관찰에는 시청각 장애자가 부적합하다는 것이 자명하지만, 사회 현상의 관찰에는 그것이 불분명하다.

불과 몇 달 전 독일 사회당과 녹색당의 연합정권 출범을 분수령으로 다수의 유럽 국가들이 좌파정권으로 기울자, 국내언론은 런던대학 기든스 교수의 이른바 "제3의 길"을 새 시대의 정치경제 철학으로 치켜세웠다. 동구권의 소비에트 체제가 몰락하자 한때 잠잠하던 이른바 진보주의자들도 다시 기동할 호기를 맞이했다. 이제 서구에서 시장경쟁의 시대는 한물가고 사회주의적 제도를 강화하는 단계에 이르렀다는 물결이 높은 듯했다.

'제3의 길'을 주의 깊게 들여다보면 지난날 사회주의 정당의 기본노선의 수정에 역점을 둔다. 즉, 기간산업의 국유화, 전투적 노동조합의 요구 등 전통적 정책노선을 포기하고, 대처리즘(Thacherism)을 포함한 시장경제 노선의 장점을 수용하려는 입장으로 풀이된다. 국내 대중매체들이 간과한 관점이다. 이것은 단순히 대중매체의 도플러 효과 때문인가. 언론계 관찰자들의 주관적 편견 때문인가.

독일 적록(赤綠) 연합정권은 라퐁텐 경제장관의 좌파적 돌출 언행으로 출범 초기부터 불협화음이 잦았다. 라퐁텐은 출신 지역인 헤센 주 선거 실패에 이어 드디어 며칠 전 장관직에서 물러났다. 슈뢰더 정권이 붉은색을 지우고 중도 노선으로 돌아서는 대목이다. 그런데 국내언론의 "제3의 길" 해석은 아직도 수정되지 않고 있다.

매스컴은 뉴스 보도에 선별적일 수밖에 없다. 해외 뉴스 보도에서 국내언론의 선별기준이 일정한 경향성을 보인다면 지나친 판단인가. 팍스 아메리카나에 식상한 나머지 유럽 것이 돋보이기도 한다. 유럽제국의 문물 중 배울 것이 많다. 하지만 동시에 다른 나라들의 경우와 마찬가지로 배우지 말아야 할 것도 있다. 예컨대 북구의 과도한 사회보장 제도나 독일의 일자리 나누어 갖기(job sharing)가 그 중 하나다. 임금은 그대로 두고 노동시간을 줄여 실업자와 나누는 방식으로는, 고용기회는 늘지만 임금부담이 늘어나 기업의 가격경쟁력을 오히려 약화시킨다. 최근 프랑스 BNP은행이 파리바은행과 SG은행을 합병 시도함

에 있어서 프랑스 내 인력조정 반대에 부딪쳐 시너지 효과를 기대할
수 없었다. 유럽연합은 세계적 경기침체에도 불구하고 바나나 통상마
찰에서 보듯이 시장개방에 소극적이다. 한국은 내정간섭에 가까운 미
국의 통상압력에 시달리고 있지만, 그래도 미국 시장은 크고 상대적으
로 개방적이다.

　현상의 실체를 파악하려면 도플러 효과를 감안해야 한다. 한번 떠
들어대다가 조용해지는 매스컴의 생리를 넘어서야 뉴스 실상에 접근할
수 있다.

(《한국경제》, 1999. 3. 17)

원칙이냐 아이디어냐

　반짝인다고 다 황금은 아니듯이, 관청가의 아이디어라고 모두 금과 옥조가 아니다. 오히려 아이디어는 반짝일수록 위험천만한 경계대상이다. 경제활동의 경기운영에 원칙을 제대로 지키지 않고 온갖 변칙과 반칙을 묵인하면서, 한국적인 것이 세계적인 줄 알고 우쭐대다가 국제무대에서 '왕따' 당한 것이 바로 97년 말 환란의 본질이 아니었던가. 우직한 원칙준수와 끈질긴 노력만이 경기의 승부를 판가름하도록 제도와 관행을 뜯어고치는 것이 구조조정이 아니던가. 반짝이는 아이디어가 없어서 경제위기를 맞은 것이 아니다.

　경제위기 극복을 위한 현 정부와 여당의 고충을 이해하지 못하는 것은 아니다. 그러나 민주주의와 시장경제의 동시 추진을 표방한다는 슬로건이 홍보되었지만 경제정책의 큰 밑그림이 불투명하고 그때그때 정황에 따라 임기응변과 편의주의에 이끌린 정책발상들이 반짝이고 있다면 지나친 혹평인가.

　땜장이가 아이디어를 내보았자 낡은 냄비의 구멍 메우는 것이 고작이다. 그에게 시장성 있는 새 주방 기구 만드는 일을 기대하기는 무리일 것이다. 제대로 된 설계사가 필요하다. 경제위기의 진정한 극복방안은 국민 경제 흐름의 새로운 물길을 만드는 일이다.

　한국은 지금 무엇을 하고 있는가. 올해 경제 성장률이 4퍼센트를 웃돌 것으로 보이고 가용 외환 보유고도 늘었다. 모처럼 일손 구하기가 늘어나 실업률 오름세도 주춤하고 있다고 한다. 증시가 달아오르고 있다. 부동산 경기도 기지개를 켜고 있다. 재벌기업의 재무구조 개선 작업이 자산 재평가로 눈가림되다 정부의 호통을 받았다. 추락사고가 잦은 항공사 총수는 자업자득인 측면도 있지만 청와대의 일갈에 후선으로 물러났다. 경제관료의 규제 마인드가 고개를 들고, 시장 메커니즘보다 정부명령이 강력함을 보이고 있다. 해외 논평가들은 조심스럽게 한국의 개혁을 칭찬하고 있다.

며칠 전 정부와 여당이 전임노조 임금을 세금으로 지급한다는 아이디어를 검토했다는 보도가 있었다. 노총과 경총의 탈퇴로 사실상 기능 정지 된 노사정 위원회를 다시 궤도에 올리기 위한 고육책으로 보인다. ‘무노동 무임금’은 97년 3월 당시 어렵사리 여야합의로 국회통과된 원칙이다. 여당과 정부는 사용자와 정부가 2001년까지 일정액의 기금을 마련, 이 기금으로 그 이듬해부터 노조 전임자의 임금을 주는 방안을 검토하고 있다고 한다. 이로써 2002년부터 전임 노조원 임금지급을 금지하고, 이를 어긴 경우 처벌하도록 개정한 노동법 조항은 무력화될 것이다. 뛰쳐나간 노총을 어르고, 토라진 경총을 구스르자니 아이디어가 궁했던 모양이다. 노조 전임자는 그가 이익을 대변하는 노조원들이 갹출한 돈으로 보수를 받아야 한다. 이것이 경제논리이고 선진국의 사례 또한 그러하다. 새로 조성하는 기금 중 정부 부담금은 세금으로, 기업 부담금은 제품가격 인상으로, 결국 모든 일반 국민의 몫으로 돌아간다. 국민 경제의 거시적 이익증진에 봉사하는 공무원은 국민이 세금으로 먹여 살린다. 노조활동은 노조 내부자들의 집단 이기주의에 따라 움직인다. 전임 노조원이 공무원인가. 국민은 노동귀족을 부양해야 할 봉이 아니다. 이제까지는 놀랍게도 외국의 한국통들이 한국 사정을 잘 이해해 주고, 불합리한 구석이 있어도 속아주었다. 전임노조 임금지급 방안이 채택되면 이들이 스스로의 오판을 깨닫는 결정적 계기가 될 것이다.

경제위기의 화산활동은 잠시 휴식하고 있을 뿐이다. 지금도 지표

바로 아래 용암이 꿈틀거리고 있다. 최근 수년간 세계 경제를 지탱하고 있는 미국 호경기의 거품 빠지기, 일본 엔화의 약세, 중국 위엔화의 평가절하 등 복병이 즐비한 것이 국제 경제 상황이다. 국내 정치권·관료·경제 주체들끼리 치고받고 눈 가리고 아웅 하는 잔재주를 보면 불안감을 금할 수 없다.

시장경제는 참여자 누구에게나 공정하게 경기규칙이 적용되는 풍토에서만 꽃피운다. 억지 떼쓰기에 밀리는 무원칙한 심판관 아래에선 국민 경제가 난장판으로 전락해 냉엄한 국제 무대에서의 왕따를 면할 수 없다. 땜장이의 아이디어는 제2의 환란을 준비하고 있을 뿐이다.

(《한국경제》, 1999. 5. 13)

이로운 박쥐가 더 많다

　지구상에는 대충 180속 900종의 박쥐가 살고 있다. 박쥐는 주로 동남아, 아프리카, 중동, 미국 남서부에 서식하지만 남부의 열대 우림지대와 사하라 사막에 사는 종류도 있어 남극 대륙을 제외한 모든 지역에 살고 있는 셈이다. 날개 길이가 약 2미터나 되고 몸무게가 1킬로 반이나 되는 여우박쥐가 있는가 하면 가장 작은 태국산 호박벌박쥐는 겨우 1센트짜리 동전 무게라 한다. 수명은 4년에서 30년 정도로, 종에 따라 다양하다. 6개월 내지 2년 만에 성숙해 열매, 꽃, 잎사귀, 곤충, 물고기, 개구리, 파충류, 작은 포유류, 척추동물의 피를 먹이로 한다.

　중국에서는 박쥐를 뜻하는 복(蝠)이 복(福)과 음이 같은 연유에서인지 복의 상징으로 보아주었던 모양이다. 우리나라에서도 예전에는 박쥐 문양의 노리개, 도자기, 궤짝 금속 장식 등으로 귀하게 다루어졌다. 그런데 서양 문화권에서는 복수의 여신, 악마의 상징 등으로 저주받은 존재였다. 이솝 우화 속에서도 짐승 편에 섰다 새 편에 섰다 표리부동 하다 두 편 모두로부터 따돌림당한 신세가 박쥐다.

　말이 났으니 말이지만 박쥐는 포유류 중 유일하게 날 수 있는 동물이다. 빨리 날면서 박동의 되울림으로 주변 사물과 먹이를 잽싸게 탐지하는 소나(음파탐지) 장치를 내장하고 있다. 박쥐는 한 시간 내에 육백 마리 이상 모기를 포식한다. 열대 우림지대에서는 초목의 꽃가루 수정과 씨앗 파종에 가장 중요한 일꾼이 박쥐다. 인간이 즐기는 바나나, 아보카도, 바닐라, 복숭아 등이 박쥐 덕분에 열린다. 박쥐 똥 구아노는 질산칼륨이 풍부해 훌륭한 비료가 되거나 화약의 원료로 쓰이기도 한다. 이렇게 이로운데도 다수의 박쥐 종들이 인간의 몰이해로 멸종 위기에 몰리고 있다.

세계적인 희귀종 붉은박쥐는 온몸이 오렌지빛으로 일명 황금박쥐라고도 한다. 우리나라 남부 지역에 서식하고 있는 것으로 알려져 있는 황금박쥐가 지난 2월 TV 화면에 공개되었다. 야생 동물이면 무엇이나 정력 보강에 좋다고 맹신하는 사람들의 손길이 미칠까 두렵다.

박쥐 얘기가 길어졌다. 인간 세계에도 박쥐인간은 없는가. 정치권에서 철마다 당적을 옮기고 언행으로 소속 당을 알기 어려운 정치인은 언급할 가치가 없다. 사회에 유익한 일을 하면서도 몰이해의 먹구름에 가려 올바른 평가를 받지 못하는 경제주체에 초점을 맞추어 보자.

1997년 환란 이후 경제위기를 극복하는 데 일등공신은 일부 관료와 정치인이 아니라 근로자들이다. 정리해고, 명예퇴직 등으로 일자리에서 선뜻 물러난 해직자들 덕분에 노동시장에 유연성이 생기는 계기가 마련되었다. 이들은 비유하건대 황금박쥐처럼 진귀한 존재들이다. 요즘에는 붉은 머리띠 두르고 파업을 선동하는 노조원들이 노동계를 대변하는 듯 우리의 관찰 시야를 어지럽힌다. 실제로는 노동시장에서 노조결성에 참여하지 않은 부분이 노조화된 부분보다 훨씬 크다. 노조가 강하기로는 공기업과 대기업 부문이 대표적이다. 이 부분의 임금수준은 중소 또는 영세기업의 그것보다 몇 배나 높다. 철밥통을 지키고자 시위하는 노동시장의 상층구조 아래에는 상대적으로 열악한 근무조건에도 열심히 일해야 하는 일꾼들이 하층구조를 이루고 있다. 유연성이 생기기 시작한 것이 바로 이 부분이다. 상층구조의 임금상승은 하층구조의 임금희생을 밑바탕으로 이루어져 왔다. 누구나 기피하는 업종을 가리키는 3D가 '더럽고(dirty), 어렵고(difficult), 위험한(dangerous)' 일이라는 뜻에서 '바람직하고(desirable), 보람 있고(deserving), 품위 있는(dignifying)' 일자리라는 뜻의 새로운 3D 부문이 되도록 일터 분위기와 작업조건이 바뀌어야 노동시장의 하층구조가 튼튼해질 것이다.

상품을 생산해 소비생활을 윤택하게 하고, 근로자에게 일터를 제공하여 소득을 주고, 조세를 납부해 정부 살림을 가능케 함으로써 국민경제의 원동력을 제공하는 것이 기업의 본질이다. 대기업을 비롯한 일부 기업과 기업인의 탈법행위에 가려 기업의 본질 자체가 오해되고 모든 기업인이 곧 파렴치범으로 몰리는 것이 요즘 세태다. 기업이 지은 집에서 자고, 농민(비(非)법인 기업의 일종)과 기업이 생산한 음식으로 식사하고, 기업이 만든 차로 출근하고, 또 기업에서 일해 소득을 얻으며 사는 사회에서 기업 비판론이 팽배하다면 건전한 사회일 수 없다. 기업이 제공하는 자금에 기생하는 정치권과 언론계의 비판이 가장 따갑다.

박쥐 중에는 가축의 피를 빨아먹는 흡혈 박쥐가 있어 목축업계에 피해가 크다. 그러나 흡혈 박쥐는 소수이고 대부분의 박쥐는 인간에게 유익하다. 우리는 소수의 흡혈 박쥐와 그렇지 않은 대부분의 박쥐를 식별할 줄 알아야 한다. 우리는 열대 과일을 먹으면서 박쥐를 나무라는 우를 범하고 있지 않은가.

(《한국경제》, 1999. 5. 27)

카이사르의 검찰 총장

　플루타르코스의 『영웅전』은 고대 로마의 여러 걸출한 인물들의 생애와 일화를 담아 후세에 전해 주고 있다. 역시 '율리우스 카이사르'는 불세출의 영웅이었다. 그는 군사 전략가·정치가·문장가로 다재다능한 인물이었다. 그러나 가정적으로는 그리 다복하지 못했던 모양이다. 이는 "카이사르는 아내가 의심조차 받지 않기를 바랐다."는 플루타르코스의 기술로 미루어 충분히 짐작 간다. 의심하는 로마 시민보다 제 아내의 허물을 나무라며 수신제가(修身齊家)하는 자세가 돋보이는 대목이다. 카이사르의 아내란 남에게는 부럽게 보이지만 본인에게는 불편하고 두려운 자리였을 게다. 어찌되었거나 카이사르의 집안 다스리는 경구는 후세 사람들의 입에 회자되게 되었다.

　요즘 우리 사회는 장관부인들의 고급 부티크 옷 로비 의혹 사건으로 떠들썩하다. 이 사건의 정부 대응을 지켜보면 앞의 경구가 "국민은 시저는커녕 충복의 아내에 대해서조차 의심하지 말아야 한다."로 변질된 듯하다. 시저 측근이면 편하고 국민이면 불편한 시대인가.

　국민의 불편한 심정은 대통령이 의문을 제기하는 국민과 언론을 질책하면서 "마녀사냥" "사회 심리학적 배경" 등을 언급함으로써 더욱 고조되었다. 사회심리학이란 말이 나왔으니 말이지만, 찰스 매케이가 저술한 『일반의 별난 망상과 군중의 광기(狂氣)』(1841~42 간행)는 서구 역사상 흥미로운 광란 사례를 담고 있다. 마녀 광기도 백여 쪽이나 기술하고 있다.

1488년 로마 교황 인노센트 3세는 사탄의 마술로부터 교회를 구제하고 독려하는 내용의 대칙서를 발표했다. 그 전에도 산발적으로 있던 마녀사냥 광기가 이로써 삼백 년 이상 동안 이탈리아·독일·프랑스·에스파냐·영국·북구 등 유럽 각국에서 맹위를 떨치고 식민지 뉴잉글랜드에도 여세를 미쳤다. 각 지방에서 마귀를 색출하는 일을 직업으로 삼는 자들이 생겨났다. 못생기거나 별난 언동으로 이웃에서 따돌림당하거나 평소 남의 원한을 산 사람들이 남녀노소 가림 없이 무더기로 사냥되었다. 각국에서 매년 수백 명 때로는 수천 명이 고문 끝에 불태워졌다. 마귀 사냥꾼은 대부분 좋은 수입을 노리는 사기꾼들이었다. 프랑스 애국소녀 잔 다르크는 영국의 포로였다가 풀려났으나 동포들에게 마녀로 몰려 루앙에서 화형당했다. 오늘날 그 자리에 성당이 서 있어 그 일을 알리고 있다. 마녀 사냥에 적극적이기는 가톨릭뿐만 아니라 개신교파인 루터교, 칼빈교도 마찬가지였다. 어처구니없는 비극이 장기간 지속될 수 있었던 것은 그 당시 높은 문맹률, 정보의 절대부족, 그릇된 교리의 맹신 때문이었다. 그 같은 사회 분위기에서는 스스로 마귀로 몰릴 위험부담을 덜기 위해 대세에 편승하려는 무지몽매한 사람들이 군중심리에 따라 움직이게 마련이다.

요즘 우리 국민과 언론들이 마녀사냥 놀이를 하고 있는가. 오늘날 우리 사회는 문맹률이 극히 낮고, 통신기술의 발달로 정보 확산이 빨라 중세 암흑시대와는 사뭇 다르다. 물론 청와대는 '마녀사냥'을 은유법으로 사용해 정치적 저의를 가진 '기득권 세력'이 개혁을 저지하려는 음모라고 본 듯하다. 정치적인 적들이 부추기는 조작된 광기가 아니었다. 그렇다면 여권의 자민련은 왜 불만이며, 국민회의 내부에서도 들리는 불만은 무엇인가. 6·3 재선거 결과에서 보듯 여권을 술기차게 지지해 온 지역인들마저 이반기세를 보이고 있다. 그러나 이번 사건의 깊은 속뿌리는 그간 몇 가지 주요 의혹 사건을 규명하기보다 오히려 은폐하는 데 힘 쏟은 검찰의 자세에 있다. 파헤치고 밝히기보다 덮고 눈 가리기에 급급한 게 검찰의 모습이었다. 드디어 법무장관이 또 다른 검찰의혹과 관련해 문책 해임되었다.

서양 속담에 "가벼운 아내는 무거운 남편을 만든다."는 말이 있다. 경박한 아내를 가진 남편은 침통할 수밖에 없을 것이다. 5·6공 시절 카이사르의 가벼운 아내 때문에 국민은 피곤했다. 문민정부 시절 카이사르의 아들 때문에 국민은 망신했다. 국민의 정부에서 국민이 마음 편할 수 없다면 그 이유가 수신제가의 실패가 아니길 바란다. IMF 경제위기 탈출은 아직도 미해결의 과제이다. 국민 모두 한눈팔 겨를이 없음을 알아야 한다.

(《세계일보》, 1999. 6. 12)

토끼와 정부

중국 춘추전국시대 말에 살던 한비자(韓非子, 기원전 280(?)~233)는 이런 얘기를 소개했다. 밭을 갈던 한 농부가 갑자기 뛰어 나오다 나무 그루터기에 부딪혀 목이 부러진 토끼 한 마리를 얻어 횡재했다. 바로 이것이구나 생각한 농부는 그 다음부터 농사일을 집어치우고 매일 우두커니 그루터기를 지키며 부딪혀 죽어줄 토끼를 기다리느라 세월을 보냈다. 그러나 토끼의 실수는 다시 없었고, 굶주린 농부는 온 나라의 웃음거리가 되었다.

한비자는 요순시대를 이상으로 삼아 왕도정치의 되풀이를 바라는 공자의 가르침을 수주대토(守株待兎)의 어리석음에 비유했다. 세상일은 단순히 되풀이되는 것이 아니라 시대 흐름에 따라 끊임없이 새롭게 진화하는 것이라 보고, 시대 변천에 순응해 힘에 의한 현실주의적 정치를 주창했다.

나라를 세우고 부강하게 만드는 일은 탑 쌓기와 같이 일관성 있는 끈기가 중요하다. 시간이 걸리더라도 착실히 한 층 한 층 올려야 한다. 기초부터 튼튼히 다짐은 물론이고 일단 쌓아 올린 층은 큰 하자가 없는 한 허물지 말아야 한다. 더구나 설계 변경마저 서슴지 않는다년 훌륭한 건축물을 기대할 수 없다. 현재까지 백여 년 짓고도 아직 이백여 년 더 건축 기간을 잡고 있는 스페인 바르셀로나의 성(聖)가족 성당은 절세의 건축가 가우디의 기본 설계를 그대로 따르고 있다.

민주주의와 시장경제를 지향한 초기 헌법에 큰 하자가 없었건만 자주 고치는 바람에 헌법은 누더기가 되었다. 정치권은 전 정권의 공적을 깎아내리고 허물을 과장해 국정 기초부터 고치는 버릇을 되풀이하고 있다. 군사정권이 자유당과 민주당 정권을 비판했듯이 '문민'정부와 '국민의' 정부는 각각 앞선 정권을 비판해 국정 전반의 기초를 새로 짜는데 열을 올렸다.

이것은 한비자의 말처럼 시대변천의 흐름에 순응하는 측면이 없지 않다. 빠른 템포로 진행되는 세계 경제의 국제화 흐름에 순응해 때에 따라 국정 방향을 일부 수정하는 일은 불가피하다. 그러나 5년마다 국정 방향과 기본 원칙을 송두리째 수정하다 보면 잦은 설계 변경 때문에 한 층도 못 올리는 건물 꼴처럼 국정은 갈피를 못 잡고 국민생활은 개선될 수 없다.

이 같은 잦은 국정 방향의 변경에도 불구하고 불변하는 관행이 있다. 그것은 전 정권의 비리를 들춰내 현 정권의 비리를 덮고 어려운 국면을 모면해 나가는 버릇이다. 고대 중국의 어리석은 농부에게는 횡재의 되풀이가 허용되지 않았지만 현대 한국의 정치권에게는 믿음직한 그루터기가 있다. 그것이 바로 구정권 때려잡기 놀이이다. 이러다 보면 어제의 농부가 오늘의 토끼가 되고, 오늘의 토끼잡이가 내일의 사냥감 신세가 된다. 이런 관점에서 보면 현재의 사냥꾼이 미래의 사냥감이 되지 않으려 궁리한 술수로서 내각제 개헌의 쓸모가 보인다.

한국인은 저마다 할 일 게을리 하고 그루터기 지키기 하다가 97년 경제위기를 맞이했다. 그간 각 부문에서 개혁한다는 말이 많았지만 놀랍게도 우리의 어리석은 농부들은 깨우침이 없다.

최근 몇 가지 비리의혹 사건에서 보듯이 정치 권력층은 과거 정권 때와 다름없는 그루터기에서 비리를 저지르고 감싸고 있다. 관료들은 규제만능의 그루터기를 아직도 챙기고 있다. 기업인들은 문어발을 자르고 있지만 아직 미련은 여전하다. 노동자, 특히 공기업, 대기업, 금융기관의 노조원들은 집단 이기주의로 단단히 무장하고 청조말 의화단

(義和團)의 주먹꾼들처럼 시대착오적 쇄국주의의 힘을 과시하고 있다. 일반 국민에게는 지연·학연의 그루터기 애착이 끈끈하다.

다가오는 21세기에 대비하는 과제가 시급하다. 정보통신 기술의 급속한 발전에 걸맞도록 산업구조 개편이 필요하다. 지식사회화 되는 국제 사회에서 경쟁력 있는 경제주체들이 되도록 최대한 노력을 경주할 때이다. 다음 세기에 풍성한 수확을 위해서 각계각층은 제 나름의 그루터기 지키기를 과감히 떨쳐버리고 제 각기 맡은 밭갈이 실력 키우기에 열성을 다해야 한다. 아직도 진정한 개혁을 다른 나라의 이야기로 헛돌게 하고 있는 우리는 지금 제2의 환란을 준비하고 있을지도 모른다. 지난날 득이 되었던 낡은 집단 이기주의를 과감히 벗어버리지 않고서는 한 발짝도 전진할 수 없다.

(《중앙일보》, 1999. 7. 20)

재벌을 어떻게 볼 것인가

대우그룹이 사실상 분해 작업에 들어가고 있는 마당에 "이제는 시장이 재벌구조를 받아들이지 않는 시대"라는 대통령의 지적이 나왔다. 재벌이 기죽을 만하다. 재벌은 그간 족벌 위주의 경영, 정경유착 성향, 과도한 업종 다각화와 대형화, 금융기관의 지배 내지 사금고화, 언론매체 분야 진출 등으로 물의를 빚어왔고 97년 말 경제위기의 직간접 원인이었다. 그러나 당연하게 보이는 재벌해체 다음에 남는 국민경제 모습은 어떠할까.

'재벌'은 두 가지 구조를 의미한다. 하나는 대기업을 소유하는 대주주, 즉 기업의 인적 구조다. 이들이 소유권뿐만 아니라 경영권도 장악하는 1인 경영, 세습되는 족벌 경영의 구조이다. 다른 하나는 다수의 계열 기업군을 망라하는 선단(船團)식 조직, 즉, 기업 조직적 측면이다.

소규모 개인 기업의 경우 경영 성과는 개인에게 돌아가고, 퇴출도 용이하다. 주식회사 제도 출현 이후 소유와 경영의 분리를 일반적으로 유효한 원칙으로 보아 왔다. 그러나 근래에는 전문 경영인이 주주에게 안전 위주의 단기경영으로 일정한 배당실적을 올려주면 일자리를 보장받는 경향 때문에 장기 고수익 사업 기회를 상실하는 문제를 중시한다. 이를 대리인 문제라 한다.

한국처럼 대주주가 직접 경영을 맡는 경우 대리인 문제는 최소화되는 장점이 있다. 반면 그들의 자질 여하에 따라 기업 운명이 결정되는 문제가 발생한다. 경영자질이 탁월한 대주주가 직접 경영하는 방식이 최상이라면, 자질이 의문시되는 대주주가 경영을 좌지우지하는 형태가 최하이다. 대다수 창업세대가 물러난 오늘날 재벌의 경우, 후자의 형태가 지배적이라는 인식이 확산되고 있다. 그래서 군소주주 이익보호 장치·사외이사·외부감사 등 일련의 제도적 개선이 점진적으로 도입되고 있는 줄 안다.

국민 경제 위기의 근본적 책임이 상당 부분 대마불사를 노린 재벌 기업의 중복·과잉투자와 이를 가능케 한 총수의 1인 경영 체제에 있었다는데 중의가 모아진다. 한보철강, 삼성자동차 등이 그러했다. 반면 초기 진입장벽이 높은 업종에서는 총수 중심의 톱·다운(top·down) 경영방식의 장점도 간과할 수 없다. 의사결정의 신속성, 사업 추진력은 여기서 비롯했다. 이제 모범 국영기업이 된 포철사업, 현대건설의 사우디 주바일 공사, 삼성전자의 반도체 사업 등은 초기 영업부진으로 한때 부실우려를 딛고 성공한 사례이다. 최근 일본을 앞지른 박막 트랜지스터 액정 표시장치(TFT-LCD)도 그러하다. '창조적 파괴'란 말로 유명한 슘페터도 연구개발과 상품화에 투자할 능력이 있는 대기업을 무조건 폄하하지 않았다. 성공과 실패의 기회가 병존하는 게 시장경제다. 기업의 평가는 평균적 점수로 해야 한다. 성공한 기업은 대기업일지라도 별도의 규제에서 자유로워야 한다. 실패한 대기업의 퇴출에 따른 절차를 간소화하고 사회적 비용을 최소화하는 제도의 정비가 필요하다.

기업은 불확실한 세계에서 모험하는 경제주체다. 소비자의 기호와 생산기술이 급변하는 시장에서 단일 업종 고수는 자살행위다. 그래서 시작한 업종 다각화겠지만 우리 재벌의 업종 확장은 무분별했다. 재벌의 업무영역을 핵심·전문 분야로 집중유도 하려는 앞선 정부의 노력은 재벌의 버티기 작전으로 번번이 좌절되었다.

한편 다음 세기에 대비해 세계 유수의 기업들은 관련업체들 간의 네트워크 구성과 대형화를 활발히 전개하고 있다. 이런 관점에서 보면 네트워크 구성을 자체 내부에 구성한 것이 재벌구조였다고 볼 수 있다. 밖으로 금융 과점을 차단하고, 안으로 순환출자 제한, 결합재무제표 작성 의무화 등을 통하여 그룹의 자금 흐름을 투명하게 한다면, 핵심 분야와 관련 업종을 포괄하는 대기업 조직이 국민 경제적 이익에 부합된다. 재벌을 완전 해체한 후 다수의 중소기업과 벤처기업들만으로는 외국 대기업들과의 경쟁에 적수가 될 수 없다. 고용창출도 그러하다.

요즘 재벌들이 숨죽이고 있는 것은 대통령이 언급한 재벌불허의 주체가 시장이 아니라 정부라고 알고 있기 때문이다. 따지고 보면 경제위기의 또 다른 주범은 규제만능의 관치경제였다. 관치경제는 오히려 기승을 부리고 있다. 위기상황에서 정부가 시장기능의 더딘 조정을 기다릴 수는 없지만 날개를 단 관치경제를 견제할 장치가 없다. 재벌해체의 칼을 쥐고 있는 관료의 손놀림이 위태롭다. 외국 논평들은 재벌해체에 대체로 긍정적이다. 여기에는 두 가지 시각이 있다. 하나는 진정으로 한국 경제의 체질개선을 바라는 눈이고, 다른 하나는 외국기업과 경쟁적인 국내기업을 잠재우기 바라는 시각이라 보아야 한다.

대기업 인적구성 측면에서 비효율을 줄이고, 조직의 기동성·역동성을 살리는 조화는 무엇인가. 그것이 문제이다. 재벌해체가 아니라 대기업의 체질단련에 정책의 목표를 두어야 한다.

(《한국경제》, 1999. 8. 18)

우리 사회의 반(反) 기업정서를 극복해야 시장경제가 살아난다. 문제는 신망 있는 기업인이 드물다는 데 있다. 최근(2003년 말) 비자금 사태에서 보듯이.

현대판 연금술

연금술(鍊金術)은 이미 알렉산더 대왕 시대(기원전 4세기)에 이집트에서도 성행했던 것으로 기록된다. 유럽의 연금술은 무어족의 화학 지식이 중세 스콜라 철학의 논리적 사고와 접목되면서 15세기 초부터 약 3백년간 활발했다. 연금술사들은 모든 물질이 수은·유황·소금의 세 가지 원소로 구성된다고 믿었다. 여러 가지 물질을 섞고, 끓이고, 달구고, 분리하는 과정을 거쳐 쇠붙이를 금으로 바꾸는 힘을 가진 '현자(賢者)의 돌'을 얻고자 했다. 그러나 온갖 노력에도 불구하고 아무도 현자의 돌을 얻지 못했다.

이솝 우화에 나오는 얘기다. 옛날 어떤 어진 노인이 게으른 아들을 걱정한 나머지 과수원 어딘가에 금을 묻어 놓았으니 찾아보라는 말을 남겼다. 이 유언에 혹한 아들은 과수원 밭을 이곳저곳 모두 파헤쳤지만 금은 나오지 않았다. 대신 땅이 걸어져 그해 가을 수확은 대풍이었다. F. 베이컨(1561~1626)은 연금술이 뜻하지 않은 새로운 발명과 화학의 진보를 가져왔음을 이 우화로 비유했다.

20세기 말 한국 서울에도 정치·경제·사회의 모든 병폐를 치유하는 한 번의 비법을 믿는 연금술사들이 성업 중이다. YS의 '문민' 정부는 아들 또래들 훈수 때문에 '사정'과 '개혁'의 기치가 퇴색했다. DJ 정부도 '민주주의와 시장경제'를 표방하며 역시 '개혁'이란 '현자의 돌'을 찾고 있다. 김 대통령은 광복절 축사에서 전국 정당화의 필요성을 강조하고 그 청사진으로 "중산층과 서민 중심의 개혁적 국민정당", "개혁적 보수세력과 건전한 혁신세력을 포괄하는 정당"을 언급했다.

국민회의 안팎에서는 지구당 위원장 총사퇴 등 기득권을 포기하고 과감히 '새 피' 수혈을 받아들이자는 뜻이냐 아니냐, 신당의 핵심이 재야 및 시민 단체 출신자들이냐, 각계 전문가들이냐로 엇갈리고 있는 모양이다. 어찌 되었거나 연합정권 출범 이래 정권 핵심부가 추구해 온 정권의 방어·강화·연장이 신당 설립의 목적일 것이다.

한국인은 약 한 첩만 쓰면 당장 효과를 보는 단방의 비법이 있다는 속임수에 약하다. 군정을 종식하기만 하면 국가기강이 바로 잡히고 민주투사가 집권하면 진정 민주주의는 꽃필 줄 믿었다. 중앙청 건물을 허물기만 하면 민족정기가 되살아나는 줄 알았다. 처음에는 TK 시대, 다음에는 PK 시대만 가면 지역 불평등이 해소될 줄 믿었다. 그리 되었던가.

이 같은 맥락에서 최근 물갈이론이 주목된다. 기존 세력 또는 기득권 세력을 대거 축출하고 새 피로 물갈이 하자는 주장이다. 정치권, 관계, 전문직종 등에 포진하고 있는 사고와 행동양식이 낡은 계층의 교체가 진보의 불가피한 구성요소일 수 있다. 그러나 정치 보스가 "새 피"의 정치권 입문의식을 주관하게 될 터이므로, 새 피라도 오염농도가 적당히 짙어야 허용될 판국이다.

결국 단 한 번의 물갈이로 정치계를 새롭게 할 수 없다. 정치개혁 핵심은 제도 개편에 있다. 민주주의는 풀뿌리 민주주의를 튼튼히 정착시키는 데서 출발해야 한다. 중앙정부, 그것도 청와대에 집중된 정치권력이 다양한 자치단체와 NGO 등으로 분산되어야 한다. 최근 물의를 빚고 있는 농·축협 통합 문제도 풀뿌리 민주주의 정신을 무시해서는 안 된다는 본보기다. 보스 한 사람 마음먹기에 따라 달라지는 정당 내 의사결정도 평 당원 의사를 존중하는 방향으로 개편되는 것이 올바른 민주주의의 첫걸음이다.

경제문제와 관련해서도 단방의 처방을 믿는 사고방식이 있다. 공룡을 죽여 마을을 구한 전설 속의 용사로 나서고 싶은 사람은 우선 공포의 대상을 바로 선택해야 한다. 경제위기를 몰고 온 주범 가운데 재벌이 있어 이를 도마 위에 올린 것은 불가피했다. 그러나 대기업 중 국제경쟁력이 있는 사업은 살리고, 뒤진 부문은 정리하는 분별이 필요하다. 재벌의 평가는 성공과 실패의 종합평가로 해야 한다. 평점이 높은 대기업은 재벌총수의 전횡을 견제하되, 그 조직의 장점을 살려주어야 국민 경제에 이롭다. 단칼에 용을 죽이면 마을 주민들이 오래 잘살게 되는 전설과는 다르다.

재벌 길들이기에 나선 현 정부가 애써 외면하고 있는 또 다른 종류의 공룡이 있다. 그것은 공기업과 대기업 부문의 강성 노동조합이다. 목소리 높은 강성노조 전임 노조원의 이익이 전체 노동계(노조원·비노조원·구직자)의 이익과 상반되는 측면이 많음을 직시해야 한다. 정부는 이 소수의 노동 귀족들만의 목소리를 전체 노동계의 소리로 착각하고 있다.

그 밖에 각종 전문 직종에도 모두 공룡들이 도사리고 있다. 이들을 길들여 바르게 일하도록 유도하는 기술이 정치이다. 요즘 정치권 안팎의 개혁논의를 보면 연금술사의 주문 '아브라카다브라'처럼 헛되이 들린다. 제도와 운영을 바꾸어야 나라가 산다. 정치 보스들의 구태의연한 행태에 국민적 혐오가 깊어간다.

(《중앙일보》, 1999. 8. 31)

독버섯 판별법

　사고는 단발로 그치지 않는다. 특히 금융사고는 그러하다. IMF 사태 이후 금융시장의 사고는 엎친 데 덮치는 듯하다. 처음에는 종금과 은행, 다음에는 리스, 금고, 생보 등이 문제이더니, 요즘에는 투신에 이어 유사금융 업계의 사고가 대중매체 보도의 초점이다. '파이낸스'라는 이름의 엉터리 금융회사들이 사고를 내 부산지역 사회가 뒤숭숭하다고 한다.

　예측 불가능한 금융사고는 없다. 헤지펀드 등 투기성 자금이 단숨에 국경을 넘나드는 외환시장의 급변은 예측하기 어렵지만 일반적으로 금융사고는 미리 조짐이 있다. 유사금융 업계의 사고도 이미 몇 해 전부터 냄새가 나고 있었다. 그 긴 뿌리와 여건을 보면 알 수 있었다.

　우리 사회에 내린 유사금융 또는 사채의 뿌리는 깊다. 고전적 형태는 친지들 간에 상부상조 목적으로 조직·운영되는 계(契)다. 이것이 자산증식용으로 변질돼 50년대나 60년대에는 이따금 계 파동으로 지방도시 경제를 마비시켰다. 유사금융 조직은 여건변화에 기민하게 적응하는 아메바와 같다. 72년 '8·3조치'로 타격을 받았으나 일부는 금고·신협 등의 형태로 지상으로 떠올랐다. 그 이후에도 제도권 밖 어음 할인업 등은 여전히 성업 중이었고 82년에는 간 크고 손 큰 '장(張) 여인' 사건이 제도권 금융의 한계를 유린하는 위력을 과시했다.

　유사금융은 제도권금융의 허점을 먹고 자란다. 은행·금고 등 금융기관이 서민·영세기업 등의 금융수요를 충족할 수 있다면 유사금융은 메마른다. 담보부족, 낮은 신용, 규제 때문에 은행은 물론 금고 등에서도 돈줄이 막힌 사람들이 사금융의 성장토양이다.

90년대에도 명동·신사동·테헤란로 주변에 버젓한 영업장을 둔 제법 굵직한 조직에서 구멍가게 조직까지 다양하게 영업 중이다. 생활정보지 광고, 길거리 명함 돌리기로 급한 돈 구하는 사람들을 유혹한다. 95년 금융연구원 조사팀은 전국에 최소 삼천여 개의 사채업소가 1만여 명의 종업원을 거느리고 성업 중인 것으로 추정했다. 대금업법을 만들어 서민가계, 중소기업 등 이용자 편의와 이익을 보호하고 자금거래를 양성화 해 금융질서를 바로잡고, 조세수입을 증대하는 등 효과를 거두고자 했으나 정부의 관심부족이 벽이었다. 97년 금융개혁위에서도 이 문제를 다루었으나 역시 금고 등 경쟁업계 반대로 여신 전문업법 제정으로 만족하는 데 그쳤다.

2차 대전 직후 저금리 체제를 유지해 온 일본은 서민 가계금융에 소홀했다. 출자법에 의해 연리 백 퍼센트 이상 받을 수 있는 허점을 이용한 사금융, 직장인(샐러리맨)을 상대로 한다는 뜻을 가진 이른바 "사라킨"이 성업 중이었다. 깡패 조직과 연결된 것도 많았다. 이용자들은 높은 금리(79년 현재 연 78퍼센트)와 강압적 빚독촉 등쌀에 신음했다. 가정파탄과 자살사건이 빈발하는 등 사회적 물의가 빚어졌다. 결국 대장성 관료가 아니라 국회의원의 발의로 1983년 대금업법이 마련되었다. 법제정 후 금리는 20퍼센트 안팎으로 낮춰지고 이용자 이익 보호가 크게 신장되었다. 신고제가 등록제로 바뀌면서 업계는 정화되고 다케후지(武富士), ACOM 등 일류회사는 주식시장에 상장돼 허약체질의 일본금융에서 최강의 금융기관으로 급성장해 국제적 신용평가도 높다.

큰 사고가 터져 사회문제가 된 다음에 법 제도화 하는 것이 미리 조치하다 자칫 긁어 부스럼 만드는 것보다 안전하다고 보는 것은 한·일 관료의 공통점이다. 그러나 두 나라의 차이점이 있다. 그것은 수신과 감독 쪽에 있다.

일본의 대금업은 불특정 다수로부터의 수신금지가 잘 지켜지고 지방 자치단체 등의 감독이 철저한 편이다. 한국의 경우 명칭이 무엇이든 간에 사실상 예금통장 형태의 수신이 이루어지고 있어도 정부는 상법상의 회사임을 핑계로 감독의 사각(死角)지대에 방치했다. 정책의 잘잘못을 재판에 걸고 청문회 잔치하는 풍토가 관료 몸사림을 부채질한다.

버섯은 알맞은 습도와 영양분 그리고 특히 적당한 어둠이 있는 곳에서 자란다. 유사금융업은 고금리만을 추구하는 어수룩한 자금주가 많은 곳에 기생한다. 탐욕은 부자만의 전유물이 아니라 빈자에게도 전염성이 높은 열병이다. 금융상식이 조금만 있어도 제도권 금리보다 몇 배의 수익률을 '보장'한다는 사탕발림에 넘어가지 않는다. 이것이 일본과 한국의 차이점이다.

이래저래 정부당국은 사고방지 무대책의 책임이 크다. 무슨 '파이낸스', 무슨 '펀드' 식으로 엔간한 사람 속여먹기 좋은 회사 간판, 예수금 유사 형태의 출자 또는 차입, 고금리 보장 등을 왜 알고도 그리 오랫동안 방치했나.

여신 전문업법을 손질하고 사금융을 양성화시켜 응당한 건전성의 감독 아래 두어야 한다. 버섯에는 이로운 버섯도 있지만 독버섯도 많다. 무엇보다 국민은 독버섯을 바로 알고 피해야 하고 정부는 용이한 판별법을 마련해야 한다.

(《중앙일보》, 1999. 9. 21)

비좁은 국토, 공존의 지혜

세계 인구가 60억 명을 넘어섰다. 그 기록적 날짜를 두고 미국과 유엔 전문가들의 의견이 각각 지난 6월과 오는 10월 12일로 엇갈린다. 인구통계가 정확을 기하기 어렵기 때문이다. 1960년 이래 세계 인구가 두 배나 늘어나 하나밖에 없는 지구가 만원사례이다.

다행히도 인구 증가율은 점점 둔화되는 추세다. 세계 인구가 2040년경에 75억명 수준에서 절정에 이른 다음 감소세로 돌아선다는 전망이다. 이민 입국이 많은 미국을 제외한 선진국 인구는 그보다 일찍 줄어드는 반면 개도국, 특히 사하라 이남 빈곤지역의 인구는 계속 늘어날 것으로 보인다. 20세기 초 세계 인구의 평균 연령이 20세에 불과했던 데 비하여 2050년에는 곱절 이상으로 늘어난다. 이 같은 인구고령화는 가족구성·노동시장·연금·사회복지 등에 중대한 변화를 예고한다.

T. R. 맬서스는 『인구론』(1798)을 통해, 기껏해야 산술급수적으로 늘어나는 식량의 증가에 비해 줄잡아도 기하급수적으로 늘어나는 인구증가 때문에 인간의 미래는 불행하다고 예언했다. 시간을 길게 잡고 복리로 계산하면 때론 가공할 결론을 얻는다. 몇 해 전 어느 전문가의 장난기 어린 계산은 이렇다. 사령 기원전 1만 넌 전 아담과 이브가 만나 매년 1퍼센트씩 인구가 증가했다고 가정하자. 그러면 오늘날 지구의 모습은 어떠할까. 사람에 파묻혀 지구가 보이지 않을 것이다. 정확히 말하자면 지구는 지름이 몇 천 광년(光年)이나 되는 어마어마한 인

간 고깃덩이 공으로 빛의 몇 배 속도로 팽창하고 있어야 한다. 다행히도 맬서스의 비관론은 빗나갔다.

식량부족 · 영양실조 · 질병 · 전쟁 등으로 인구가 오랫동안 정체하거나 감소하였던 덕분에 현재와 같은 수준으로 인구증가가 억제되었다. 세계 인구의 지속적 증가는 인류 역사상 최근 수세기 전부터 가능하게 되었을 따름이다. 자연자원의 수확체감 경향을 압도하는 꾸준한 영농 방식의 과학적 개량, 의학 및 공중위생의 발달 등의 덕분이다. 비좁은 지구상에 늘어난 인구가 공존하려면 평화적 세계 질서, 자원이용의 지구 공동체의식이 필수 불가결하다.

한국은 국제 사회의 책임 있는 일원으로 살아가는 자세를 배워야 산다. 경제 · 정치 · 안보 등 다방면으로 세계 공동체의 새로운 질서에 순응하며 공존 번영한다는 인식의 전환이 요청된다. 소아병적 국수주의와 국내산업 보호 일변도의 중상주의도 낡은 시대의 찌꺼기다.

한반도는 협소하다. 22만 평방 킬로미터의 좁은 국토가 반으로 잘려 더욱 비좁다. 1935년 평방 킬로미터당 100.5명이 살던 국토에 1995년에는 449.4명이 사는 꼴이 되었다. 1999년 현재 460명 수준으로 추정되는 한국의 인구밀도는 반갑지 않은 세계 최상위권이다.

국토가 좁은 만큼 좁은 국토를 넓게 쓰는 슬기가 필요하다. 건축물의 고층화, 지하공간 활용, 분묘제도 개선 등 물리적 공간 활용은 물론 정신적 공간의 개발도 소망된다. 인구밀도가 낮은 선진국형 환경논리를 인구과밀국에 그대로 관철하려는 것은 무리다. 근래 물의를 빚고 있는 간척지 개발이나 동강 댐 건설을 긍정적으로 검토해야 한다.

도시의 공동체 생활에 쾌적한 조건을 제공하도록 서로 노력하는 일이 중요하다. 자동차 소음, 주거지 잡상인 소음, 심야 고성방가 따위는 협소한 국토를 더욱 좁힌다. 길거리 보행자의 어깨 넓이와 팔놀림도 남을 의식해야 한다. 어깨동무, 팔짱끼기도 때와 장소를 가려야 한다. 문화인은 좁은 길에서 가로걷기보다 세로걷기를 지키며 바쁜 사람은 앞설 수 있도록 비켜설 줄 안다.

　제한된 공간에 서식하는 동물의 과잉증식은 서로 물고 뜯고 살생하거나 자해 행위를 해 멸종위기를 초래한다. 이따금 해외 토픽에 등장하는 돌고래의 떼죽음도 이 때문인 것으로 추정된다. 요즘 우리 사회에 창궐하고 있는 각종 범죄가 더욱 흉악해지고 있다. 이른바 '막가파'형 범죄가 늘고 있다. 신창원 같은 범죄자가 우상화되고 있다. 더구나 한국인은 평등주의 성향이 강한 국민이다. 남 잘되고 앞서 가는 꼴은 그냥 못 본다. 따라잡으려는 노력은 바람직하지만 남의 갈 길을 가로막는 것은 사회질서 파괴다.

　질서가 있어야 수많은 거래자들이 모여 거래하는 시장 경제가 제대로 작동된다. 경쟁에서는 이기고 지는 승부가 명쾌해야 한다. 승자의 아량도 중요하지만 패자가 시장 판정에 승복하고 다음 기회에 보다 값싸고 질 좋은 상품을 가지고 다시 겨루겠다는 깨끗한 경쟁정신이 실종되고 있다. 지난날 정부는 승부를 조작했다는 누명을 벗기 어려웠다. 지금 정부는 과연 공정한가.

　사회전반이 달라져야 21세기에 생존한다. 최근 우리는 경제, 사회 전반에 걸친 구조조정을 치르면서 '창조적 파괴'를 이야기하고 있지만 21세기에 걸맞은 창조의 큰 밑그림 없이 서둘러 허무는 데 치우쳐 있는 측면이 없지 않은가 반성해 볼 일이다.

《한국경제》, 1999. 10. 5)

작은 조각, 큰 그림

한 가지를 알면 열 가지를 아는 재간이 중요한 경우가 있다. 판단이 그릇되도 뒤탈이 적은 재치문답 게임에서는 척 보면 삼천 리를 내다보는 눈치가 승부를 좌우한다.

반면 열 가지를 알아야 겨우 한 가지를 제대로 판단할 만큼 감질나도록 굼뜬 심사숙고가 요구되는 경우가 있다. 시비의 판가름이 중대한 결과를 초래할 수 있는 사안은 돌다리 두드리듯 신중하게 접근해야 한다.

최근 6·25 전쟁 중 미군 양민학살 사건이 대서특필 되고 있다. 참전 초기 미군이 노근리 주민을 남녀노소 가림 없이 무차별 사살했다고 한다. 버나드 대령의 LA 타임스 기고문에 따르면 당시 정신무장이 해이한 미군이 바주카포에도 끄떡없는 북한군 탱크와 피난민 행렬에 숨어든 공비들의 위장침투를 두려워했던 게 원인으로 추정됐다. 다른 증언에 따르면 북진 중에도 유사한 사건이 두어 건 더 있었고, 상부에 보고했으나 함구 지시가 내려졌다고 미국 CBS 방송이 보도했다. 한국 정부는 공식 사건조사에 착수했다. 윌리엄 코언 미국 국방장관은 우선 노근리 사건에 조사의 초점을 두어 진행하되 증거가 드러나면 다른 사건도 조사해 나가겠다고 했다.

전쟁은 흔히 선과 악의 대결로 미화되지만 그 와중에서는 피아가 모두 그때그때 그럴싸한 전술적 이유로 크고 작은 비이성적 만행들을

수없이 저지르게 마련이다. 수단 방법을 가리지 않고 승리해야 하는
게 전쟁이다. 쓸데없이 적에게 아량을 베풀다 패망한 중국 춘추시대
송(宋)나라 양공(襄公)은 역사의 웃음거리다. 백마고지는 평화 시의
덕목으로 쟁취된 것이 아니다. 전시에는 흔히 이성적 판단이 마비된다.

6·25를 경험한 세대는 군인이 아니더라도 북한군의 피난민 위장침
투를 눈으로 귀로 보고 들었던 일이다. 이를 저지하기 위해 미군이 무
차별 살생을 저질렀다면 비판받아 마땅하다. 앞으로 정부는 미국의 협
조를 얻어 노근리 사건의 진상이 백일하에 드러나게 할 판이다. 그러
나 노근리 사건 한 가지를 가지고 6·25 전쟁 전체를 판단할 수 없다.
북한군과 그 동조자들의 수많은 학살 만행은 잘 알려져 있다. 잘 알고
있다고 해서 면죄되는 것은 아니다. 노근리 사건이 새로 밝혀졌다 해
서 미군의 한반도 군사활동 전체를 범죄행위로 규정할 수 없다.

그림 한 조각으로는 짜맞추기 그림 전체를 알 수 없다. 전체 그림을
알면 조각 하나하나의 위치를 정확하게 알 수 있다. 노근리 사건도 그
렇게 보아야 한다. 발발 초기에서 정전에 이르기까지 전 과정을 거쳐
피아 간 밀리고 미는 전쟁의 전체 그림 속에 노근리 사건을 두고 판단
해야 한다.

30여 년간 군부의 권위주의 시대가 물러간 이후 해방 후 근세사를
다시 쓰는 수정주의 입장이 유행을 타고 있다. YS 정권의 역사 바로
세우기는 지금 더욱 기세를 올리고 있다. 지난날의 정사(正史)가 야사
(野史)에 의해 크게 뜯어고쳐지고 있다. 수정되는 부분이 대부분 일정
한 경향성을 가지고 있다는 데 주목하게 된다. 여울을 이루어 소리내
며 흐르는 수많은 지류들이 결국 큰 줄기 주류에 합세해 조용히 흐르
는 것이 제대로 된 도도한 역사의 흐름이다. 최근 수정주의 손길에 의
해 큰 물줄기가 여러 지류로 갈려 요란한 소음을 내고 있어 역사의 흐
름이 혼미해 보이게 만들어진 것은 아닌가 싶다.

튼튼한 자주·독립국가로서 강물이 막힘 없이 흐를 수 있을 만큼
역사의 샘이 깊다면, 한반도를 둘러싼 중·러·일 열강국의 이해관계

를 견제할 미국의 존재가 불필요하다면, 한강 중심의 흐름을 대동강 중심으로 물길을 바꾸려는 세력이 없다면, 우리는 수정주의 입장에 느긋할 수 있다. 우리는 끊임없는 과거사의 재조명을 통해 역사 인식이 중요해질 수 있음을 알고 있다. 오늘날 수정주의에 느긋할 수 없을 만큼 긴장을 요하는 국제 정세 속에서 국익을 추구해야 한다는 사실을 알아야 한다.

우리는 최근 동티모르 유엔 평화 유지군에 참여하는 군부대를 환송했다. 다행히도 위험이 적은 동부 지역에 주둔하게 되었다고 하나 민병대들과 무력충돌 가능성을 완전히 배제할 수 없다. 그때 발생하는 적측의 사상자가 반드시 무장군인에 국한되리란 보장은 없다. 지난날 월남 파병군의 경우 민간인 살상은 전무하지 않았다. 그것이 전쟁의 생리이다.

비록 사실이 그러하더라도 6·25 전쟁 중 미군의 만행은 철저하게 밝혀지는 것이 바람직하다. 양민학살 보고를 듣고도 함구 지시한 명령 체계의 책임을 물을 것을 미국 정부에 촉구한다. 이 모든 것이 정치·경제·안보의 큰 그림 속에서 한미간의 우호관계를 발전시키고, 21세기에 국제 사회의 책임을 분담하는 국가, 자긍심 있고 국익을 앞세우는 국민으로 뻗어 나갈 수 있기 위해서 필요하다.

(《한국경제》, 1999. 10. 26)

말, 말, 말 그리고 칼

요즘처럼 말 많은 세상이 또 있을까. 서로 상대방을 헐뜯는 뉴스 보도가 엇갈리니 사람들 머리가 헷갈리지 않을 수 없다. 한 기자가 언론 기관 가해 내용의 문건을 작성해 정보 기관장에 전했고 이것이 다른 기자의 손을 거쳐 야당 의원에게 전달돼 파문이 크게 번지고 있다. 얼마 전 언론탄압과 탈세의혹이 맞물린 사건이 있었다. 말, 말, 말, 참으로 말의 홍수다. 외견상 어지럽게 보이지만 권력과 언론 간의 기세 싸움이 사건의 핵심으로 비춰진다.

언론의 펜과 권력의 칼이 물리적으로 맞대결해 승부를 가려야 하는 것인가. 권력의 본질에 관한 여러 명언 가운데 가장 이해하기 쉬운 것이 모택동의 섬뜩한 말이다. 그는 모든 공산당원에게 "정치적 권력은 총구에서 나온다."라는 진리를 깨달아야 한다고 갈파했다. 김정일이 국방위원장 자리만 가지고도 북한 주민을 굶주림 속에 전쟁 준비에 내몰아도 언론이 질식한 공산주의 체제 하에서 그를 반대하는 민중봉기의 불씨가 크게 번질 수 없다.

반면 가장 난해한 명언은 "펜이 칼보다 강하다."라는 말이다. 아무런 전제조건이 없다면 칼과 대결해 잘리고 망가지지 않을 펜이 있을 수 없다. 세르반테스(1547~1616)도 돈키호테의 입을 빌어 "펜이 칼보다 낫다고 아무도 나에게 주제넘게 말하지 말라."라고 하지 않았던가.

펜과 칼이 서로 견제해 제법 잘 어울리는 대립을 보이는 사회가 민주주의 사회라고 볼 수 있다. 이를 위해 필요한 전제조건은 무엇인가. 칼잡이의 도량과 펜잡이의 자질이 전제되어야 한다. 역사적으로 민주주의의 동이 트기 훨씬 이전 고대 그리스 도시 국가 헤라크레오 폴리스의 왕(이름은 전해지지 않음)이 아들인 메리카레(Merikare, 기원전 2135~2040)에게 남긴 가르침 가운데 이런 대목이 있다. "힘이 강해질 수 있도록 언변을 길러라. 말은 어떤 싸움보다 용감하다. 현자는 왕의 스승이다. 그의 지식을 아는 사람은 현자를 공격하지 않는다." 앞에서 인용한 "펜이 칼보다 강하다."라는 명언을 남긴 리튼(Lytton) 경(卿)(1803~73)은 "전적으로 위대한 사람들의 통치 하에서"라는 전제조건을 두고 있다. 지금 우리가 '위대한' 큰 정치 하에 살고 있는가.

권력자가 권력에 취해 칭송 이외의 말을 거부하는 독선·옹졸에 빠진다면 언론의 펜은 부러진다. 일면 언론에 아부하고 일면 압박하고 조종하는 권력에 언론기관의 종사자가 시녀 되기를 자청한다면 그 비뚤어지고 무딘 펜으로 정론을 펴기는 불가능하다. 항상 객관적 입장에 서서 직업윤리에 맞게 자기관리를 할 줄 아는 현명한 펜이 있어야, 그리고 주권재민의 원칙과 언론의 소중함을 아는 정치 권력자가 있어야 비로소 펜이 칼보다 강하게 구실하는 민주사회가 꽃필 수 있다.

우리 사회의 현실은 어떠한가. 지난번 언론개입 혐의로 회부되었던 문화관광부 장관 해임 건의안이 국회 표결 직후 여당 대변인이 "해임안이 부결된 것은 국민의 정부 하에서 언론탄압이 없다는 사실을 만천하에 입증한 것"이라는 성명을 냈다. 이는 4천년 전 메리카레 교훈도 모르는 발언이다. 입증된 것은 여당의 이탈표가 극소했다는 사실뿐이었다. 입증되지 않은 것은 집권 여당이 '위대한' 정치를 지향하고 있다는 사실이다. 혐의 소문만에도 부끄럼을 느끼는 정치인이라야 위대성에 도전할 자질을 갖춘 것으로 치부된다. 후안무치는 무뢰한의 특징일 뿐이다. 정부와 언론 간의 다툼이 장기화되고 있다. 라 로슈코푸(1613~80)의 말처럼 잘못이 한쪽에만 있다면 다툼은 오래가지 않는 법이다.

25년 전 동아일보 무광고 사태를 정점으로 가시밭길의 한국 언론은 내리막길을 걸어왔다는 게 중론이다. 지난 김영삼 정부는 세무사찰 자료를, 현 정부는 금융기관 대출 자금줄을 틀어쥐고 언론을 다스린다는 소문이 파다하다. 틀어쥐는 정부나 잡힌 언론사나 모두 문제가 아닐 수 없다. 근래 가열된 발행부수 경쟁 때문에 언론계 결속이 흐트러졌다. 언론계를 관계·정계 진출의 지름길로 밟고 간 선배들의 뒤를 이어 마음이 콩밭에 가 있는 현직 기자들이 허다한 모양이다. 곡필(曲筆)은 잘 나가고 정필(正筆)은 뒷전으로 몰리는 게 요즘의 언론 풍토인가. IMF 사태 이후에도 문 닫은 신문사는 한 곳도 없다. 사회 각 분야의 비효율 부담은 결국 기업 부문의 국제 경쟁력을 잠식한다.

무엇을 위한, 누구를 위한 다툼인가. 정부와 언론, 각자가 제 할 일에 최선을 다하면 된다. 먼저 물리적 힘이 센 정부가 반대여론을 반정부적인 것으로 몰지 말아야 한다. 쓰디쓴 충고일수록 이롭다. 그 다음 언론기관은 재정 건실화, 기사내용의 객관성과 정확성의 제고 등 자정의 노력을 강화해야 한다. 현 정부는 민주주의와 시장 경제를 지향한다고 한다. 세르반테스는 "내일은 새로운 날"이라고 위로한다. 그 내일은 과연 언제쯤인가. 아 참, 과묵이 최선이라는 격언을 잠시 잊었나 보다.

(《중앙일보》, 1999. 11. 2)

정부와 언론의 다툼, 그것은 어제오늘의 일이 아니다. 군사권위주의 시대 끔직한 필화 사건, 언론사 강제통폐합은 물론이고, 민주화 이후 언론사 세무사찰·원격조정·전파 매체를 동원한 인쇄매체 매도 등이 계속되고 있다. '위대한' 정치는 아직 요원하다.

경제학의 비상과 추락

‘경제학자의 시대’가 왔다는 말은 이백여 년 전 E. 버크의 『프랑스
혁명론』(1790)에 나온다. 혁명의 와중에서 여왕의 처참한 최후를 지켜
보며 한때 그녀가 한몸에 누리던 군중의 환호와 사랑이 어디 갔나 개
탄한다. “기사들의 시대는 가고, 경제학자들, 역사 이론가들, 계산가
들의 시대가 이어졌다. 유럽의 영화는 영원히 사라졌다.”라고.

애덤 스미스 이래로 경제학자들의 영향력은 점차 커지고 20세기에
는 경제학이 사회 과학의 여왕이 되었으며, 공공 및 민간 부문에서 경
제학자의 위세는 제왕처럼 막강했다. 이것은 대공황의 깊은 늪에 빠진
자본주의 시장 경제를 구원한 케인즈만을 염두에 두고 하는 말이 아니
다. 공산주의 명령경제라는 인류사상 전대미문의 비극적 대실험을 감
행하게 만든 장본인이 칼 마르크스였다. 좋든 나쁘든 “경제학자는 몸
은 죽어도 사상은 살아 때로는 일세를 풍미한다.” 케인즈도 이런 취지
에서 오늘날 사회 사상치고 과거 유명무명의 경제학자들의 아이디어
아닌 게 없다고 공언했다.

그러나 세기가 바뀌는 문턱에 서서 경제학의 위세가 꺾이고 있음을
감지하게 된다. 그것이 단순히 명령경제 체제의 붕괴 탓이라면 오히려
환영할 일이다. 문제는 보다 깊고 위급하다. 채굴이 끝난 광산은 폐광
된다. 광산학처럼 경제학도 자살적 요인이 있다. 그러나 동일한 욕망
은 체감할지라도 새로운 욕구가 지속적으로 창출되기 때문에 경제학

수명의 끝없는 연장이 보장된다. 그러면 무엇이 문제인가? 그것은 경제학자들 스스로의 거세현상 때문이다.

스미스 이전에는 물론이지만 이후에도 경제학은 대학 강단에 선 전문인에 의해서만 개발되지는 않았다. 저마다 시대적 과제, 현실 사회 문제를 다루면서 이론이 나오고 토론이 벌어지면서 학문이 발전했다. 19세기 초반 곡물법 논쟁이 없었다면 D. 리카도와 T. R. 맬서스가 이름을 남기지 못했을 것이고, 미국의 보호무역을 보지 못했더라면 독일의 F. 리스트는 역사학파의 선구자가 되지 못했을 것이다.

그러나 현실문제와의 관련성을 지나치게 강조하면 역사와 이론, 정책 간의 구분을 혼미하게 만드는 신역사학파의 오류를 범하게 된다. 이에 따라 방법 논쟁이 벌어지고 이론경제학의 엄밀성은 강화되었다. 엄밀성의 대가로 지불된 것이 현실과의 관련성이었다. 19세기 후반 한계학파의 등장, 일반 균형이론의 확산에 따라 경제이론의 현실도피 성향이 짙어졌다. 경제학의 엄밀성을 추구하는 과정에서 주문을 복잡하고 어렵게 만들어 다수를 국외자로 외면하는 밀교(密敎)처럼 되어가는 느낌이 있다. 그리고 선진 학문의 동굴 사원에서 익힌 주문을 후진국 구도승들이 전파한다.

R. 헤일브로너의 말처럼 위대한 경제학자는 인간행위 중 가장 세속적인 것, 부(富)의 추구행위를 철학체계로 포용한 "세속적 사상가"였다. 경제학에서 분화 성장한 경영학에 대하여 경제학자들이 보내던 한때의 비아냥이 앙갚음되고 있다. 정부 주도형 경제개발 시대가 곧 시장 경제 시대로 전환되어 경제학자들이 정부고객을 잃었다. 기업의 경제활동을 비롯해 시장·질서 등 제도 측면의 관심과 거리를 두어야 학문의 순수성이 높아진다고 보는 것이 상아탑 학자들의 관점이었다. 학문은 학자들의 다양한 접근방법이 중돌·조화하면서 발전한다. 경제학도 그렇다. 그러나 다수의 경제학자들은 현실의 시장과 제도를 천착하고 개선방안을 구상하는 실천적 탐구자여야 한다. 여기가 지뢰밭이다. 정부와 기업이 근접해야 정보원을 확보할 수 있지만 때로는 접촉 폭발

사고 위협을 무릅쓰는 곡예사가 돼야 한다.

캠퍼스 안에서는 학술지의 수준 향상, 근친상간적 인사 추방, 토론 문화의 정착 등 과제가 산적해 있다. 기초 경제이론에는 국경이 없지만 시간과 공간에 따라 연구과제의 내용과 우선순위가 다르다. 한반도 통일의 경제사회적 과제는 한국 경제학자의 최대 관심사지만 타국민에게도 그러할 수는 없다.

고대 희랍 크레타 섬에서 이카로스는 태양을 향해 날다 밀랍이 녹아 추락했다. 경제학은 자연 과학을 향해 비상하다 사회 과학으로 추락할 위기에 봉착했다. 엄밀성이 약한 학문은 잡스러운 넋두리이기 십상인 반면, 현실 관련성을 무시하면 내시들의 학문이 된다. 근래 경제학자, 특히 한국 경제학자들의 무기력증은 연구 영역과 관심을 스스로 좁혀 자초한 것이다. 상아탑 속은 아늑한 무풍지대다. 환란, 경제위기도 내 탓이 아니다. 학계, 기업계, 정부와 함께 국민 경제문제로 고심하는 연구풍토를 만들어 새 천년 경제학 터전을 넓혀야 한다.

(《문화일보》, 1999. 12. 9)

뉴 밀레니엄의 빅 맨

2000년 4월 총선 열기가 벌써부터 달아오르고 있다. 중앙 선거관리 위원회는 내년 총선 경쟁률이 과거 어느 때보다 높을 것으로 보고 있다. 총선 경쟁률이 1996년 총선 때는 5.5대 1로 치솟았는데 내년에는 최고치가 경신될 것이라 한다. 이처럼 야심 찬 지도자 후보들이 다수 출현하는 현상은 반가운 것인가?

마빈 해리스(Marvin Harris) 같은 인류학자들은 초기국가의 형성을 '빅 맨(big man)'이라는 지도자의 출현으로 설명한다. 남서부 태평양 소르본 제도 등 멜라네시아 섬 지방에는 근래까지도 빅 맨들이 활약하고 있었다고 한다. 빅 맨이 되고자 하는 젊은이는 처와 자식은 물론 친인척을 동원해 열심히 경작하고 가축을 키운다. 남보다 열심히 일하면서도 자신이 먹는 식량소비를 줄임으로써 지도자로서의 능력과 자질을 입증한다. 빅 맨으로서의 명성을 위해 가족들은 기꺼이 희생한다. 노력의 결과로 생산, 축적된 음식물로 부족을 모아 큰 잔치를 베푼다. 잔치가 푸짐할수록 그의 지지자들이 늘어난다. 다음에는 남성전용 공회당 건설을 목표로 노력한다. 이렇게 노력을 계속하는 과정에서 빅 맨으로서 그의 지위가 굳어진다. 부족늘에게 제공하는 돼지, 코코넛 파이, 사고야자 음식 등의 양과 질로 경쟁자들을 압도함으로써 드디어 가장 존경받는 사람이 된다. 다른 부족과의 전투에 있어서도 동족을 위해 용맹을 보여야 함은 물론이다. 이렇게 해서 추장이 탄생하고, 초기국가의 왕이 등장했다는 가설이다.

이상은 군왕의 출현과 원시국가의 등장을 설명하는 여러 가지 가설 중의 하나지만, 새로운 세기의 정치 지망생들이 스스로 자기 모습을 비춰 볼 거울을 제공한다. 여의도를 거쳐 청와대에 오르기까지 그대들은 동족을 위해 과연 어떤 일에 진력했고 어떤 자기희생을 감수했나를 자문해야 한다.

우리는 정권 교체기마다 집권 초기에 사회정의와 도덕성의 깃발이 드높이 세워짐을 보았다. 이것은 기나긴 정권쟁취의 치열한 다툼 속에서 피아 간 흠집내기와 흠집나기가 난무했던 자신의 과거행적을 도외시한 오만함이었다. 불행하게도 오래지 않아 도덕성의 깃발은 퇴락해 꺾임이 불가피했다.

집권초기에는 과거정권 비판이 즐겁고, "우리는 다르다."는 자신감을 만끽할 수 있다. 그러나 집권 후 발생하는 부정부패를 질타하는 비판여론에 맞서 "과거 정권 때도 그렇지 않았나.", "그렇게 작은 일로 국력을 낭비하게 만드느냐." 등 감싸는 말이 발설되는 순간, 국민 일반을 매료하던 신정권의 마술이 사라진다. 옷 로비 사건, 언론 문건 사건 등이 단순히 기득권층의 반개혁 음모 탓으로 크게 불거진 게 아니다. 그것은 빅 맨으로서의 허상 노출 때문이다.

원시부족의 빅 맨의 경우 본인뿐만 아니라 가족과 친인척들도 부족 잔치 준비를 위해 솔선수범하는 노력과 자기희생을 아끼지 않았다. 광복 이후 제헌국회의 일부를 제외하면 빅 맨다운 선량을 찾아보기 어려웠다면 지나친 말인가? 빅 맨대신 오히려 큰 모기 떼들이 극성이었다.

오래전 어느 동남아 국가에서 있었던 얘기다. 부패무능한 정부가 교체되지 않는 까닭을 묻는 외국기자에게 현지인이 이렇게 답했다고 한다. "모기장 속의 것들은 이미 배불리 먹은 모기지만 밖의 것들은 굶주린 모기니까 그냥 그대로 두고 사는 게 국민에게 피해가 적지 않겠습니까."

내년 총선 출마 예상자가 많다. 그 중 '빅 맨'은 몇이고 '빅 모스키

토’는 몇일까? 그러나 이렇게 정치판을 바라보는 것은 냉소자의 흥밋거리는 될지언정 현실 세계를 혁파하는 건설적 시각일 수 없다. 다가오는 다음 세기에 어울리는 지도자를 선별하는 안목을 기르는 일이 중요하다. 출사표를 던진 사람들 가운데 작은 사람을 제치고 큰 인물, 진정한 빅 맨을 고르는 기준은 무엇이어야 하나?

첫째, 진실·성실·근면·자기희생 등 기본 덕목을 갖춘 자라야 한다. 유권자의 올바른 선택이 가능하도록 정치 지망생들의 과거가 투명하게 전달돼야 한다. 허위 학력, 과장된 경력이 바로잡혀야 한다. 전과기록을 영예로 둔갑시키는 특정 이념형 보도가 시야를 흐린다. 둘째, 전문성을 갖춘 자라야 한다. 생산적 직업경험의 요구는 지식기반 시대에는 더욱 절실하다. 셋째, 연고주의를 탈피해야 한다. 지연, 학연 등 연분을 따르는 유권자 투표행태가 정치 모기 떼를 가능케 했다. 마지막으로 지구촌 시대에 걸맞는 안목과 식견을 구비해 국제 경쟁 속에서 국익을 식별하고 추진할 수 있어야 한다.

21세기를 맞이하는 대목에서도 원시사회적 빅 맨다운 인물들이 활약하는 정치무대가 기다려진다는 것은 결코 아이러니가 아니다.

(《한국경제》, 1999. 12. 28)

국민 경제의 올바른 지향점

길잡이 없이 앞을 내다보기 어려울 만큼 혼탁한 게 요즘 세태다. 세태의 길잡이를 자처하는 내로라하는 이론가들이 없는 게 아니다. 그러나 이론은 딱딱하다. 반면 우화는 흥미 있고 알아듣기 쉽다. 누가 처음 말했는지 불분명한 얘기 하나를 소개하기로 한다. 요즘 헷갈리는 경제 정책이 무엇을 지향하는지를 판가름하는 데 도움이 됨직하다.

사회주의: 당신에게 두 마리 암소가 있다 치자. 한 마리를 이웃에게 주고 한 마리만 가져라.

공산주의: 당신이 가진 두 마리 암소를 모두 국가에 바쳐라. 국가가 우유를 좀 나눠 줄 수 있다.

나치주의: 당신이 두 마리 암소를 가졌다면 정부는 당신을 총살하고 모두 빼앗는다.

무정부주의: 당신은 두 마리 암소를 그냥 가지고, 정부 앞잡이를 죽이고 남의 소까지 훔친다.

자본주의: 당신에게 두 마리 암소가 있다면 시장에 암소 한 마리를 내다 팔고 수소 한 마리를 사 온다. 새끼를 낳아 두고두고 이익을 취한다.

우화는 언뜻 알아듣기는 쉽지만 이론의 정치한 부분까지 이해하기에는 부족하다는 단점이 있다. 그러나 생산의 효율성과 분배의 정의를 어떻게 배합할 것인가를 논의하는 자리에서 되새김해 볼 만한 우화라고 여겨진다. 사촌이 땅 사면 배 아픈 백성에게는 두 마리 암소를 가진 이웃이면 곱상일 수 없다. 이런 국민정서의 계몽 없이 그대로 영합하는 정책을 펴서는 진정한 시장 경제가 발전할 수도 없고, 21세기 무한경쟁의 세계 경제에서 한국의 생존 번영이 보장될 수도 없다. 요즘 정부가 말하는 "생산적 분배"는 암소 주인에게도 열심히 일해 많은 우유를 사회에 공급하도록 유인하는 그 무엇을 함축해야 한다. 그것이 무엇인지 분명히 밝혀져야 한다. 채찍과 당근이 함께 있어야 암소 주인도 배 아픈 이웃도 다스릴 수 있다.

40여 년 전 인도는 한국보다 훨씬 앞서 경제개발 5개년 계획을 실행하는 등 발전 전망이 밝은 나라였다. 그러던 인도가 1인당 국내 총생산이 한국의 10분의 1에도 못 미치는 수준에 머물러 있다. 종교적 금기가 아니었다면 도살돼 식용으로 쓰였을 소들이 무리를 지어 느릿느릿 배회해 교통흐름이 차단되곤 한다. 고질적 카스트제와 관료주의가 체념과 부패를 확산시켜 국민의 경제 마인드를 질식시킨다. 그런 인도도 근래에는 사회주의의 규제를 풀고 외국자본의 국내시장 진출을 허용하는 등 시장 경제의 새 바람을 맞아들이고 있다는 소식이다.

국민 경제 발전을 위해 외국자본의 도입이 필요하다는 것은 널리 알려진 사실이지만 국민감정은 이를 거부하고 있다. 영국은 웬만한 제조업 중 자국민 손에 남아 있는 게 드물다. 런던 금융가에도 미국, 독일, 스위스 등 외국계로 넘어간 회사들이 즐비하다. 이러던 영국인에게 자존심을 세우는 사건이 최근 발생했다. 독일의 전통적 제조업 기업 '만네스만'을 영국 정보통신 기업 '보다폰'이 흡수 합병하는데 성공했다. 런던의 대중지들은 "드디어 독일 굴복하다."라고 대서특필했고, 독일의 언론은 시큰둥했다. 그동안 수많은 영국 기업들이 이미 독일 자본의 지배 하에 들어와 있기 때문이다.

대중적 애국심이 국민 경제 이익의 올바른 저울대가 아니다. 국민 경제의 득실을 냉철히 따지는 머리로 뜨거운 가슴의 애국심을 식혀야 한다. 국내 시장의 개발 이후 외국인 소유로 넘어간 토지가 여의도 면

적의 몇 배이고, 국내 굴지의 기업들도 외국 자본의 지배 하에 들어간다고 대중매체들이 호들갑이다. J은행, S전자, O맥주 등에 이어 D자동차도 외국 자본에 넘어가게 된다고 한다. 외국 자본의 국내 기업 인수에 대하여 이렇게 머리를 정돈해 보면 어떨까.

상책(上策): 재무상태가 건전하고 수익성이 높아 외국 자본이 군침을 삼키지만 주식시세가 워낙 높아 인수에 엄두를 못 내는 기업을 많이 가지는 것.

하책(下策): 재무상태가 불건전하고 수익전망이 불량해 주가는 헐값이지만 외국 자본이 인수에 흥미를 느끼지 못하는 기업들을 가지는 것.

그렇다면 우리가 할 일은 무엇인가. 그것은 외국 자본의 인수 관심 대상이 될 만큼 높은 주가의 건실한 기업들을 많이 육성하는 것이지, 폭락 주가의 불량기업을 양산해 그들의 관심 밖으로 밀어내는 것이 아니다. 장벽을 높여 외국 자본의 국내진출을 차단할 수 있는 시대는 지났다.

무엇이 우리 기업인지 판단하는 기준을 글로벌 시대에 걸맞게 세워야 한다. 대주주 국적이 무엇이든 한국 노동자에 일자리를 주고, 법인소득세 등을 한국 정부에 납부하는 기업이면 한국 기업이다. 해외에서 외국 경제에 기여가 큰 한국 국적의 기업보다 외국 기업이 한국 경제에 실질적으로 기여하는 바가 크면 그것이 우리 기업이다. 우리도 해외에서 외국기업의 인수·합병에 나설 힘을 키우면 된다. 애국심의 뜨거운 열정 때문에 냉철한 국민 경제의 이익계산이 틀려질까 우려된다.

(《한국경제》, 2000. 3. 14)

성냥불과 경제위기

성탄절 전야 길거리 한 모퉁이에 어린 소녀가 언 발을 동동거리며 성냥을 팔고 있었다. 명절 쇼핑 나들이에 바쁜 행인들은 소녀에게 눈길조차 주지 않았다. 한 푼 벌이도 없이 집으로 돌아가면 혼쭐나게 야단맞을 것이 두려운 소녀는 인적이 끊긴 어두운 길거리에서 몸을 녹이려 성냥을 켰다. 꺼지면 다시 켜고 또 다시 켰다. 성냥개비 불이 잠시의 온기와 풍성한 환상을 주었다. 이러다 동사한 소녀의 시체가 이튿날 아침 발견되었다는 외국 동화 한 토막은 동심을 아리게 한다.

성냥개비, 그것만으로는 몸을 녹일 수 없고 더구나 화재를 일으킬 수 없다. 처음 발명된 성냥은 아무 데나 문질러도 불이 붙어 편리한 반면 위험이 컸다. 그래서 특수 물질이 발린 표면에 그어야 발화하는 '안전' 성냥이 개발돼 오늘날 널리 사용되고 있다. 모닥불을 지피려면 마른 낙엽 같은 검불이 있어야 한다. 봄 가뭄으로 전국 산야에 인화성 물질이 쌓여 있는 요즈음 산불이 빈발하기 때문에 등산객의 각별한 주의가 요망되고 있다.

1997년 여름 동남아 경제에 위기의 불길이 번지기 시작했다. 당시 정부는 경제 구조가 다르고 "펀더멘틀즈"가 튼튼하다는 대외홍보를 폈으나 방화벽 구실을 다하지 못해 그해 초겨울 한국 경제도 외환위기의 불길에 초토화되었다. 그간 불길을 당기는 인화물질을 이곳저곳에 층층이 산적해 두고 있었다는 반증이었다. 국제통화기금의 극약처방으로 초기의 대규모 기업도산과 실업 등 고통을 치른 다음 작년 하반기 이래 국민 경제의 회생이 가시화되는 모습이 거시경제 지표로 잡히기 시작했다. 이로써 경제위기의 불길은 다 잡혔는가. 화재 사건이 벌어지면 진화작업과 화재원인 감식작업이 진행된다. 2년여 전 경제위기를 좁혀 외환위기로만 본다면 그 이상의 원인규명이 불필요하다. 외환보유액이 800억 달러를 넘어선 이제 와서는 만세 삼창이라도 외쳐야 한다.

그런데 만세 일창일 수밖에 없다고 판단되는 까닭은 무엇인가. 그것은 성냥불로 번진 대화재 사건에서 발화지점의 성냥개비를 찾아 불을 껐다고 해서 소화 작업이 완전히 종료되었다고 단언할 수 없는 이치 때문이다. 아직도 불씨를 안고 있는 인화물질이 곳곳에서 매캐한 연기와 후끈한 열기를 내뿜고 있는 현장을 외면하는 소방관은 무자격자이다.

어떤 일이든 모두 다른 일의 결과이자 또 다른 일의 원인이다. 화재도 외환위기도 이처럼 물고 물리는 인과관계 연속의 한 고리에 불과하다. 97년의 위기를 단순히 외환위기로 보지 않고 경제위기, 더 나아가 정치 · 경제 · 사회의 총체적 위기로 보아야 한다는 것은 인과연속과 동행성(同行性)에 대한 상식적 인식과 열린 마음이 있으면 누구나 알 수 있다.

환란 이전을 잠시만 되돌아보아도 한국의 총체적 위기를 실감할 수 있다. 외환보유가 바닥나기 이전에 금융기관 부실이 누적돼 있었고, 이는 한보 · 기아 두 그룹을 비롯한 다수의 부실기업과 맞물려 있었다. 또 그 저변에는 노사분쟁의 격화, 노동법 개정의 번복과 연결돼 있었고, 정치권의 비자금 등 비리사건은 그칠 줄 몰랐다. 일반 국민의 가계 살림도 1만 달러 소득 신드롬에 빠져 흥청거렸다. 어느 누가 다른 경제주체를 손가락질하기 어려운 상황의 총결산이 외환보유의 탕진을 가져왔다. 정치권의 여야 어느 쪽도 책임에서 자유로울 수 없다. 외국자본의 투기가 한몫 하였으나 그들의 신뢰를 잃고 약점을 보인 상황은 우리가 제공한 것이다.

마른 검불이 없으면 남이 불씨를 던져도 초원의 불은 번지지 않는다. 부실 금융기관, 방만한 기업, 전투적 노조, 오만한 관료, 부패한 정치, 낭비적 가계라는 검불이 없다면 환란은 일시적 외환 유동성 부족의 문제일 뿐이다. 그렇다면 이미 위기상황 끝이라고 선언해도 좋다. 사실이 그러하지 않다는 것은 사상초유의 외환보유에도 불구하고 국제 금융시장에서 한국계 금융기관에 대한 가산금리가 환란 이전보다 4배 내지 5배 높은 수준인 것으로 미루어 보면 알 수 있다.

금융기관 부실의 단초가 관치금융이었다면, 빈번한 금리인하 강요, 국민은행 선임 파행 등에서 보듯 은행경영과 인사에 대한 개입 등은 종전보다 나아진 구석이 조금도 없다. 한보·기아 부실 합계액보다 몇 배 큰 대우 부실채권 문제가 근본적으로 해결되기보다는 연기된 상태에 있다고 보아야 한다.

이러한 상황에서 옹졸한 쇼비니즘이 다시 고개를 들고 있다. IMF 구제금융 관련 대여자의 도덕적 해이를 문제 삼고 있다. 그것이 문제라면 98년 초 뉴욕 채권단 협상 시에 충분히 짚고 넘어갔어야 한다. 이제 와서 익사직전에 물에서 건져주니 보따리 달라는 식의 맹랑한 모습이 엿보인다. D자동차 회사 처리문제와 관련한 국부 유출론이 강하다.

4년마다 치르는 총선은 망국병을 재연하고 있다. 세계인의 시선을 의식하지 않는 여야 공방전이 문제다. 국가부채와 같은 중대 문제를 의식적으로 축소하거나 과장하는 것은 모두 대외 신용도에 불리하게 작용한다. 투명한 정보가 최선임을 알아야 한다. 성냥불을 키워서도 안 되지만 그것만 끄면 진화작업 완료라는 생각도 문제가 아닐 수 없다.

(《매일경제》, 2000. 3. 21)

내가 곧 시장이다?

‘태양왕’으로 불릴 만큼 위풍당당했던 프랑스 절대군주 루이 14세는 1651년 의회연설에서 “짐이 국가다.”라는 말을 남겼다. 자신의 군대가 1709년 말파케 전투에서 패전했다는 소식을 듣자 “신(神)은 내가 그를 위해 한 모든 일을 잊었단 말인가.”라고 말했다는 걸 보면 그의 콧대 높음을 짐작할 수 있다. 혁명 후 난세에 등극한 나폴레옹도 기세등등했다. 1814년 상원연설에서 “왕좌란 무엇인가. 그것은 벨벳 천을 씌우고 도금한 나무 조각이다. 나만이 국민의 대표이다. 짐이 국가다. 설사 과오를 범했더라도 그대들은 나를 공개적으로 비난해서는 안 된다.” 그 후 약 2세기 지난 요즘의 민주주의 시대에 이런 말을 발설하는 지도자에게 자리를 맡길 국민은 없다. 내심이야 어떠하든 지도자는 자주 ‘국민’의 이름을 빌어야 한다. “국민이 원한다면”, “국민의 뜻을 하늘같이 알고” 등 국민을 등에 업는 수사법이 능해야 지도자로 발돋움한다.

60년대 초 이래 정부 주도 하에 국민 경제를 운용해 고도성장을 이루었고 그 공적 덕분에 고소득을 누리게 되었지만 각종 후유증을 남긴 것도 사실이다. 그 가운데 가장 고질병이 관료들의 관치만능 마인드이다. 80년대 이래 민간 주도형이라는 말이 관청가에 무성하지만 실제로 대다수 관료들의 행동양식은 크게 달라진 게 없다. 내심으로 지난날 관치 경제시대가 그리운 그들이 “민간 부문의 창의력”, “시장 메커니즘", "시장원리" 등 구호를 외친들 민간 주도 경제운용이 촉진될 수 없다. 1997년 경제위기의 멀고도 가까운 원인이 바로 관치금융이었다는 데 이의가 있을까. 그런 원인 제공자들 중 일부가 위기를 기회로 삼아 "난파선의 키를 잡고", 외채협상을 "성공적으로" 마무리하고, 구조조정을 잘해 왔다는 등 자화자찬하는 것을 듣노라면 우리가 과연 어느 시대에 살고 있나를 의심하게 된다.

최근 고위관료들의 우려되는 발언이 부쩍 늘고 있다. 얼마 전 "시장이 실패하면 정부가 개입한다."는 경제정책 책임자의 발언은 원론 수준에서 지극히 타당한 말이지만, 한국의 경우에는 외부성, 불완전 경쟁 부문, 불완전 정보 등 교과서적 요인들 못지않게 시장실패를 빌미로 정부가 과도하게 시장 개입했기 때문에 빚어진 정부실패의 후유증을 외면한 발언이다. 금융억압이 어느 정도 필요했던 시대가 지났는데도 지속된 각종 규제들이 위기의 원인이 된 것 아닌가. 골수 관료는 정부통제의 고삐가 풀려 위기가 왔다고 반론을 펴고 싶을 것이다. 하기야 형무소 죄수사회에는 통제된 질서가 있지만 그것은 자유인들의 경제활동에 이식할 만한 양질의 질서가 아니다.

금융시장에는 시장 실패요인들이 상존한다. 특히 금융 거래자들이 서로 상대방을 잘 알지 못해 빚어지는 정보 비대칭 현상이 심각하고, 여기서 도덕적 해이 문제와 역선택 문제가 발생한다. 자칫 금융기관이 부실화될 가능성이 높다. 그래서 금융 감독기능이 중요하다. 환란과 금융위기의 직접적 요인은 바로 은행을 규제하는 금감원, 다양한 비은행 금융기관들을 감독하는 재경원의 감독 소홀에 있었음을 부인할 수 없다. 금융 겸업주의 물결에 순응해 새로 만든 통합 감독기구는 감독기능을 효율적으로 강화하기 위한 취지였다. 금융감독이란 금융기관의 인허가·건전성 규세·검사·제재 등 업부를 포괄하는 개념이다. 환란 이후 금감위가 궂은 일 마다 않고 어려운 구조조정 작업을 많이 한 공적은 평가받을 만하다. 그러나 잘 나가면 자만심이 생기는 법인가. 근래 이 감독기구가 튀고 있어 무소불위라 불린다. 아무리 위기 상황이라지만 최근의 간섭·개입은 과거 관치금융을 뺨친다. 국유화 은행은 물론 정부소유 주식 하나 없는 민간은행 등에 대해서 크고 작은 내부 경영전반에 수시로 지시가 하달된다. 투명성·객관성에 의심받을 부분이 있는 모양인지, 전화통지가 상투적 지시 수단이라고 한다. 추후 책임추궁이 두려운 탓이리라. 떳떳한 감독자라면 삼가야 할 일이고, 똘똘한 은행원이라면 전화 통지를 반드시 녹취·보관할 일이다.

최근 H그룹 사건과 관련해 "시장의 신뢰", "시장에서 인정받을 수 있는 수준" 등 금감위 책임자의 발언도 원론적으로는 수긍이 가지만 작금의 위세로 미루어 "나의 신뢰", "내가 인정하는"으로 들릴 수 있는 상황이다. "내가 곧 시장"이라고 말할 수 있는 황제가 없는 경제가 바로 시장경제이다. 금감위의 본령은 '금융' 감독이지 '경제' 감독이 아니다. 기업 구조 조정기구는 금감위 조직의 혹이지 자랑이 아니다. H그룹의 대주주들을 경영일선에서 밀어냈다. 그 국민경제 차원의 평가가 어떠하든, 밀어내기 과정에 금감위가 직간접으로 작용했다는 데 문제가 있다. 소유·경영 분리원칙은 좋지만, 기아사태에서 보았듯이 전문경영인의 대리인 문제도 만만치 않다. 그러나 정부 손길로 순치하기 편리할 것이다. 재벌 총수의 "황제경영"이 문제라고 해서 정부관료가 대신 황제식으로 국민 경제를 지배하는 것은 더 큰 문제다. 시장의 이름으로 시장 경제를 옥죄는 일이 없어야 한다.

(《한국경제》, 2000. 6. 2)

진정한 남북통일 일꾼

한반도 역사의 강은 간간이 여울을 이뤄 울며 흘렀다. 십 년이면 강산도 변한다고 했던가. 우리는 그 말이 헛소린 줄 알고 살아왔다. 국토분단과 동족상잔의 전쟁을 치른 다음 세월은 그만큼 많이 흘렀고 인심은 그렇게 굳어만 갔다. 그러다가 2박 3일간 남북 정상의 만남이 성사되었다. 어리둥절한 한민족은 물론 세계인의 시선을 TV 화상에 집중시킨 역사적 사건이었다.

김 대통령 영접 석상에 나온 김정일 위원장은 1인 통치에 익숙한 모습 그대로였다. 14일 자정 가까이 서명된 공동 합의문은 향후 남북교류의 물꼬를 트는 다섯 가지 원칙을 담고 있다. 통일문제는 남북이 자주적으로 풀어가고, 남북의 통일방안에 공통점이 있음을 인정해 발전시키고, 이산가족 상봉과 비전향 장기수 문제를 조속히 풀고, 경제를 비롯한 다방면의 교류·협력을 활성화하고, 합의사항 이행을 위한 당국회의 개최를 합의하는 내용이었다. 그러나 첫 만남의 흥분만으로는 지난 50여 년 쌓이고 쌓인 회한의 속앓이를 시원하게 풀어낼 수 없다.

경제협력을 비롯한 사회·문화·체육·보건·환경 등 다방면의 협력과 교류가 가장 기대되지만 몇 가지 나심해 두어야 할 게 있다. 경협에 있어서 정부차원에서는 상호주의에 따라 사사건건 등가성 원칙을 고집할 필요는 없겠지만, 민간차원에서는 반드시 시장 경제원리가 관철되어야 한다. 예측 불가능한 북한체제의 특성을 감안해 신분안전은 물론 상거래 분쟁조정, 이중과세 방지 등 국제관례에 따른 제도적 장치 마련을 최우선 과제로 삼아야 하겠다. 그리고 국교 정상화에 따른 일본의 자본유입을 고려하더라도 북한의 외화 보유고 사정에 비추어 향후 북한 "특수"를 과장하는 것은 금물이다. 노다지는 없다.

8·15에 즈음해 기대되는 가족방문이 수백만 명의 실향민들에게는 일대 희소식이 아닐 수 없다. 아쉬운 것은 비전향 장기수 문제를 거론하면서 북녘 땅 어느 곳에 아직 생존해 있을 미송환 국군포로와 납치 인사 문제에 대한 언급이 없었다는 점이다. 추후 반드시 짚고 넘어가야 할 대목이다.

한반도 긴장해소와 통일문제를 해결하는 실마리를 자주적으로 찾아가자는 기본방향에 이의가 있을 수 없다. 그러나 고립국가가 어디 있던가. 지구촌 시대에 한반도 긴장해소는 주변국을 비롯한 국제적 파급효과가 크다. 바로 그 때문에 한반도 상황변화에 관심을 집중하고 있는 미국·중국·일본·러시아 등 주변 강대국의 이해관계를 견제하고 이용하는 넓은 시야의 안목이 요청된다. 대북한 경협에 강대국들의 참여와 지원을 유도하는 일이 중요하다. 북한의 사회 간접자본 등 투자 수요는 남한 혼자의 힘으로는 벅찬 일이다.

흔히 남북회담 이후 곧바로 군비를 감축해서 사회복지 등에 자원투입을 늘릴 수 있다며 "평화 배당금"에 들떠한다. 그러나 통일이 성사된 이후라도 한반도 군사력 감축에는 한계가 있다. 미국 다음가는 군사강국인 중국, 초현대식 무장을 증강하는 일본, 여전히 대량 핵무기 보유국인 러시아에 둘러싸인 한국은 미국을 견제의 지렛대로 이용해야 한다. 자주국방 정책에 있어서도 최신예 수준의 무기로 증강된 상당규모의 병력을 계속 유지하는 것이 독립국가의 필수 생존조건이다.

예상되는 김정일 서울 방문 이후 남북간 긴장완화에 진전이 예상된다. 동란 이후 크고 작은 무력충돌의 기억을 잊기는 아직 이르다. 순안 비행장 환영식에 등장한 군악대 연주곡이 필자의 어린 시절 기억을 되살려 냈다. 동란 때 듣던 선율이 아니던가. 아마도 남북회담 이후

얻을 수 있는 가장 직접적인 경제이익은 한국의 국가위험 평가가 낮춰
져 국제 금융시장에서 가산금리 인하, 직접투자 촉진 등일 것이다.

"우리는 하나"라는 구호가 매력적이었다. 그러나 반도의 반쪽에서
도 지역 간 갈등이 있고, 한 문중, 한 가족 내에서도 반목과 다툼이
있다. 이념을 달리해 전쟁을 치르고 이질적 체제 하에서 반세기를 보
낸 남북한 사이에야 더 말할 나위도 없다. 통일독일이 이질감 해소에
오랜 세월을 바치고 있다는 사실에서 교훈을 얻는다. 앞으로 다시 반
세기가 걸리더라도 통일 대업의 벽돌을 하나씩 쌓아 올리는 일관된 인
내심이 필요하다. 남한 경제·정치·사회를 반석 위에 올리는 일이 통
일의 첫걸음이다.

무엇이 북한을 협상의 자리로 나오게 했을까. 그것은 손해보다 이
득이 많다는 치밀한 계산 때문일 게다. 탄탄한 안보의 울타리 안에서
축적한 남한의 경제력이 외환위기에도 불구하고 휴전선 철책으로도 가
릴 수 없을 만큼 돋보였기 때문이다. 그러고 보면 진정한 통일 일꾼은
그간 돌출 행동으로 으스대던 몇 명의 소영웅들이 아니라 각자 일터에
서 일상적 경제활동에 매진해 온 절대 다수의 평범한 국민들임을 알
수 있다.

깊은 강은 조용히 흐른다. 흥분을 가라앉히고 차분히 일할 때다. 그
래야 통일의 날이 앞당겨진다.

(《한국경제》, 2000. 6. 19)

"쓰리 고"와 경제위기

경제위기가 다시 오고 있는가. 포드사의 대우 자동차 인수포기, 증시폭락 등 불안요인들이 시중에 위기설을 확산시키고 있다. 정부는 서둘러 2차 금융구조 개혁방안을 제시해 내년 2월 말까지 큰 매듭을 짓겠다는 의지를 보였다. 이러한 상황에서 한국 경제에 불리한 "3고(高)"현상이 나타나고 있음을 우려하는 보도가 있어 흥미롭다.

97년 말 경제위기 이후 긴급자금을 지원한 IMF라는 이름의 외세를 빌어 복잡다기한 이익 집단들의 목소리를 잠시 잠재울 수 있었고, 양해각서 때문에 거시경제 운용과 구조조정의 일관성과 추진력을 확보할 수 있었기에 경제회생이 신속히 진행될 수 있었다. 국제 경제환경도 유리하게 작용했다. 그러나 정부의 위기극복 졸속 선언으로 긴장감이 이완되고 근래에는 국제 유가의 폭등을 계기로 국제 경제여건의 변화가 "3고" 우려를 자극하고 있다. 약간 견강부회의 느낌이 있지만 "3고", 바꾸어 말하자면 "쓰리 고" 현상을 음미해 보기로 하자.

대표적 국민오락 가운데 뭐니 뭐니 해도 동양화 놀이가 으뜸인 나라에서 "쓰리 고" 모르면 간첩일 터이다. 이 놀이가 국민 여흥에 기여하는 바를 과소평가할 수 없지만, 가계생활, 근로관습, 협상행태에 미치는 부정적 효과는 긍정적 요인을 상쇄한다. 특히 기업의 무리한 확장경영과 모험성, 노사협상에서 나타나는 극단적 주장 등이 "못 먹어도 고"를 선택하는 놀이 정신을 쏙 닮았다.

그러나 오늘 이 글의 주제는 또 다른 "쓰리 고"에 있다. 얼마 전 전직관료 한 분이 귀띔해 준 얘기다. 윗사람의 눈에 벗어나지 않도록 무난하게 일처리 해 자리를 지켜 승진 기회를 노리는 관료들의 타성에 경종을 울리는 현자의 말이었다. 사건이 터지면 우선 이를 '덮고' 보려는 것이 관료의 생리다. 없었던 일, 법적 하자가 없는 일, 모르는 일, 사소한 일 등으로 사건을 부인·은폐·축소하려는 것이 첫 번째 반응이다. 관료는 언론과 친화관계를 유지하는 일이 중요하다. 그래야 불리한 보도가 원천 봉쇄되고 신문 가판에 실려도 교섭해 뺄 수 있다.

일단 대중매체에 실린 다음 거센 여론을 잠재우려면 우선 그 초점을 흐리게 해야 한다. 다른 유리한 뉴스 거리를 제공해 이미 보도된 사건의 중요성을 희석시키는 일이 중요하다. 한층 고차원적 전술은 극약처방이다. 원래의 사건을 덮으려 또 다른 스캔들을 흘려 관심을 분산시키는 수도 있다. 일반 국민의 짧은 기억력, 언론의 지속적 심층보도 능력 부족이 도움이 된다. 이렇게 보도 자료를 적절히 '섞고', 관심을 돌리는 일에 능해야 한다.

그래도 비판이 지속되는 경우, 정책 대안제시를 뒤로 연기하는 자세로 일관한다. 더 두고 보면 기왕의 조치가 곧 효과를 발휘할 것이므로 추가적 조치가 불필요하다고 고집한다. 특히 개각이나 임기만료가 임박한 시점에서 개혁의지는 기대 밖이다. 궂은 일 뒤처리 작업에 따른 비판, 자칫하면 국회 청문회 출두를 모험할 까닭이 없다. 일을 미루다 신임관료에게 책임을 떠넘기면 된다.

작금의 의혹사건을 다루는 검찰 측 태도를 보며 무사안일의 타성을 '덮고, 섞고, 미루고'로 요약 표현하는 데 공감하는 국민이 많을 것이다. 그러나 이 같은 "쓰리 고" 현상이 어찌 관료계에 국한된 현상이겠는가. 가장 극심한 곳이 정치계일 것이다. 정부 여당은 "쓰리 고" 모두에 해당하는 우를 범하고 있다. 예컨대 경제문제는 남북관계 개선으로 희석될 수 없다. 야당도 민생문제를 뒤로 '미루고' 정쟁을 앞세워 국회를 공전시킨 책임을 분담하고 있음을 지적하지 않을 수 없다.

　97년 경제위기는 단순히 가용 외환 보유고 부족이 빚은 환란만이 아니라 복합적 구조를 가졌고 위기의 밑바닥에 "쓰리 고" 현상이 깔려 있다. 그러나 이 현상은 관료계, 정치계만의 문제가 아니다. 기업, 노조, 가계 소비자도 모두 경제위기 극복의 어려움을 분담하기 꺼리고 있다. 어려운 구조조정의 부담을 다른 쪽에서 맡아주기 바라며, 우리가 할 일을 뒤로 미루다 보면 다른 쪽의 희생을 제물로 삼아 문제가 해결되기를 바라고 있지 않은가.

　주요 경제현안을 투명하게 '밝히고', 정책의 일관성 있는 추진을 위해 구정의 관심을 '집중하고', 지금이 구조조정의 마지막 기회라는 각오로 일을 다부지게 '챙기고' 나서는 자세가 필요하다. 낡은 "쓰리고"를 새롭게 바꿔야 나라 경제가 산다. 총체적 위기극복에 국민 모두 나서야 나라가 산다.

《한국경제》, 2000. 6. 26)

의약분쟁 관전기

"인생은 짧고 예술은 길다."는 말은 그리스의 히포크라테스(기원전 460(?)~377)가 남긴 말이다. 그는 말을 이어 "기회는 살같이 지나고, 실험은 변덕스럽고, 판단하기는 어렵다."라고 했다. 여름 더위를 더욱 열 받게 만드는 것 중 하나가 의약분업을 둘러싼 다툼이다. 의약분업은 그리 긴급한 과제도 아니고, 일반 국민에게 돌아가는 실익이 무엇인지 판단 내리기 어렵다. 이 시기에 혼란은 무엇 때문인가.

약의 오남용을 막는다는 게 명분이다. 하기야 몸에 좋다면 무엇이든 먹어치우는 우리 국민에게는 확실히 약의 과용 성향이 있다. 그것만이 문제라면 병원에서 진료·처방을 적절히 하고, 약국에서 절도 있게 팔면 해결될 일이다.

우리네 관습은 큰 병나면 병원 가지만 감기 몸살 정도는 동네 약국에서 약 사다 먹는 것이었다. 새로운 제도가 선진국 제도라 하지만 사전 준비조치가 충분히 갖추어지지 못한 단계에서는 불편하다.

히포크라테스가 살던 시대에는 의사가 곧 약사였기에 의약분업 문제가 없었고 돈 주머니는 한 개였다. 직업의 분화가 진행되자 한 몸의 의료인이 의사와 약사, 두 몸으로 갈라지고 각각 다른 돈 주머니를 차게 되었다. 차츰 서로 남의 주머니를 넘보게 되었다.

문제를 더 복잡하게 만든 것이 의료보험제다. 형편이 어려운 이들에게 의료혜택이 골고루 돌아가게 하는 의료보험은 사회 복지제도 기본 골격의 하나다. 이 제도가 원활하게 유지되기 위해서는 의료수가를 적정한 수준에서 책정해야 한다. 국민부담을 우려해 낮게 잡으면 의료서비스의 질이 낮아지고 과다진료 등 편법이 늘어난다. 가축보다 사람의 분만비가 싸게 매겨진 상황에서 편법이 없을 수 없었겠다. 사회주의 체제 하에서 의료 서비스가 염가로 공급되지만 그 질은 시장경제 사회에서보다 조악하다.

의료보험제가 도입된 이래 그것을 관리하는 공단직원들의 이해관계가 얽혀 들었다. 현재 진행 중인 공단의 노사분쟁은 이들의 밥그릇 키우기 싸움이다. 주민이 납부하는 보험료 금액의 상당부분이 공단직원 임금으로 지출되고 있어 정작 진료비나 약품비로 지출되는 금액이 그만큼 줄어들 수밖에 없다. 단적으로 말하면 일반 국민이 부담하는 의료비를 보험공단에서 먼저 가로채고 의사와 약사가 갈라먹는다. 그리고 나서 발생하는 부족분은 국민세금이 정부재정을 통해 보충해 준다.

한 사회를 구성하는 다수의 이해관계 집단들은 정치권을 통해 집단이기주의를 관철하고자 한다. 집단 구성원의 수적 우세, 결집력, 전략의 지속성 측면에서 약사들이 의사들을 앞섰다.

지난 수년간 한의대 학생들의 휴학사태가 벌어지는 가운데 약사들은 일부 한방약품까지 취급권을 쟁취함으로써 예비 게임에서 승리했다. 이제 약국은 병원의 약품판매를 막는 본 게임에 들어가 승리를 눈앞에 두고 있다. 그러면서 그들은 편의점 등 일반 상점에서 오남용 우려가 적은 약품판매를 반대한다. 이에 비해 의사들의 투쟁준비가 부족했던 것으로 보인다.

오래전에 우리 사회에 인기최고의 직업이던 의사와 약사가 근래 명성이 퇴색되고 있다. 여기에는 대학입학 정원증대와 의료보험제 실시 확대가 작용했다. 동업자는 늘고 수입은 줄었으니, 다툼이 빈발하고 격화될 수밖에 없다.

우리는 앞으로도 마음이 좋은 동네 약국 아줌마의 상냥한 미소를 기대한다. 그러나 의약분업이 다양한 약품재고를 관리할 수 있는 중대형 약국에는 도움이 되겠지만 매상이 떨어져 문 닫는 동네 약국이 늘어날 것 같다. 긴 수련기간, 임대료, 의료 기자재 등 투자비의 기회비용을 감안하면 순수입이 대단치 않은 동네 병원들도 폐업이 속출할 것이고, 의사 아저씨의 자상한 미소도 사라질 것이다. 환자들이 병원과 약국을 오가는 투 스톱 또는 스리 스톱(주사 약의 경우) 서비스를 감수하는 불편이 따를 것이다.

흔히 실패사례라고 말하지만, 일본의 경우처럼 의약분업을 선택에 맡겨 30여 년 동안 조금씩 확장하고 있는 것에서 교훈을 얻을 만하다. 점진적으로 의약분업을 도입하면서 문제점을 하나씩 보완해 나가는 방향이 바람직한 것이다. 그대로 밀어붙이면 10년쯤 지난 뒤 의료업계의 모습이 크게 달라질 것이다. 우수 의료 인력은 선진국으로 이민 떠나고, 동남아 개도국 출신 외국 의사들의 국내진출이 늘어날 것이다. 의료계의 신기술 개발의욕이 손상될까 우려된다. 광범한 인구를 상대하는 일반 의료 서비스 체계와 고급 의료 서비스 체계를 따로 두는 투 트랙의 의료 전달체계를 발전시켜야 한다.

무엇이든 화끈하게 해야 직성이 풀리는 게 우리 사회의 진보적 개혁론자들이다. 지금이라도 일반 국민에게 어떤 실익이 있는지, 그 실익이 국민적 불편을 상쇄하고도 남음이 있는지를 곰곰이 고려해 보아야 한다. 할 일 많은 시기에 개혁이란 명분만의 개혁 때문에 겪는 국력낭비와 사회 결집력 훼손이 안타깝다.

(《한국경제》, 2000. 7. 21)

■■■■■■■■■
의약업계 간의 팽팽한 맞대결을 보고 의료서비스 소비자인 국민을 생각하라는 글인데 어느 한쪽 협회원으로부터 육자배기식 욕설 전화에 시달렸다. (퀴즈: 어느 쪽이었을까?) 오늘날 과연 그들은 행복한가?

관치금융 퇴치법

은행 파업사태가 싱겁게 끝났다. 한 열흘 지속되었더라면 시장의 힘으로 은행 구조조정이 상당히 진척될 뻔했다. 정부와 금융노조가 머리를 맞대고 파업사태 수습을 서두르면서 관치금융을 없애는 방편이랍시고 총리훈령을 제정하기로 했다. 그것으로 관치금융이 근절된다면 얼마나 좋을까.

금융기관의 설립·경영 등을 완전히 시장기구에 맡기고 정부는 상관하지 않는 나라는 지구상 어디에도 없다. 이것은 일반 상품시장과 달리 금융시장은 정보의 공유가 어렵다는 특성 때문이다. 은행은 내부 사정을 속속들이 알 수 없는 기업고객을 상대로 대출한다. 간혹 기업이 부실 회계자료를 가지고 거래은행을 기만한다. 예금자도 경영내용을 잘 모르는 은행을 상대로 예금계좌를 튼다. 이런 상황에서 은행의 건전성 규제, 예금자 보호 등 정부의 시장개입이 논리적 근거를 갖게 된다.

우리가 말하는 "관치금융"은 정부의 금융시장 개입을 주로 부정적 시각에서 포괄적으로 표현한다. 따지고 보면, 정부의 금융시장 개입, "관치금융"에는 여러 가지 유형들이 복합돼 있다.

첫째 유형은 정부가 추진하는 산업정책을 지원하는 금융이다. 지난 고도 성장기에 정부가 경제 발전전략에 따라 선정한 산업을 지원하기 위해 특수 은행은 물론 일반 은행까지도 동원한 "정책금융" 또는 "지시금융"이 지배적이었다. 그 결과 실물 부문은 확대 발전했고 금융 부문은 낙후되었다고 비판하는 80년대의 금융 자유화 논의가 열기를 띠었고 근래에는 본격적 정책금융이 거의 사라졌다고 볼 수 있다.

둘째 유형은 비자금 조성을 위한 정치권의 대출압력, 관료들의 입김 등 금융기관 여신에 대한 영향력이다. 전직 대통령 측근의 비자금, 과거 금융황제들의 전횡 등 때문에 일반 국민이 관치금융이란 말에서 연상하는 유형이 바로 이것이다. 이는 이미 근절되었다고 말하기엔 시기상조일 것이다.

세 번째는 금융감독과 관련된 유형이다. 금융감독은 다양한 업무를 포괄한다. 여기에는 금융기관의 설립·합병 등 인가업무, 건전성 규제업무, 검사업무, 문제기관에 대한 제재업무, 금융분쟁 조정 등 기타업무가 포함된다. 건전성 규제는 다시 채무의 인수·보증, 경영지도기준 설정·자산 건전화 등 경영지도, 동일인 여신한도 등 편중여신, 조기 시정조치, 공시, 내부경영, 소유구조 등을 다루는 넓은 개념이다. 따라서 금융감독의 올바른 좌표는 건전성 규제를 투명하고 적절하게 유지함으로써 금융기관의 자율성 경영을 살리고 그 부실을 예방하고 금융제도의 안정에 이바지하는 것이다. 이는 바람직한 정부개입이다.

네 번째는 관료가 건전성 규제권한을 남용해 금융기관 자율경영을 불투명한 방법으로 후퇴시키는 유형이다. 과거 관행에 젖어 제가 하는 행위가 관치임을 깨닫지 못하는 관료들이 위기 상황 하의 건전성 규제를 빙자해 조직, 인사, 자산운용 등 은행경영에 사실상 깊숙하게 개입한다. 환란 이후 정부지분이 전무한 민간 은행에까지 만연하고 있는 관치금융이 바로 이것이다. 문서도 남기지 않으려고 전화 통지만으로 자행되고 있다. 각종 불이익의 후환이 두려워 시시비비를 가릴 배짱 있는 은행원을 보호할 장치가 없다.

앞의 얘기가 사실에 근접하다면 앞으로 관치금융 근절은 주로 감독권 남용과 여신관련 압력에 집중되어야 할 것이다. 여기에 입법애로가 있다.

결국 다음 세 가지 기본 해결책이 유효할 것으로 기대된다. 첫째, 금융감독 기구가 은행 건전성 강화에 상반된 기능을 하고 있으므로 이를 바로잡아야 한다. 금감위 업무는 건전성 규제로 한정하고, 구조조정과 시장 안정화 등 업무는 타 부서에 이관해 상호 견제하도록 개편해야 한다. 둘째, 은행 내부경영에 대한 그릇된 정부간섭 사례신고를 접수·처리하고, 신고자(기관)를 보호하는 기구를 한시적으로 설치할 필요가 있다. 셋째, 실질적 민영화를 정착시켜 주주의 목소리를 키워야 한다.

이제 금융 구조조정의 마지막 기회가 눈앞에 있다. 정부, 여·야당, 금융기관 종사자들의 대오각성이 있어야 한국 금융이 바로 선다.

(《중앙일보》, 2000. 7. 26)

어떤 고향 찾기

올해 추석은 철이 일러 오곡백과가 풍성한 계절의 향연을 즐기기 어렵겠지만, 천만 명 이상의 인구가 심한 교통체증을 겪을 각오를 하고 고향을 찾아 나설 것이다. 고향이 무엇이기에 우리에게 이 같은 고통을 감내하게 하는가.

이미 고향 찾아 떠난 사람들도 있다. 9월 2일 비전향 장기수 63명(간첩 49명, 빨치산 14명)이 판문점을 거쳐 북쪽으로 넘어갔다. 대부분이 70대 이상 노인(48명)이고 남한 출신(43명)인데도 그들의 고향, 그들의 '천국'을 찾아갔다. 오래전 스웨덴 국왕이 처음 했다는 명언이 생각난다. "20대에 공산주의에 빠지지 않으면 정열이 없는 사람이고, 30대에 사회주의에 심취하지 않으면 사회정의에 둔감한 사람이지만, 40대가 지나서도 자본주의 장점을 모르면 현실에 어두운 비이성적 인간"이라고. 얼마 남지 않은 여생을 기탁하려 출생지도 아닌 평양을 고향으로 알고 찾아 나선 이들은 젊은 시절의 정열이 아직도 뜨거워 공산체제 실패의 현실을 못 보게 눈을 가렸는가.

아니, 우리는 그들의 마음에 번민의 그늘이 짙게 드리운 것을 감지한다. 비전향의 고집에서 이념의 궁극적 승리에 대한 확신보다 자기 인생이 헛되지 않았음을 입증하려는 치열한 몸부림이 엿보인다. 평양에서 받을 짧은 낮의 환대 뒤에 천국의 실상이 몰고 올 긴 밤의 회한이 예정돼 있다. 그들이 받은 꽃다발 대신 "고향" 주민에게 떠맡길 선물은 그들 "따라 배우기"를 강요당할 북쪽 동포들의 학습과 노동 강요일 것이다.

냉전 시대 첩보 영화에서 동서 베를린을 연결하는 다리 서쪽 끝 찰리 체크 포인트에서 간첩을 넘기면 동시에 동쪽 끝에서 우방 정보원이 넘어오는 장면을 보아 왔다. 며칠 전 판문점 교환은 일방적이었다. 이제 북측에서 국군 포로와 납북 어부를 송환할 차례이다. 생포 인원이 아직 상당수일 것으로 추정된다. 대통령 담화에서 언급된 팔백여 명이 하한선일 것이다. 이들의 송환을 요구해야 대한민국도 국민에게 국방 의무를 지우는 나라로서 체면이 선다. 종전 이후 전사자의 유해 찾기에 부단히 노력하는 선진국 수준까지는 멀었다 치자. 생존 포로들의 송환은 필수 과제다.

또 하나의 한국적 고향 찾기가 있다. 오래전 해외입양 되었던 한국 태생들이 부모를 찾아오는 서울 방문이 늘고 있다. 한국이 아기 수출 1위 국가라 한다. 동란 이후 약 14만 3천여 명 유아들이 해외 입양되었다. 살림이 어려웠던 시절이라면 몰라도 세계 11위 수준의 경제규모에 오른 요즘에도 유아수출이 끊이지 않고 있다. 지난번 남북가족 상봉에서 보인 눈물의 바다, 크고 작은 사고 사망 시 유가족의 오열, 성묘 길 민족 대이동 등 한국인의 요란한 가족 사랑의 뒷면에는 이 같은 치부가 숨어 있다. 우리의 가족 사랑은 선별적이다.

한때 추리작가로 세계적 명성을 떨쳤던 애거서 크리스티는 "범죄는 가족 간에 저질러지는 경우가 더 많다."는 말을 남겼다. 가족 간의 애증과 갈등이 오히려 치열하다는 관찰이다. 흔히 재산상속을 노린 범죄가 그녀의 주제다. 한국 가족관계에도 경제적 이해타산의 중요성이 더해간다. 그런데도 고향 찾기 행렬이 줄지 않는 것은 무슨 연고인가. 남은 토지재산 때문인가.

가족을 확대하면 민족이 된다. 유전자 검사 등 엄밀한 인종학적 검증 없이 우리는 흔히 "한 핏줄", "한 겨레"를 외친다. 동족사회라고 해서 삶이 평화롭지만은 않다. 동족 간의 갈등이 오히려 치열할 수 있다는 사실은 50년 전 민족상잔의 분쟁에서 보았다. 세계적 탈이념 추세에도 불구하고 한반도에는 낡은 이념의 노예들이 상존하고 있다.

고향은 과거 지향적이며 자칫 배타적인 개념이다. 지역 연고주의, 패거리 정치 등 망국적 고질병도 고향 찾기에서 비롯된다. 고향, 그것은 돌아갈 곳이 아니라 벗어나야 할 곳이다. 고향은 장소의 문제가 아니라 관념의 문제이다. 지구촌화 되는 세계 속 곳곳에 새로운 고향을 만들어야 발전하는 한국인이 될 수 있다.

(《중앙일보》, 2000. 9. 6)

경제 살려야 북한도 있다

엊그제 임진각에서 경의선 철도 복원 기공식이 있던 시각, 여의도 증시에서는 주가가 50포인트 이상 무너지는 폭락 장세가 전개됐다. 주가불안에 환율과 금리도 동반 급등세를 연출했다. "민족 혈맥을 잇고 세계 중심축에 한반도를" 떠올리는 건설의 굉음에 대하여 증시는 왜 붕괴의 대위법(對位法)으로 화답하는가. 증시란 워낙 등락장세가 빈번하게 반복되고 자율 조정되는 시장인 만큼 웬만한 기복에 일희일비할 까닭은 없다.

분명한 것은 금번 주가폭락이 단순히 국제 석유가 폭등, 포드사의 대우차 인수포기, 반도체 수출단가 하락 등 해외발 악재 탓만은 아니라는 점이다. 더구나 주가하락 시에 당국자들이 으레 제시할 수 있는 일련의 조치들로 쉽게 돌아설 장세도 아니다. 왜냐하면 국민 경제 운용방식도 문제지만 그보다는 기본적 문제들이 관련돼 있어 보이기 때문이다.

문제의 핵심은 국정운영 전반에 대한 국민적 신뢰기반이 붕괴되고 있는 조짐이 보인다는 데 있다. 첫째로 현 정부 여당이 내세웠던 도덕성 기치가 작년의 옷 로비 사건, 최근의 실세장관 대출압력 의혹 등 의혹의 연발로 빛을 잃었다.

둘째로 집권 2주년에 즈음하여 환란극복을 공언한 이후 국정의 무게 중심이 북한 끌어안기에 경도돼 경제현안의 중요성이 경시되고 있다는 느낌이 시중에 확산되고 있다. 경제를 직접 챙기겠다는 대통령 의지가 실행되고 있는 흔적이 안 보인다. 셋째로 대중인기를 의식한 탓에 난제를 정면 돌파하려는 의지가 결여돼 있고, 개혁명분 때문에 실리 없는 긁어 부스럼의 경향이 있다. 각 부문의 구조조정을 좌초시키는 전투적 노조가 한 예고, 의약분쟁이 다른 예다. 조폐공사 경영진에 잘못의 누명을 씌운 이후 공기업 부문은 개혁의 사각지대로 남아 있다. 넷째로 기업 부문 특히, 정부가 적극성을 보인 재벌의 경우, 부채비율 저하 등 개선이 있는 반면 감퇴된 기업의욕은 아직 회생되지 않고 있다. 다섯째, 고성장 기조(작년 10.7퍼센트, 금년에도 8퍼센트 이상의 성장 전망)을 유지해 수입 수요 확대, 민간소비 자극 등 부작용을 방관했다.

위기 재연을 어찌 예방할 것인가. 대통령의 경제 챙기기는 경제팀에 대한 정치권 등의 외압을 막아주고 소신껏 일하도록 힘을 실어주는 일이 중요하다. 경제 정책팀은 개혁의지와 일정을 분명히 제시해 국내외 시장 참여자의 신뢰를 회복하도록 노력해야 한다. 경제성장은 6퍼센트 아래로 늦추어 수입 수요를 줄이고, 분배정의의 근원이 효율성 제고에 있다는 국민적 공감의 확대로 노사문제를 풀어야 한다.

지금까지 대북정책은 성공했다고 치부될 수 있지만 향후 대북 경협 사업에서 노다지나 대박잡기는 헛된 꿈이다. 오히려 북한은 족히 남한 경제력을 쇠잔케 할 만한 괴력의 블랙홀로 다가온다.

군사력이 힘의 원천이라 공언한 김정일 국방위원장과 달리 우리는 군사력 못지 않게 시장 경제의 힘을 신봉한다. 남의 경제력 우위가 유지돼야 북의 군사력의 힘이 빠진다는 사실을 아무리 강조해도 지나치지 않는다.

정기적으로 공원 벤치에서 음식 선물을 주고받던 신사와 걸인 사이 입장이 세월이 흘러 바뀌었는데도 관례 때문에 그대로 지속됐다는 오 헨리(O. Henry)의 단편 소설이 생각나는 것은 왜일까. 우리가 방심하면 때로 공갈도 치는 북한을 상대로 같은 우를 범할 수 있다. 경제위

기 극복과 대북지원은 우리의 유한한 자원만으로 동시에 감당하기 힘
겨운 두 마리의 토끼다. 외국자본 협력도 우선 남한경제가 펴야 얻을
수 있다. 외환위기가 무엇인지 모르고 당한 것이 지난 정부라면, 자칫
알고도 당할 수 있는 벼랑의 끝에 몰리고 있는 것이 현 정부다. 통일
대업은 향후 몇 대의 대통령이 더 심혈을 기울여야 할 일이라는 유장
한 각오로 차분히 추진해야 경제가 살고, 정치도 산다.

(《조선일보》, 2000. 9. 20)

국민의 책임의식

큰 바람에 흔들리지 않는 나무는 뿌리가 깊고, 긴 가뭄에 마르지 않는 물은 깊은 샘에서 나온다. 용비어천가의 첫 구절 가르침이다. 요즘 우리 경제사회가 얼마나 든든한 뿌리, 얼마나 깊은 샘을 가졌나 되돌아보게 된다.

한국은행 발표에 따르면 올 3분기 중 실질 국내총생산 성장률이 9.2퍼센트인데 실질 국민총소득은 3.4퍼센트 증가에 그쳐 사람들이 체감하는 경기가 급속히 냉각하고 있다. 이는 원유 등 수입 원자재 가격 상승으로 수입단가가 크게 오른 반면 반도체 등 수출품 가격은 오히려 내림세를 보여 교역조건이 나빠진 때문으로 풀이된다.

체감경기의 냉각은 민간 소비심리를 위축시켜 재래시장, 백화점 가릴 것 없이 매상실적이 예년의 연말 경기수준을 크게 밑돌고 있다 한다. 이는 경기순환에 따른 경제주체들의 자연스런 적응이기도 하고, 금융·기업·노동 부문의 구조조정 진통에서 경제위기 재발 가능성을 감지한 과잉반응이기도 하다. 정부가 경제위기 극복을 공식 선언한 기억도 생생한데 말이다.

과열과 급냉, 두 스위치만 딸린 가전세품으로 알맞게 따뜻한 밥상을 차릴 수 없다. 나라 살림도 그러하다. 오르내림과 급회전이 심한 롤러코스터 운전하듯 국민 경제를 운용해 온 정부를 반길 국민은 없다. 그러나 따지고 보면 국민 경제를 이루는 경제주체들 하나하나의 행동양식에 근본문제가 있다.

깊은 샘이라도 일정 기간에 고이는 물보다 퍼내는 양이 많으면 조만간 고갈되게 마련이다. 높은 국민소득은 높은 국민생산과 동전의 양면이다. 소득분배가 생산성에 걸맞고, 소비(저축), 투자 등 지출구조가 건실해야 일정 수준의 국민생산이 유지된다. 개별 경제주체들의 고소득 욕구는 인간적이지만, 이 같은 개별 분배욕구들을 모두 합계하면 국민총생산을 초과하기 마련이다. 결국 과잉 분배욕구를 국민총생산에 어떻게 맞추느냐에 따라 국민 경제 운용의 성패가 갈린다. 지난날 권위주의 시대 정부는 임금상승 압력을 억압하는 힘의 위력 덕분에 국제 경쟁력을 유지했던 반면, 민주화 이후 정부는 과거의 반작용으로 과잉 분배욕구를 조절할 자율기구가 없어 노동집약적 산업의 경쟁력을 상실했다. 현 정부의 노·사·정 운영도 균형감각을 잃고 파행으로 치닫고 있다는 느낌이다.

각종 이익집단들의 이득 챙기기 운동들이 기승을 부리고 있다. 노동자·농민의 가두시위가 늘고 있다. 의약분쟁이 완전히 해소되지 않았다. 내년 초반 이후 정치가는 대선을 향한 길고도 소란스런 과정에 들어설 것이고 정부의 경제운용 고삐는 풀리게 돼 있다. 해외시장 동향도 예사롭지 않게 돌아가고 있다.

이런 상황에서 국민이 나서서 주인의식을 가지고 나라경제를 제집 살림처럼 챙겨야 한다.

우선 분배 못지않게 생산의 중요성을 다시 강조해야 한다. 우리는 지난날의 가난을 한풀이하듯 애써 모은 나라 곳간의 재물, 뒤주의 쌀 축내기를 경쟁하듯 하고 있다. 결과적으로 교역 경쟁국보다 고임금 저생산성 국가가 돼 경제위기의 불씨가 자라고 있다. 정부의 분배복지 정책도 '생산적'이란 수식어에 정책역점을 두는 방향으로 집행돼야 한다.

다음으로 어려운 문제는 가르고 보자. 가르면 해법의 실마리가 보인다. 욕구불만을 시위하는 이익집단들에 대해 '조용한 다수' 국민이 차별화하는 안목을 가지고 목소리를 높여야 할 때가 왔다. 열악한 노동조건을 감수하는 중소규모 이하 기업의 노동자들에게는 온정이 있어야 한다. 반면 요즘 시위현장의 주도세력은 상대적으로 고임금을 누리며 잘 조직된 전투적 공기업·대기업 노조임을 직시해야 한다. 시골에 뿌리가 있는 대다수 도시인들은 농촌에 마음 약하다. 농산물 사주기로 농촌 살리기에 참여해 빈곤한 농민을 도와야 하지만 부채탕감 시위 가담자는 대다수 일반 농민과 다르다. 정부 돈, 농협 돈을 빌려 쓸 수 있는 힘깨나 쓰는 사람이 대부분이고, 금융계좌를 들춰보면 빚 감당할 금융자산이 드러날 것이다.

무엇보다도 정부 돈이 국민의 세금에서 나온다는 인식이 필요하다. 각종 사고 때마다 정부보상 요구가 많다. 제가 잘못하고도 정부보상을 요구하는 소송이 잇따르고 있다. 때론 시신을 앞에 두고 떼쓰는 야만스런 풍속도가 전파를 타고 해외에 보도된다. 심고 가꾸어야 큰 나무가 숲을 이루고 수량(水量) 조절이 있어야 마르지 않는 샘이 있다. 주인의식 없는 국민에게는 벌거벗고 메마른 산하가 기다릴 뿐이다.

《한국경제》, 2000. 12. 15)

황금욕과 권력욕

　예전에 어떤 사람이 재산을 몽땅 금화로 바꾼 다음 주머니에 넣어 소중히 간직한 채 뱃길 여행에 올랐다. 뭍을 떠난 지 얼마쯤 되었을까 때마침 거친 풍랑이 밀어닥쳐 난파 지경에 이르렀다. 승객들이 앞다퉈 물에 뛰어들어 뭍으로 헤엄쳤다. 문제의 여행객은 금화주머니를 잃을세라 허리춤에 단단히 묶고 뛰어들었다. 텀벙 하는 순간 무게 때문에 곧장 물밑으로 가라앉았다. 영국 빅토리아 시대 사상가 존 러스킨(1819~1900)년은 이렇게 질문한다. "배가 침몰하는 그 순간에, 사람이 금의 주인이었나, 금이 사람의 주인이었나."라고.

　황금이 인간욕망의 상징적 대상으로 등장한 역사는 길다. 황금쟁취 과욕이나 황금과신 때문에 패망한 왕조들의 기록이 허다하다. 금을 얻기 위해 인간은 냇가에서 사금을 캐고 지하 수백 미터의 위험을 무릅썼다. 이제까지 채굴된 금의 총량은 얼마나 될까. 어떤 추산에 따르면 지구상의 모든 금붙이를 녹여 뭉친다면 합친 무게가 대략 12만 5천 톤쯤 될 것이라니까 요즘의 대형 유조선 한 척에 적재할 만하다고 한다. 이 한정된 양을 나라별로, 사람마다 더 많이 차지하려 다툼이 벌어진다. 1971년 8월 닉슨 대통령 선언으로 금의 화폐용도가 사실상 소멸되었지만 황금의 매력은 여전히 뭇사람들의 이성을 마비시키고 있다. 번쩍이는 황금빛에 투기자들의 눈이 멀게 되는 사례가 영화 「매케나의 황금」처럼 가공의 얘기만이 아니다.

바로 얼마 전 공교롭게도 두 대표적 부실기업이 거액의 황금을 곧 손에 넣을 듯하다는 보도가 있자 주가가 급등하는 일이 벌어졌다. 먼저 동아건설이 1905년 다량의 금을 싣고 동해에 침몰한 러시아 순양함 드미트리 돈스코이 호의 잔해를 발견했다는 보도가 있자 주가가 2주 이상 상종가를 쳤다. 그 다음 현대종합상사 애기는 더 황홀했다. 서부 아프리카의 나라, 말리에서 30만 톤으로 추정되는 금광을 발견했다는 보도가 있자 회사 주가가 급상승했다. 30만 톤이라면 역사 이래 채취한 금의 총량의 2.4배나 되는 엄청난 양이니까 정말 통 큰 애기였다. 다급한 지경에 몰리면 머리회전을 빠르게 하는 성향이 있다. 궁즉통(窮卽通)이란 말이 바른 길을 벗어나란 뜻은 아닐 터인데.

사람은 황금 못지않게 권력에도 쉽게 눈이 먼다. 그래서 그런지 역사상 부와 권력의 유착관계가 깊다. 황금으로 권력을 추구해 권좌에 오르고, 권좌는 부를 축적하는 강력한 자성을 띤 지남철이었다. 부가 가져다주는 권력의 아늑한 평온감에 젖어드는 가운데 안으로는 부정부패가 창궐하고, 밖으로는 국방이 허술해져 권좌를 잃게 되었다.

역사는 반복이라던가. 광복 이후 한국의 역사는 지겹게도 되풀이되는 황금과 권력의 유착관계 이야기다. 여야 간에 주고받는 공방 모두 식상한 얘기다. 집권층이 달라질 때마다 공격자와 수비자의 진용에 변동이 있을 뿐이다. 근래의 큰 변화라면 북한이 부쩍 남한의 부를 호시탐탐 넘보고 있다는 점이다.

일정한 질서 속에서 욕망을 절제하고 그 충족을 위해 노력하는 경제주체들이 모여 건전한 국민 경제 발전을 이룬다. 허황된 황금욕구에 취하면 개별경제, 국민 경제를 망친다. 역시 법질서 속에서 권력을 추구하는 사람들이 있어야 건전한 민주정치가 성립한다. 수단방법 가리지 않는 권력추구나 집권유지는 민주주의 파괴의 공범이다. 민주주의 정치질서 유지는 어느 누구의 집권야욕보다 우선되는 가치이다.

러스킨은 다시 말한다. "정부의 첫 번째 책무는 국민의 의식주를 챙기는 일이고, 두 번째 책무는 국민이 도덕적·지적 교육의 수단을 갖도록 하는 일이다.", "위대한 국가는 세 가지 형태로 자서전을 쓴다. 행동, 말, 예술의 저서가 그것이다." 국회의원 꿔주고 받기, 국고자금 선거유용 등 요즘 여의도에 벌어지고 있는 일들이 국민생활에 이바지하는 것인가. 국민의 도덕교육에 무엇을 기여하고 있는가. 정치지도자들의 언행이 위대한 국가에 부합되는가. 군사통치를 청산했다 해도 여전한 권위주의 정치인, 민주화가 됐다 해도 민생을 외면하고 민심을 우습게 아는 정치인은 금보따리를 아끼다 생명을 잃은 여행객 꼴이 될 것이다. 문제는 정치인 개인의 생명이 아니라 일반 국민의 생존이다.

(《한국경제》, 2001. 1. 12)

생쥐와 인간 사이

인간이 만물의 영장이라 한다. 모든 생물 가운데 가장 뛰어난 영묘한 능력을 지닌 존재라는 뜻일 게다. 근래 그 자존심에 금이 가는 과학적 증거가 하나 둘 늘어나고 있다.

인간 게놈(유전체)을 해독한 데 이어 다른 동물의 게놈도 풀이되고 있다. 미국 셀레라 제노믹스의 연구팀이 생쥐의 게놈지도를 완성하고 보니 인간과 비슷하게 약 30억 쌍의 DNA를 가지고 있는 것으로 밝혀졌다고 한다. 이 놀라운 과학업적은 분명 학문적 낭보이지만, 스스로 영특하다고 우쭐거리며 살아온 사람들에게 덩치 작은 미물의 수준으로 격하되는 느낌이 들게 한다. 미국 국립보건원은 인간과 쥐 게놈의 유사점과 상이점을 관찰하면 인간 게놈에 관해 정보를 더 많이 캐낼 수 있을 것이고, 이를 활용해 암, 당뇨 등 난치병의 새로운 치료법을 개발할 수 있을 것이라 전망했다.

한편 줄기세포(stem cell) 연구도 생물학의 새로운 연구 분야로 떠오르고 있다. 여러 가지 특수한 세포와 조직으로 자랄 수 있는 미성숙한 세포인 기간세포는 주로 태아와 태반에서 추출된다. 때문에 복잡한 윤리문제가 얽히고설킨다.

최근 미국 과학자들이 이미 뇌세포의 1/4을 인간의 것으로 심은 생쥐를 실험실에서 기르고 있는 것으로 밝혀졌다. 곧 거의 백 퍼센트 인간 뇌세포로 바뀐 생쥐를 실험 사육할 계획이란다. 생쥐가 사람처럼 인간적 특성이나 지성을 갖거나 인간적으로 행동할 것이라는 얘기는 아니다. 인간의 뇌세포를 가졌더라도 생쥐의 몸체 해부학 때문에 뇌작용이 억제될 공산이 크다. 이해득실의 판단이 어렵다. 생화학적으로 인간적인 두뇌를 장착한 생쥐는 신개발 약물의 임상실험에 앞서 뇌에 미치는 효과를 알아볼 수 있는 보물단지다. 이에 반해 그런 실험에서 얻을 이득이 예상에 미달할 것이라는 발표도 있고 실험실 동물들에 대한 가해행위 반대론도 만만치 않다. 스탠포드 대학의 와이스만 교수도 연구계획에 의구심을 갖는다. 동일한 실험을 유인원인 침팬지에게 실험할 날이 멀지 않을 것인데 그런 유전자 변형생물의 심리 상태가 어떨지 아무도 장담할 수 없다. 영국 작가 메리 셸리의 『프랑켄슈타인』 (1818)이 양산될 우려가 있다. 국내 과학계의 연구는 어디쯤 가고 있을까. 가축 복제기술은 선진국을 바짝 뒤따라 상당한 진전이 있는 것으로 듣고 있다. 국내 게놈 연구실적은 어떠할까.

생쥐와 인간, 인간과 생쥐 사이에는 얼마나 거리가 있을까. 불교나 힌두교의 가르침에서처럼 돌고 도는 삶의 윤회과정 속에서 종(種) 간에 칸막이 벽이 없는 동격의 존재들인가. 어찌 생각하면 인간이 생쥐를 닮아 어둠 속에 무리지어 살며 무언가 음흉한 계략을 꾸미는 존재들로 변모하고 있지는 않은가.

특히 요즘 우리의 정치·경제·사회를 둘러보면 인간답게 생을 영위하는 공동체라는 자신감을 상실하게 된다. 인간으로서 으뜸 되는 자랑은 각자가 이성을 가지고 합리적으로 행동하는 존재라는 것이다. 독자적인 판단 없이 이런저런 명분으로 무리를 이뤄 집단행동을 즐기는 게 우리가 아닌가. 밖으로는 대북관계 시각에서 좌우구별, 안으로는 권력다툼에서 자파 타파 구별을 보면 우두머리를 맹종하다 집단 익사하기도 하는 들쥐 레밍(lemming) 떼를 닮았다. 미국 부시 정부의 균형 잡힌 대북관을 먼저 발설한 국내인사가 있었다면 들쥐 떼에 물리지 않았을까.

경제위기 재발을 막기 위해 노력해 온 관료들이 부실징후 짙은 특

정 재벌기업의 자금지원을 위해 갑자기 특단의 조치를 채권은행들에게
요구하고 나선 대목에서 정치에 물리고 금융을 무는 생쥐들의 이빨자
국을 보게 된다고 하면 지나친가. 전문직종, 일반노조 등 빈번하게 발
생하고 있는 집단이익 추구행위를 통해 우리는 고스란히 생쥐의 뇌세
포를 이식받은 존재들임을 증명하고 있다. 인간이란 원래 그런 존재인
가. 거짓 자존심 때문에 인간과 생쥐 사이의 거리를 멀리 설정했던 게
아닌가. 요즘 생쥐가 형제처럼 느껴짐에 전율한다.

(《중앙일보》, 2001. 3. 14)

이 글의 제목은 존 스타인벡(John Steinbeck, 1902~68)의 단편소설 『생쥐와 인간(Of
Mice and Men)』(1937)에서 유래한다.

바빌론 부자, 서울 부자

유프라테스 강변의 건조한 계곡 평지에 바빌론이 위치해 있었다. 약 8천 년 전부터 수메르 사람들이 건축하기 시작한 이 도시 성곽은 한때 총길이 약 17킬로미터, 높이 18~30미터에 이르고 그 성곽 위로는 여섯 마리 말이 이끄는 전차가 달릴 수 있을 만큼 폭이 넉넉했다 한다. 그래서 고대인들은 세계의 7대 기적의 하나로 손꼽았다. 서양 역사학의 시조라 불리는 그리스 사람 헤로도토스(기원전 5세기)는 여행을 많이 했는데 그가 방문했을 때 바빌론은 아직 융성한 도시였다고 한다. 그러나 페르시아 왕 사이러스에게 패전을 한 계기로 도시의 위세가 꺾이고 점차 쇠퇴해 갔다. 오늘날에는 흐트러진 벽돌 무더기들이 옛 영화의 초라한 흔적으로 남아 있다.

바빌론은 이렇다 할 숲이나 광산도 없고 석재 공급마저 여의치 않아 입지조건이 나빴다. 게다가 강우량도 농사짓기에 부족했을 뿐 아니라 상인들이 자주 다니는 교통요지도 아니었다. 이런 곳에 어찌하여 부귀영화의 전설로 가득한 도시, 그래서 기독교 성경에서 사악한 풍속의 도시로 불리게 된 바빌론이 자리할 수 있었을까.

이런 의문을 배경으로 조지 S. 그래슨의 『바빌론의 으뜸 부자』(1926년 초판)가 씌어졌다. 얘기인즉 현명한 군왕이 있는 곳에 검소 질박한 살림살이로 가난에서 벗어나 거부가 된 사람들이 모여 전설을 이루었다는 내용이다.

저자는 고고학자들의 발굴 얘기로 흥미를 돋군다. 바빌론 당시에는 말린 진흙판을 종이 대용으로 사용했었는데, 폐허를 뒤지던 발굴 팀이 우연히 진귀한 진흙판 몇 개를 찾아냈다. 음각된 쐐기 모양의 고대문자를 해독해 보니 바빌론 번영의 수수께끼를 풀 수 있었다. 그것은 사람들의 지혜와 짜임새 있는 경제생활에 있었다는 얘기다. 바빌론의 갑부가 자손에게 교훈으로 물리려 진흙판에 새긴 황금의 5대 법칙을 소개하면 아래와 같다.

제1법칙: 수입의 1할 이상을 장래를 위해 저축하는 사람에게는 황금이 웃으며 찾아온다.

제2법칙: 수익성 높은 투자 기회를 잡는 주인을 위해서라면 황금은 부지런히 기꺼이 일한다.

제3법칙: 투자사업을 전문가에 맡길 줄 아는 주인에게는 황금이 매달려 머문다.

제4법칙: 자기가 모르는 사업에 손대거나 전문경영을 무시하는 사람으로부터 황금은 슬금슬금 떠난다.

제5법칙: 낭만적 투자의욕에 취해 무리한 사업을 감행하거나 남의 감언이설에 현혹되는 사람에게서는 황금이 줄행랑친다.

이런 법칙이 세금을 알맞게 걷고 외침을 막고 법질서를 지켜주는 현명한 군주의 보호 아래 유효했음은 물론이다. 추리소설처럼 꾸민 얘기지만 그럴싸하다.

서울에도 그런 갑부가 있는가. 지난 세기 후반 후진국 바닥권에서 개도국 선두주자로 급속히 발돋움한 한국도 부존자원이 넉넉지 못하다. 고도성장에는 근면한 노동, 근검절약한 가계, 강압적이었지만 그런대로 제도 합리화에 힘쓴 정부도 기여했지만 무엇보다 근면하고 창의적인 기업인이 돋보였다. 그들이 굵직굵직한 갑부들로 자라 재벌그룹을 이루었다. 그러나 재벌의 수명은 너무나 짧았다.

잘나가는 듯하던 재벌기업들이 기우뚱 무너지는 굉음이 들리고 나라살림의 앞날을 걱정하는 목소리가 그치지 않는다. 한참 뜰 때 김우 중 자서전은 서울의 지가(紙價)를 올리는 베스트셀러였다. 오래전 인도 여행길에 시골거리 책방에서도 그 책이 엿보였다. 영문 제목이 '모든 길은 황금으로 포장됐다'였다. 그 황금은 어디로 가고 자신은 어디에 은신하고 있는가.

대우 붕괴 이후 부실징후 짙은 기업들도 예외 없이 바빌론 황금법칙을 위반한 탓이다. 수입흐름이 총비용은 고사하고 금융비용조차 감당 못하는 사업을 허황되게 거창한 의욕만으로 급히 밀어붙이고, 전문경영인의 신중한 의사결정을 무시하는 등 돈이 외면할 일을 저질렀다.

오늘날 서울의 갑부들이 천 년 뒤 후세를 위해 교훈을 타임캡슐에 담는다면 무엇을 남길 것인가. 아니, 바로 다음 세대 자녀들에게 어떤 교훈을 언행으로 보여주고 있는가. 바빌론 갑부보다 나은 얘기를 할 수 있을까. 장사의 명인들이 번성하던 바빌론이 기원전 3세기에 멸망한 것은 국방을 소홀히 하고 민간의 기업의욕을 꺾은 탓이었다. 21세기 초 서울이 기억해야 할 일이다.

(《한국경제》, 2001. 5. 11)

<hr>

이 글에 대해 김입삼 선생(전경련 고문) 등 다수 독자의 격려가 특히 많았다.

옛것 봐야 오늘이 보인다

오늘의 일을 바로 보려면 때로는 옛것을 거울삼을 필요가 있다. 그래서 온고지신(溫故知新)이란 말이 있다. 옛것을 잘 배우고 익히면 새로운 이치가 저절로 터득된다는 뜻일 게다. 요즘 사람들은 그 뜻을 제대로 깨닫지 못하고 있다.

최근 사회적 물의를 일으킨 사건은 정부 고위직 인사 문제다. 언론과 야당은 물론 여당 내에서도 일부 소장파가 인재등용 과정에 있어 폭이 좁고, 과정이 불투명하다는 지적을 할 정도다. 인재를 두루 찾아 등용한 본보기라면 삼고초려(三顧草廬) 고사가 머리에 떠오른다. 옛날 중국 촉한의 임금 유비가 인재를 널리 구했다. 그는 제갈량이란 인물을 얻으려 그가 사는 초가집을 세 번이나 찾아가 예를 다했다. 아마 중국 차(茶) 정도의 선물은 지참했을 것이다. 이렇게 어렵사리 얻은 제갈량이 촉한 군대를 호령하는 작전참모로서 혁혁한 전과를 올리게 되었다는 것은 소설 『삼국지』의 줄거리다.

삼고초려의 교훈을 오늘의 시점에서 어떻게 볼 것인가. 가장 중요한 교훈은 임금이 인재를 찾아갔다는 대목이다. 이것은 지금이나 아마 삼국시대에도 찾아보기 드문 사례일 것이다. 당시에도 권력층의 고대광실로 찾아가 금품을 선물로 바치며 줄을 대려는 야심가들이 구름같이 몰렸을 것이다. 이러한 관행을 깬 것이 유비의 '튀는' 행위였고, 그러기에 삼고초려가 유명하다. 동서고금의 진리는 출세하려는 자가 강태공(姜太公)처럼 한가하게 곧은 낚시로 세월을 보낸다면 헛일이라는 것이다. 부지런히 몇 번이고 연줄 연줄을 찾아 권력층에 접근해야 일이 될까 말까 하다. 이렇게 중국 고사를 풀이하고 보면 최근 장관급 인사를 둘러싼 물의를 냉정하게 대할 수 있다.

다음으로 우리 전통사회의 속담을 뜯어보자. "말은 나면 제주도로 보내고, 사람은 나면 서울로 보내라."는 말이 있다. 예전에도 말이 살 환경치고 제주도만 한 데가 없었고, 잘사는 사람은 서울에 모여 살았던 모양이다. 그러나 요즘에는 말은 서울 아래쪽 과천 경마장에 가야 우승마로 빛을 볼 수 있고, 아들딸 낳으면 시골 명문고를 졸업시켜야 지연·학연으로 출셋길에 오르기 수월하다. 타 지방 출신 배우자를 얻고 자식을 많이 낳아 각 지방으로 분산 교육시키면 어느 정권이 와도 끄덕 없이 잘 지낼 수 있다. 이것이 위험분산의 이치다.

새옹지마(塞翁之馬)의 고사는 어떤가. 옛날 중국 북방에 한 늙은이가 살았는데 기르던 말이 달아나 낭패인가 했더니 얼마 후 그 말이 준마 한 필을 데려와 횡재한 듯싶었다. 노인의 아들이 그 준마를 타다가 다리가 부러져 불구가 됐으나, 전쟁에 나가지 않아 목숨을 구해 요행이었다. 인간 만사에 길흉화복과 그 뒤바뀜이 시간문제라는 뜻을 담고 있다. 이것은 박(朴) 원사 같은 인물이 조직적으로 병역비리를 저지르기 이전의 얘기다. 서울 한복판의 잘사는 부모라야 멀쩡한 아들에게 없는 병을 빌미삼아 불합격 판정을 꾸며낼 수 있다. 그러나 새옹지마의 참뜻은 여전히 유효하다. 인간사 앞일을 알 수 없다. 나중에 꾸민 일이 들통날 수 있기 때문이다.

마지막으로 요즘 경제예측을 들으면 "녹비에 가로 왈 자"라는 속담이 생각난다. 녹비(鹿皮), 즉 사슴가죽을 위아래로 당기면 날 일(日) 자로 보이고, 좌우로 당기면 다시 가로 왈(曰) 자로 보인다는 뜻인데 요즘 한국 경제 전망을 두고 낙관·비관으로 엇갈린 견해들이 나와 국민을 헷갈리게 만든다. 올 첫 4분기 경제성장률이 예상보다 다소 웃돈다는 데서 낙관론이 나왔다. 그러나 설비투자와 수출의 실적이 부진하고 미국 경제 전망도 밝지 않고, 물가도 불안하다. 각 분야 구조조정도 아직 멀었다. 정책 당국이 마음에 안 드는 보도 자료를 막아도 경제실정의 명암을 감출 수 없다. "녹비에 가로 왈 자"는 관리들의 속성을 알면 헷갈릴 까닭이 없다. 관료는 그래야 자리를 지킨다. 그런다고 녹비가 갑자기 호피로 둔갑하거나, 왈 자가 어쩌다 바를 정(正) 자로 바뀌는 요술은 없다.

(《중앙일보》, 2001. 5. 30)

반세기 오가는 상념

2001년 6월, 서울의 화제는 북한선박 영해침범, 기업의 해외이전 그리고 초여름의 긴 가뭄이다. 1950년 6월 필자가 어린 시절 살던 강릉 가까운 바다에 홀연 적군 함선이 나타나 이를 격퇴하려는 아군 포대의 포성이 간간이 들려왔다. 사흘 뒤 도시에 진입한 인민군의 장비를 보고 국군의 장비열세를 실감케 했다. 해방 직후 좌우충돌과 전쟁경험을 통해 이념투쟁의 무서움을 알고 있는 세대와 모르는 전후세대와의 시국관이 대조를 이룬다.

1961년 군사정변으로 등장한 권위주의 세력이 장기집권을 위해 때로는 남북대립을 정치도구로 악용되는 폐습이 없지 않았다. 1980년대 후반의 민주화 운동의 확산, 동서 냉전체제의 붕괴 그리고 민주운동권 인사들의 집권성공으로 이데올로기 대립시대가 종언을 고하는 때가 온 듯했다. 그러나 한반도에 있어서는 전통사회의 잔재인 가족세습주의와 낡은 정치경제 이념인 공산주의로 정신 무장된 체제가 북쪽에 여전히 버티고 있다.

6.25 당시 우리에게는 형편없는 무기를 가지고도 적의 도발에 맞서 대응하는 군대가 있었다. 반세기 지난 오늘날에는 우세한 무장을 갖춘 우리 군대에 결연한 군인정신이 결여돼 보인다. 그간 잦은 북방한계선 침범에 미지근한 대응으로 일관하던 우리 해군은 제주 북방 영해해상에 나타난 북한 상선들에 대해서도 미온적이었다. 이들 선박은 북한

당국으로부터 항로를 개척하면서 남한 당국의 대응상황을 살펴 보고하라는 지시를 받고 있었다 한다. 김정일의 서울답방에 기대를 걸고 있는 상황에서 국방부가 눈치를 볼 수밖에 없었던 모양이다. 밀어붙이면 밀려주는 것이 국토방위의 자세일 수 없다. 세계정세에 어둡고 북한의 의도를 몰랐던 정치인들과 적에 맞설 무기가 없던 군대 때문에 6.25 참화를 겪었다. 요즘에는 우세한 장비를 갖추었지만 국방의식이 흐트러진 수뇌부 때문에 군에 대한 신뢰가 떨어진다. 국민은 과거처럼 군인 정치가들의 등장을 선호하지 않듯이 요즘처럼 정치권 눈치 보는 군인들도 미더워하지 않는다.

다시 반세기전 해마다 춘궁기를 당연시했던 시대로 되돌아가 보자. 당시 강릉은 풍광이 빼어난 고장이었다. 요즘처럼 도심이 복잡하고 특색이 없는 곳이 아니었다. 시내 시장거리의 가게들은 대개 농수산물과 그 가공품을 취급했고, 공산품이라야 단순 가공품뿐이었다. 거리통행도 한가했다. 정미소, 양조장, 자전거포 등이 몇 곳을 빼면 기업다운 기업이 없었다. 영국 산업혁명기에 매연이 심했던 블랙 컨트리 얘기가 부러워 오히려 푸른 하늘과 맑은 강의 고마움을 몰랐다.

1960년부터 30여 년간 집권한 군사 권위주의 정권들은 한 가지 공적이 있었다. 그들은 정통성의 약점 때문에 경제개발에 힘썼다. 국민 경제는 그 규모면에서 세계 랭킹 12위쯤으로 발돋움했다. 반세기는커녕 30년 전에도 꿈도 꾸지 못했던 상황이다. 산업단지들이 마련되고 굵직굵직한 공장들이 들어섰기 때문에 가능한 일이었다.

그런데 그 공장들의 해외이전이 늘고 있다. 국내에서 가장 잘 나가는 삼성그룹도 예외가 아니다. 삼성 SDI 수원공장은 브라운관 생산라인 여섯 개 중 두 개를 중국 광주로 이전하기로 결정했다. 생산직 노동자 400여 명이 생산라인에서 물러나게 되었다. 오래전부터 신발·봉제·섬유 등 사양업종의 기업탈출이 꾸준히 지속돼 왔다. 근래에는 전자·통신장비 등 성장산업 분야에서도 해외탈출이 늘어나고 있어 놀라움을 자아낸다. 삼성전자·삼성전기·LG전자·제일모직·이건 창호시

스템·오리엔트 등이 그 예다. 당해 기업들이 밝힌 해외이전 동기는
"현지시장 공략", "생산거점의 글로벌화"이지만 밑바닥에는 강성 노조
의 공격, 정부규제, 시민단체의 간섭, 국민의 반(反)기업 정서 등이
깔려있다.

크게 보면 보다 높은 부가가치를 창출하는 신규 기업들이 자리잡기
위해 기존업종 기업들의 대거 해외이전이 불가피한 현상일 수 있다.
길게 보면 도발사건마다 강경대응하거나 거래건수마다 철저히 추궁하
지 않는 편이 북의 변화를 유도하는데 유효했다고 평가될 날이 올 수
도 있다. 문제는 국내 노동인구를 충분히 고용할 신규사업들이 아직
떠오르지 않고, 북한은 전혀 변화할 조짐이 없다는 것이다. 이런 상황
에서 초여름 가뭄은 왜 이리도 심신을 지치게 하는가.

《한국경제》, 2001. 6. 8)

■■■■■■■■□□
　전쟁, 그 공포가 상존한다는 문제의식을 가져야 평화가 유지된다.

그들이 오고 있다

『맹자』 첫머리 대목이다. 그가 양(梁)나라 혜왕(惠王)을 찾아가 만났을 때 왕이 이렇게 물었다. "천릿길도 마다 않고 오셨으니 역시 우리나라를 이롭게 하여 주시렵니까?" 맹자가 답하길 "하필 이익을 말하십니까? 오직 인의(仁義)만이 나라를 다스리는 데 요긴할 뿐입니다." 그는 백성을 인의로 다스려야 부모를 버리거나 임금을 따돌리는 사람이 없게 된다고 설명했다. 실용주의 입장을 설파하던 묵자(墨子)와 사뭇 다른 가르침이다. 그러나 통치자의 입장에서 보면 배신당하지 않는 것, 그것은 곧 자신의 이익과 직결된다는 점에 생각이 미치면 두 성현 말씀의 차이가 크지 않을 것으로 보인다.

며칠째 대중매체는 길수 가족 관련기사를 대서특필하고 있다. 장길수 군과 가족 친척 일곱 명이 북경주재 유엔 난민고등판무관 사무소를 찾아가 난민지위 부여와 한국행을 요구하며 농성을 시작했다. 미첼 대표는 그들을 북한으로 되돌려 보내지 않을 생각이라 했다. 놀란 북한 대사가 왔다가 보도진 카메라 공세에 당황해 되돌아갔다. 한국 정부는 제3국 추방 후 입국방안을 추진하고 있다 한다.

북한을 탈출하는 주민들 애기는 어제오늘 듣는 것이 아니다. 오래전 김만철 씨 가족 선상탈출을 비롯해 줄곧 들어오던 애기지만, 갈수록 사정이 긴박하게 들려 찡하게 가슴이 울려온다. 박충일은 "북한정권이 국민을 위해 무엇을 하고 있는지 속지 말라고 경고하고 싶다."고절규한다.

무엇이 사람들로 하여금 고향을 떠나 낯선 나라를 찾아 생명을 내건 모험을 마다하지 않게 만드는가? 두말할 나위 없이 그것은 경제적 이익과 정신적 자유 때문이다. 물은 높은 데서 낮은 데로 흐르지만, 사람은 소득이 낮은 데서 높은 곳으로 흐른다. 두 나라 사이에 소득과 기회의 격차가 존재하는 한, 바다, 강, 철조망이 가로막아도 그 흐름을 억제할 수 없다. 격차의 크기가 이민 흐름의 유량을 결정한다. 유출국에서 밀어내는 요인, 유입국에서 빨아들이는 요인 모두 중요하다.

한국을 떠나는 경우도 마찬가지다. 우리는 떠나는 사람들과 들어오는 사람들의 지식, 정보, 기술 등 생산성을 따져 보아야 한다. 이 점에서 우리는 고급인력의 순손실을 보고 있다는 데 주목해야 한다.

인도주의 입장에서 본다면 난민의 국내 영입은 당연지사다. 동족인 북한주민에 대해서는 더욱 그러하다. 따뜻한 대접이 맹자가 말한 인의에도 부합한다. 그러나 우리는 양 혜왕처럼 실용주의적 질문을 던지지 않을 수 없다. 북한 난민 문제는 어떻게 접근하는 것이 남한의 국익에 가장 부합하는 것인가를 물어야 한다.

탈북자의 수가 늘어난다는 것은 북한의 경제가 쪼들리고 정권의 주민탄압이 가혹하다는 살아 있는 증거로서 가치가 있고, 탈북자의 희망 귀척지가 남한이라는 점은 우리의 자긍심을 높이고 국내의 결속을 다지는데 이바지한다. 그렇다고 해서 북한 정권의 충성세력을 제외한 나머지 인구가 몽땅 탈출 이주해 오기를 바라야 하는가. 그것은 불가능할 뿐만 아니라 바람직하지도 않다.

여기에 우리의 고민이 있다. 북한 주민들이 굶주림과 억압을 벗어난 삶과 자유를 누리는 것을 보는 것이 통일보다 앞선 우리의 소망이어야 한다. 이 소망을 가로막는 것이 그곳 정권이다. 서울은 지금 김정일 국방위원장의 방문을 기대하고 있다. 우리는 그의 서울 방문에서 무엇을 기대해야 하는가. 맹자와 혜왕이 서울에서 만나 서로 의견을 교환했다 치자. 기대효과가 인의여야 하나, 실익이어야 하나.

지금 우리는 정신분열증에 걸려 있다. 한편으로는 우리는 중국 여러 곳에 숨어 지내는 탈북자들의 생사에 관심이 크다. 다른 한편으로는 이들을 고향에서 몰아낸 정권의 수반을 기다리고 있다. 군비축소, 평화협정, 왕래자유 등 보따리 지참 없는 서울 방문은 무의미, 무가치하다.

한자풀이 놀이에서 흔히 '의(義)'자는 이렇게 풀이된다. 내〔我〕 양(羊)을 내가 차지하는 것이 자연의 도리이며 옳은 일이라는 뜻이란다. 대북 관계에서 우리가 흔히 망각하고 있는 점이 바로 실용주의 정신이다. 대 북한 관점에서 보수·진실 입장의 차이가 있더라도 이점을 철저히 따져야 한다. 온갖 난관을 무릅쓰고 탈북자, 그들은 오늘도 오고 있다.

(《한국경제》, 2001. 6. 29)

아이들 눈, 어른들 눈

사람들은 내일을 내다보기는커녕 오늘도 어제의 일들이 되풀이되리라 여기고 그냥 살아간다. 그러나 시대를 구분 짓는 계기는 있게 마련이고, 그것은 동시대인들이 그저 그런 일들도 간과하기 쉬운 일들의 누적으로 준비된다.

9월 11일 테러사태는 시대의 전환을 예감케 하는 중대사건으로 보인다. 이것을 역사의 거울에 비춰보기로 하자. 3세기 무렵 흑해 서쪽 지방에 거주하던 고트족(게르만족의 일부)이 동·서 고트족으로 분리돼 서고트족들은 4세기에 다뉴브 강변으로 진출, 로마제국 변경을 위협하는 존재가 됐다. 중국의 세력 확장으로 일어난 종족이동의 도미노 현상으로 훈족에게 삶의 터전을 잃게 돼 서고트족은 다시 서진해 발칸반도를 횡단, 이탈리아 반도 근처에 이르렀다. 로마 황제 테오도시우스 1세와 화친을 맺고 용병노릇을 하기도 했던 이들은 황제가 죽자 아라릭 1세를 추대하고 이탈리아 본토로 진출하고 드디어 410년에 로마를 침공·약탈하는데 성공했다. 2년 뒤 412년 이들은 이탈리아를 떠나 골(오늘날 프랑스) 서남부와 스페인을 정복하고 톨레도를 중심으로 왕국을 건설했다. 이 왕국은 711년 이슬람을 믿는 무어족들에게 무너진다. 로마제국은 어찌되었나. 로마제국은 동·서로 갈리고 455년 로마가 다시 반달족에게 노략질당했다. 476년 드디어 비문명인들의 간단없는 공략에 시달리던 서로마제국이 붕괴됐다.

크고 작은 국가는 흥망성쇠의 과정을 밟는다. 특히 제국은 국가성립·세력 확장·확장의 한계·도전 그리고 쇠망의 과정이 뚜렷하다. 소련 해체 이후 세계 유일의 강대국으로 등장한 미국도 세력 확장의 한계점에 도달해 도전을 받고 있는 단계에 이른 느낌이다.

이러한 상황을 보는 우리의 반응은 어떠한가. 미국 피습 직후 "싸다, 고소하다."라는 원초적 감정 표현을 자주 들었다. 성경 말씀대로 살지 않는 미국인에 하늘의 응징을 말하는 기독교 원리론자들도 가끔 만나게 된다. 팔레스타인 문제에 대한 미국의 친이스라엘 노선 비판론도 듣는다. 미·영국의 반격 후 아프칸 희생자 발생을 규탄하는 반미 시위대도 있다. 갑자기 이슬람 문화에 대한 관심이 높아졌다.

그간 우리의 오해가 많았던 이슬람 문화에 대해 관심이 고조된 점은 다행스럽다. 천문학·수학·건축·예술 등에서 이슬람권의 수많은 기여가 저평가돼 온 것이 사실이었다. 그러나 감정적이거나, 기독교 원리적인 언행을 삼가는 것이, 팔레스타인 문제에 중립을 지키는 것이, 아프간 희생자들 뿐 아니라 미국인 테러의 희생자들에게 관심과 동정을 가지는 것이 이성적 반응이다.

한국인은 해외자원을 수입·가공해 다시 수출해 얻은 부가가치를 먹고 산다. 우리의 생존과 번영을 위해서는 자원·상품·자본·노동의 이동이 자유로워야 한다. 이러한 세계가 존속하려면 국제사회의 법과 질서의 유지가 필수적이다. 현재 국제법의 집행과 질서유지에 미국의 영향이 지대할 뿐만 아니라 우리의 민족감정이나 관행에 어긋나는 대목이 없지 않다. 지난 십수 년간 추진돼 온 세계화라는 것도 미국식 제도와 관행을 글로벌 스탠더드로 일반화시키는 과정이라는 비평도 유효하다.

문제는, 대안이 있는가 그리고 있다면 그것이 우리 국익에 이바지하는가이다. 탈레반과 유사집단들이 승리해 그들의 대안이 우리에게 강요되는 세계를 가정해 보자. 다른 종교와 믿음에 대한 관용, 이질적 생활양식에 대한 이해, 여성지위의 향상 등을 기대할 수 있을까.

대안이 부재할 뿐 아니라, 미국의 세계패권은 짧아도 반세기 이상 지속될 것이라는 인식을 철저히 해야 한다. 향후 미국 주도의 세계화는 지속될 것이다. 다만 세계화의 그늘에서 부익부 빈익빈 현상이 두드러지지 않도록 유념해야 할 것이다. 왜냐하면 빈곤은 모든 극단행동의 온상이기 때문이다.

9월 11일 테러는 전환기의 도래를 예고하는 조짐일 것이다. 세계화는 속도감은 떨어질 것이나 방향은 불변할 것이다. 많은 논객들이 예상하는 중국의 세계패권국 도전은 아직 요원한 것으로 판단된다. 한반도가 중국 그늘에 편입되는 상황이 현재보다 국익에 도움이 된다는 보장도 없다. 감정 노출을 줄이고 이성적으로 움직이는 어른스러운 국민이어야 우리의 국익이 신장된다. 어른다운 어른이 있어야 나라가 산다.

《한국경제》, 2001. 10. 26)

2002년, 임오년을 기다리며

　누가 앞날의 일을 바로 알아맞힐까 보냐마는 해마다 이맘때쯤이면 부질없는 일인 줄 뻔히 알면서도 내년을 점쳐보는 예측, 예언들에 귀가 솔깃해진다. 새해 2002년은 임오(壬午)년, 말띠 해다. 역사의 수레바퀴를 돌려 역사상 임오년에 있었던 일들을 되돌아보자.

　육십갑자를 네 번 거꾸로 짚어 240년 전으로 올라가면 노망기가 든 영조대왕이 사도세자를 뒤주에 가둬 굶겨 죽인 사건이 있던 1762년에 이른다. 유럽에서는 영국이 산업혁명의 여명기를 맞고 있었고, 독일에는 괴테가 글을 쓰고 모차르트, 바흐 등이 음악 활동을 하고 있었다.

　육십 년 내려오면 순조 시대(1822년)에 이른다. 시파와 벽파로 갈려 팽팽했던 당쟁의 균형을 깨뜨리고 외척이 득세하자 이들의 세도정치 아래 정치 기강이 문란해지면서 탐관오리의 가렴주구에 민생이 도탄에 빠졌다. 잇단 민란이 홍경래의 난으로 절정을 이루다 진압된 지 십 년쯤 경과한 때이다. 유럽 대륙을 장악했던 나폴레옹 시대가 얼마 전 종식되었다. 스티븐슨이 최초로 철도교를 건설하는 등 각종 발명으로 영국의 산업혁명이 가속화된다. 러시아 문인 푸슈킨이 『예프게니 오네긴』을 쓰고, 슈베르트가 「미완성 교향곡」을 심포니를 작곡하고, 피아노의 신동 리스트가 열한 살에 비엔나에서 데뷔했다. 유전학자 멘델, 미생물학자 파스퇴르, 고고학자 슐리만이 동갑내기 말띠 생이다.

　다시 육십 년 내려오면 고종 9년(1882년) 6월 신식 군대 도입에 반

항해 구식 군대의 반란으로 왕권이 크게 기울게 되는 임오군란을 만나게 된다. 밖의 세상 흐름을 외면하고 사는 우물 안 개구리들끼리의 몸싸움이었다. 서양에서는 열강의 제국주의적 팽창 기운이 밖으로 뻗치고 있었다. 문화계에서는 소설가 스티븐슨의 『보물섬』, 입센의 『사람들의 적』 그리고 화가 세잔느의 「자화상」, 차이코프스키의 「1812년 서곡」, 드뷔시의 교향곡 「봄」 등이 햇빛을 보았다. 베를린 필하모니 오케스트라의 창단, 토머스 에디슨의 최초 수력발전소의 설계, 런던 상공회의소 설립, 미국야구협회 결성, 일본은행 발족 등이 모두 같은 해에 있었다. 작곡가 스트라빈스키, 문인 제임스 조이스와 버지니아 울프, 영화제작자 사무엘 골드윈 등이 출생했고, 과학자 찰스 다윈, 철학자 에머슨, 화가 로제티, 문인 롱펠로 등이 타계했다.

20세기의 임오년, 1942년 우리는 일제 강점 하에 신음하는 나라 없는 백성이었다. 반면, 1941년 12월 7일 진주만 공습으로 기선을 잡은 일본은 말레이시아, 버마, 싱가포르, 자바 등을 점령하며 기세를 올렸다. 유럽에서는 독일군이 스탈린그라드에 진입하고, 유태인 대량학살을 추진했다. 아프리카 전선에서는 영국군이 독일 롬멜군과 토브루크와 벤가지를 주고받는 사막전으로 힘겨워했다. 이틈에 간디는 인도 독립을 주장하고 나섰다. 사상계에서는 에리히 프롬의 『자유의 공포』, 베버리지의 『사회보장 보고서』, 트레블리언의 『영국사회사』, 문학계는 카뮈의 『이방인』, T. S. 엘리엇의 『네 개의 쿼텟』, 존 스타인벡의 『달이 지다』, 음악계에서는 어빙 벌린의 「화이트 크리스마스」, 벤저민 브리튼의 「진혼곡 심포니」 등이 말띠 해를 장식했다. 과학계에서는 미국에서 에리코 페르미의 원자 분리, 최초의 전자두뇌(컴퓨터) 개발, 마그네틱테이프 발명, 제트 비행기 시험 비행 등의 개가가 있었다.

다시 임오년을 눈앞에 둔 우리는 어디에 있는가. 지금 세계 경제는 4억 인구가 세계 GDP(국내총생산)의 34퍼센트를 생산하는 캐나다·멕시코를 포함하는 미국 경제권, 5억 8천만 인구가 세계 GDP의 30퍼센트를 생산하는 유럽권 그리고 약 15억 인구가 세계 GDP의 20퍼센트를 만드는 한국·중국·일본의 동아시아권으로 크게 셋으로 어림해 볼 수 있다. 35억 가까운 인구가 사는 여타 지역은 세계 GDP 가운데 고작 16퍼센트를 나누어 갖는데 불과하다.

최근 사십여 년간 각고의 노력에 힘입어 세계 13위 경제국으로 발돋움한 한국은 어디로 갈 것인가. 세계화 조류를 외면하고 살다 나라 망친 과거를 되풀이 할 것인가. 요즘 대선 후보로 나선 이들 가운데 세계 흐름과 역사 교훈을 바로 아는 이가 없어 보인다. 역마살 긴 임오년은 다시 국민에게 현명한 선택을 요구한다.

(《한국경제》, 2001. 12. 21)

역사를 길게 봐야 나라가 바로 선다.

부패를 보는 원근법

　개인의 정신적 타락이 씨앗 되어 사회 기강의 문란을 초래하는 부패, 그것에서 해방된 인간 공동체는 가능한가. 『로마 제국 쇠망사』에서 "역사란 인간의 범죄, 바보짓, 재난의 기록에 지나지 않는다."라는 에드워드 기번(1737~1794)의 말을 따르면 과거는 물론 장래에도 부패의 근절은 어려운 문제일 것이다.

　정치 집단과 일반 국민의 관계를 도둑 떼와 국민들 간의 관계로 빗댄 맨쉬어 올슨(1997년 타계한 경제학자)의 비유가 너무나 적절하다. 마을을 급습한 떠돌이 도둑 떼는 한곳에 오래 머물 입장이 아니어서 왕창 살림을 거덜내는 반면, 붙박이 도둑 떼는 마을 주민의 안전을 보장하고 생업 장려에 힘쓰는 대신 그 대가를 정례적으로 징수하는 방식으로 오래 두고 챙기는 것이 유리함을 안다. 정치 집단의 생리를 뜨내기에서 붙박이로 바꾸는 것이 정치의 근대화인 동시에 부패 억제의 첩경이라는 교훈이다.

　광복 이후 우리는 자의로 또는 타의로 여러 집단들의 통치를 받아오면서 꼬리를 이은 부패 의혹에 익숙해졌다. 자유당과 군사정권 시대에도 국정 최고 책임자의 친인척이 연루된 의혹 사건이 줄을 이었다. 민주화 이후 부패 의혹이 증폭되어 보이는 것은 첫째 국민의 기억상실증 탓이고, 둘째는 5년 단임제 개헌 이후 여권 세력의 '붙박이' 성향이 엷어졌으며 야권 생활의 경험이 길수록 그리고 장래 재집권 전망이 불투명할수록 '떠돌이' 성향이 짙어진 때문이다.

여·야권 간의 부패 논쟁은 이제 일반 국민들 귀에는 "내가 하면 인정(人情)관계, 남이 하면 스캔들."로 들린다. 부정부패에 대해 야당 시절에는 공격수였다가 여당 시절에는 수비수로 입장을 바꾸는 것이 낯설지 않다.

하늘 아래 완벽한 인격체, 숭고한 이상으로 똘똘 뭉친 공동체, 그런 것은 없다. 특히 정치권은 현혹적 수사학의 껍질을 벗기고 보면 도덕적 완벽과 이상에서 가장 거리가 먼 인간들의 공연장이다. 여야의 구별은 주로 입장의 차이일 뿐이다. 그럼에도 불구하고 우리를 최면에 빠뜨리듯 착각에 빠지게 만드는 제도가 민주주의고, 그 계절이 선거철이다.

다수표를 얻어 집권하면 일반적인 초기 증세가 "우리는 다르다."는 우월감으로 나타난다. 전임 정권은 근본이 달라서 무능·부정·부패했지만 "우리는 다르다"는 오만감이 팽배한다. 바로 이 때문에 스스로 부패 사슬의 주인공이나 노예가 되고서도 들통 나면 국민이 너무도 인간적인 이야기로 여겨주리라는 어처구니없는 기대에 빠진다. 선인과 악인이 따로 있는 게 아니다. 정직·명예·성실·신뢰에 값이 있다. 바른 길로 사는 사람에게 주어지는 보상과 반대의 길에 들어선 사람에게 돌아가는 응징을 저울질하는 게 일반적인 사람이다. 이런 저울질로 군자와 패륜자의 길이 갈린다.

그러면 부패 척결은 불가능한가. 방도는 있다. 그것은 정직과 청렴을 지키는 이익이 부정부패의 그것보다 크게 부각되도록 제도와 관행을 바꾸는 것이다. 여기에는 근본적으로 두 가지 길이 있다. 하나는 당장 눈앞에 보이는 부패의 이익을 원천적으로 축소하는 것이다. 관료의 재량권 축소, 디지털 정부화, 시장의 수급 원활화 등이 여기에 속한다. 다른 하나는 부정부패 행위가 노출되기 쉽게 하고, 그 응징의 강도를 대폭 높이는 것이다. 이를 위해 행정의 투명화, 벌칙 강화 등이 요청되고 특히 정치권력의 시녀로 전락한 사직 당국의 엄정한 독립성이 핵심 과제이다.

우리의 문제는 굳이 국제투명성기구(TI)의 국가별 평가 순위를 인용할 필요 없이 부패의 범위와 빈도가 심각하다는 점이다. 투명한 사회로 가는 길은 아득히 멀다. 그러나 제도의 개편은 한 걸음 한 걸음 점진적 진화로 다져진다. 정부 신뢰가 콩으로 메주를 쑨대도 못 믿을 만큼 실추되었다.

하지만 오늘 부패방지위원회가 개청된다. 현재로는 권력기관들의 비리를 다룰 수 없고 기소권·수사권도 없는 종이호랑이지만, 작지만 큰 길의 첫 발걸음이길 바란다. 정권이 바뀌어도 지속적으로 힘을 붙여주어야 할 기관이다. 부정부패에 관한 한 근본이 다른 사람이나 집단은 없지만 성향의 정도에 차이는 있다. 다수의 사람들이 정직과 정의를 선택하도록 제도와 관행이 뿌리내리게 하자.

(《한국경제》, 2002. 1. 25)

━━━━━━━━━
부패방지위원회 말석에 있었던 연고로 쓴 글이다.

다음날 아침

한 달간의 월드컵은 틀에 박힌 일상을 벗어던지는 참으로 유쾌한 일탈 기회를 제공했다. 우리는 이웃의 집단적 해방의 몸짓에 동참하는 즐거움을 맛보았다. 잠결에 길 떠나 멀리 낯선 곳에 당도한 자신을 발견한 몽유병에 집단 감염되었던 느낌이다. 그러나 월드컵 준결승전 이후 우리는 다시 덤덤한 현실의 일상생활로 복귀할 채비를 해야 했다.

구성원 간에 날로 따스함이 식어가는 가정, 산업사회 속의 따분한 직장, 부정부패와 비리로 오염된 정치계와 관청 주변 얘기로 도배하는 대중매체, 종합주가지수 700선이 위협받는 증시가 우리의 일상일지라도 그것은 우리가 직시하고 극복해야 할 냉정한 현실이다.

히딩크 감독의 고향 네덜란드의 문화역사학자 호이징가(J. Huizinga, 1872~1945년)는 인간사회 속에 놀이(게임)요소의 중요성을 역설했다. 놀이터의 어린이들, 변증법을 구사하는 철학자들, 원고와 피고 간에 잘잘못을 가리는 법조인들도 따지고 보면 모두 게임을 하고 있다고 본다. 그래서 인간을 18세기 계몽사상가들처럼 "이성적인 인간"(호모 사피엔스)이나, 19세기 이후 산업사회가 부각시킨 "생산하는 인간"(호모 파베르)으로만 볼 것이 아니라 "놀이하는 인간"(호모 루덴스, 1938년 저서명)으로 보아야 한다는 얘기다. 그 시비야 어찌되었든 우리는 놀이가 인간문화의 중요요소임을 인정해야 한다. 호이징가 사상을 잘못 이어받아 1960년대에 암스테르담 거리에서 젊은이들 사이에 산업사회와 소비문화를 배척하고 놀고먹는 히피족 문화가 꽃핀 적이 있었다.

물체의 운동과 정지처럼 사람에게도 일과 놀이의 적절한 배합이 필요하다. 양자 간의 상생관계를 높여 일 속에 보람과 즐거움이 있고, 일의 효율 제고를 염두에 두는 놀이가 바람직하다.

'붉은 악마'에 동참한 전 국민적 응원 열기가 한국 축구를 4강에 오르게 한 공이 있는 반면, 경기 이후 집단 우울증 발병을 몰고 올 수 있는 허물도 있다. 놀이의 소중한 교훈은 그 승패가 생사 문제가 아니라는 일깨움이다.

무지개는 신비에 가까울 만큼 아름답다. 그러나 무지개의 끝은 공허하다. 월드컵 우승은 축구를 즐기는 200여 개국 수십억 사람들이 선망하지만 그것도 하나의 무지개일 뿐이다. 월드컵 우승 기록 다수 보유국들이 반드시 경제·정치·사회문화 차원에서 순위가 높은 나라가 아니다. 독일처럼 국민 경제, 사회질서, 삶의 질 등 보다 실질적인 차원에서 잘나가는 나라여야 우승컵이 금상첨화가 될 수 있다. 브라질처럼 외환위기의 위협조짐이 농후하고, 사회불안이 심각한 나라에게 기왕의 여섯 번 우승컵 획득이 무슨 의미가 있고, 일곱 번째 우승컵이 무슨 소용이 되겠는가.

그간 표면 아래 잠재하던 국민의 자신감, 일체감, 시민의식이 월드컵 기간 중 발굴되고 다져졌다. 이것은 한국이 선진사회로 발돋움하는 데 소중한 무형자원이다. 이 자원을 적극 활용하려면 다음 몇 가지 월드컵 교훈을 바로 알아야 한다.

첫째, 큰일을 미리 계획하고, 역할을 분담해야 한다. 금번 월드컵 개최의 유치·계획·추진이 먼저 있었기에 현 정권에서 실행에 옮겨 성공리에 마감할 수 있었다. 역할 분담에 있어서도 민간이 정부를 앞질렀다. 통일과 같은 국가대사에 있어서도 정권 간, 세대 간 분업의식이 요청된다.

둘째, 사회 공동체를 지탱하는 결속력을 어떻게 적정한 수준으로 유지하느냐이다. 개인주의는 원심력을, 집단주의는 구심력을 부추긴

다. 그간 팽배했던 개인주의·분파주의가 대회기간 중 광장과 거리에
모인 군중 속에 묻히어 사라지는 모습을 보였다. 이것은 일부 외국인
들에게 부러운 단결력의 과시인 동시에 또 다른 이방인들에게는 섬뜩
한 전체주의 그림자를 감지하게 했을 것이다. 일상으로 돌아온 다음에
도 개인의 프라이버시 존중과 시민 질서의식이 공존할 수 있도록 유도
하는 과제가 있다.

　셋째, 꿈이 있어야 살맛이 있고, 산은 높아야 오르는 맛이 있다. 축
구가 4강에 오른 데 그친 것은 천만다행이다. 결승전에 올랐더라면 꿈
을 잃고 오만방자한 국민으로 해외에 비칠 수 있었다. 어떤 일에나 시
간의 검증이 있어야 세계일류 대접이 주어진다. 신데렐라 동화보다 시
시포스 신화를 익혀야 한다.

《한국경제》, 2002. 6. 28)

이 손 안에 있소이다?

손오공이 자기 재간을 마음껏 뽐내려 한참 멀리 날아가다 우뚝 솟은 다섯 봉우리 암벽에 다다라 "여기 왔다 가노라"라는 글귀를 새기고 돌아와 자랑했다가 그게 바로 정좌한 부처의 내뻗은 손바닥 안이었다는 사실에 머쓱했다는 서유기의 한 대목은 세속인의 잔재주와 오만을 경계하는 우화로 일품이다. 내가 남을 내 손 안에 쥐고 있다고 생각하는 바로 그 순간 나는 또 다른 타인의 손 안에 든 노리개이기 십상이다. 아니 그 연속 고리가 도대체 어디 누구에게서 끝나는지도 모른다.

어느 TV 역사극 중 권모술수에 능한 지략가의 말투로 한때 시중에 크게 회자되었던 말이 "이 손 안에 있소이다."였다. 영화와 오욕으로 얼룩진 그의 이름을 기억할 필요가 없다. 왜냐하면 대선을 앞둔 오늘날 정국에 바로 유사한 인물들이 세인의 이목을 끌고 있기 때문이다.

앞으로 정치·경제·안보·사회 문화 등 국정운영 전반에 걸친 청사진을 내걸고 유권자의 지지폭을 넓혀 나가는 것이 선거운동의 원칙일 것이다. 현실은 이 같은 원칙과 동떨어져 있다. 정책 대결은 뒷전이고 여야가 상대방 후보의 결점 부각에 총력을 집중하고 있다. 서로 상대방의 약점을 확대·심화시키는 것이 선거운동의 알파이자 오메가이다. 없는 것은 개연성 있는 것으로, 개연성 있는 의혹은 확실한 것으로 만들어 취약점을 파고든다. 새것이 있으면 좋고, 없으면 낡은 것을 재탕한다.

미증유의 폭우로 피해가 큰 민생을 감안해 잠시 소강상태에 들어가 있지만 앞으로 대선까지의 백여 일 동안 묶은 명태 두드려 패듯이 집권세력의 야당 후보 아들 병역비리 고발은 계속되고, 국회에서 두 차례 총리 임명동의안 부결에 성공한 야당의 대여 공세도 지속될 것이다. 야당 후보는 김대업 손 안에, 집권세력의 레임덕 가속화는 다수당의 손 안에 있는 것으로 보인다. 그러나 그들은 또 누구의 손 안에 있는가.

잘 되는 민주주의 사회에서 정치관련 사건 귀추를 궁극적으로 결정하는 것은 유권자인 국민이고 정치인은 그 뜻에 순응한다. 정치인은 결국 국민의 손 안에서 고분고분한 일꾼이라는 뜻이다. 잘못되는 나라에서는 연속 고리를 역으로 돌린다. 정치인들이 국민을 손 안에 갖고 논다. 집권세력은 대중매체 조정과 여론 조작을 통해 국민의 눈과 귀를 편향되게 이끄는 경향이 있다. 국민이 정치인 손 안의 노리개로 전락하는 꼴이 벌어진다. 독재자는 빵과 서커스만 있으면 국민을 마음대로 주무를 수 있는 것으로 만만하게 보았고, 영국 저술가 올더스 헉슬리(1894~1963) 같은 이는 정부의 언론 장악을 민주사회의 최대 적으로 보았다.

그런데 동서고금 역사의 가르침은 최고의 정치 지도자(황제, 대통령)에게는 항상 측근에 천적이 있다는 것이다. 잔재주에 능한 간신배는 실력을 과시할 기회를 노리고 있다. 중국 후한(後漢) 말기 황제의 옹립과 폐위를 자유자재로 하던 십상시(十常侍)가 그 대표 사례이다. 언제 어느 정권에도 다른 이름의 그들이 재출현할 위험은 존재한다. 그들은 주군의 눈과 귀를 가리고 아집을 정책 일관성으로 착각하게 만든다. 그것을 사전에 간파 제거하는 것이 최고 집권자의 몫이다. 그 성공 여부가 집권 치적 평가를 좌우하는 핵심요인이다.

연속 고리를 거꾸로 돌리려는 정치인의 노력은 단기간으로는 어느 정도 성공한다. 그러나 "모든 국민을 일시적으로 속이거나 일부 국민을 항상 속일 수는 있지만 모든 국민을 항상 우롱할 수는 없다."는 링

컨(1809~1865)의 말은 옳다. 왜냐하면 그때가 되면 국민의 여론과 힘
이 홍수를 이루어 문제 정치인의 조각배를 함몰시키기 때문이다.

　세계화, 글로벌 스탠더드를 입버릇처럼 떠벌리며 국제 감각을 과시
하는 우리네 정치 지도자들의 실제 행동양식은 고립국가의 시골마을
촌부들을 닮아 있다. 한국 상품이 어느 국제 시장에서 잘 팔리고 있는
가를 자랑하기 이전에, 어느 나라가 한국 시장을 자기네 손 안에 쥐고
있고 곧 그렇게 될 것으로 여기고 있는가를 생각하며 등에 식은 땀이
흐르는 지도자를 기대한다.

　홍수가 끝나고 나자 개구리 소리, 매미 소리가 요란하다. 우물 안
개구리 소리, 고목나무에 패거리끼리 짝짓기 바라는 매미 소리를 멀리
하고 싶은 계절이다.

《한국경제》, 2002. 9. 5)

■■■■■■■■□□
　이 글의 제목은 어느 해 12월, 당시 어느 여권 실세 인사가 호텔 카페에서 중인환시(衆
人環視) 속에 취중 객기로 내뱉은 말에서 따왔다. 낮 말은 새가 듣고 밤 말은 칼럼니스
트가 듣는다.

굿거리 한마당

요즘 신문을 대하면 가슴이 답답하다. 이 답답함을 어찌 달랠까. 전통사회에서는 하는 일이 잘 안 풀릴 때 고사를 올리거나 굿판을 벌렸다. 액운을 몰아내고 행운이 오도록 천지신명에게 바치는 음식을 차려 놓고 비는 무속의식의 유래는 깊다. 삼한시대부터 나라에서 주관하는 영고·동맹·무천 등 무속의식이 있었는데, 고려시대에 이르러서는 무속이 더욱 번성했다 한다. 조선시대에는 초기부터 유교이념의 영향으로 불교와 무속을 억압하였으나 오늘날에도 민간에서는 길흉대사나 답답한 일이 있을 때 무속인의 조언을 구하는 이들이 많다. 답답한 게 많은 모양이다.

과학문명이 고도로 발달한 21세기 초, IT(정보기술)를 비롯한 각종 'T'자 돌림의 혁신들이 빠른 템포로 진행되는 이 즈음에도 지구 온난화 등 대자연의 힘 말고도 인간의 이성으로 쉽사리 해결·극복할 수 없는 것으로 보이는 문제들이 산적해 있다. 그래서 논리보다 직관에 판단을 맡기게 되고, 종교에 귀의하는 인구가 늘고 무속에 빠지는 사람도 생기게 된다.

광복 이후 한국사회의 발자취를 살펴보면 냉철한 이성으로 차분하게 평가하기에는 너무 뜨겁고 혼잡스러운 대목들이 많았다.

길게 잡을 것 없이 이른바 민주화 이후 한국 정치경제의 궤적이 바로 그러했다. 1980년 신군부의 파행적 정권쟁탈 이후 권위주의 정권 아래서도 굳세게 민주화 열풍의 선봉에 섰던 두 사람의 주역들이 국가 수반의 자리에 오른 것은 역사의 바른 흐름이었고 군사정권 종결은 이루어졌다. 잘된 일이다. 그러나 장군 출신이 아닌 직업 정치인이 집권하였다는 사실 이외에 달라진 점이 무엇인가.

요즘 "제왕적 대통령"이란 말까지 나돌 만큼 권위주의 정치는 예나 다름없다. 청와대가 무소불위의 권력을 부리고 있어 진정한 민주화와 행정 효율화에 역행하고 있다는 얘기다. 정권의 청렴도는 어떠한가? YS와 DJ, 두 "민주" 대통령 시대가 전·노 두 "군인" 대통령 시대와 비교해 파행과 비리의혹이 적었다고 장담할 수 있는가. 국민의 기억상실증이 문제이긴 하지만, 적어도 친인척의 금전문제에 있어서 박 대통령에 비해 두 김 대통령이 윗자리에 서지 못한다.

거시 경제 운영에 있어서도 마찬가지다. 세계 최빈국에서 상위국 대열에 진입, 산업구조의 근대화, 북한과의 경제력 대결에서 우위확보 등을 이룩한 것이 권위주의 정부시대의 업적이라면 민간정부 시대의 성과는 무엇인가. YS 시대에는 취임 초 "100일 작전" 등 경기 부양책으로 경제에 거품을 일궈 임기 말에 외환위기를 초래했다. 위기 속에 승계한 DJ 정부는 국제통화기금의 구조개혁 조건을 수용해 외환보유고 축적, 금융산업 개혁, 민간기업의 지배구조 개선 등에 진척을 이룩한 것은 사실이다. 그러나 공기업 개혁은 지연되고, 노동시장에는 유연성 제고는커녕 경직성 강화 쪽으로 기울고, 의약분업과 같은 실효 없는 개혁들에 힘을 쏟았다. 상호주의 원칙을 무시한 대북정책은 군부 및 민간의 안보의식을 위험수위로 몰고 갔다. 경제적 번영은 굳건한 안보의 토양 위에서만 피는 꽃임을 잊고 있다.

그래도 얼마 전까지는 현 정부가 경제위기 극복의 공을 자랑할 수 있었다. 위기 극복의 필수 불가결한 요건 중 하나는 금융기관 및 기업 경영의 투명성을 높이는 일이다. 아무리 선의로 보려도 산업은행의 현대상선 4,000억 원 융자 건은 납득할 수 없는 매우 수상쩍은 사건이다. 산업은행은 국제 금융시장에서 국가와 동일한 신용등급을 받는다. 바로 국가 신용도에 치명타를 가하는 일이 벌어진 셈이다. 자칫 언젠가 경제위기의 빌미가 될까 우려된다. 정부의 주 5일 근무제 도입 감행도 역시 그러하다.

이래서 잡귀와 오귀를 쫓는 굿거리 한마당이 필요하다. 그동안 이런저런 자리에서 국민 경제의 활력을 사물로 탐닉만 하던 세력들을 물리치는 굿판 말이다. 어느 굿판에서 보고 들은 무당 춤사위와 사설이 기억난다. "너도 먹고 떨어지고, 너도 먹고 떨어져라. 쿵덕 쿵덕쿵."

오늘날의 굿판은 대통령 선거다. 국민은 굿도 보고 떡도 먹을 안일한 생각일랑 버리고 국민 경제를 바로 세울 사람을 뽑아야 한다. 경제 사회의 기본질서가 세워져야 한다.

(《한국경제》, 2002. 10. 18)

부드러움 속의 쇠망치

이계민
(한경닷컴 대표, 전 한경 논설위원 실장)

김 교수의 외모에서 풍기는 체취는 날카롭고, 매섭고, 근엄해서 접근하기조차 힘든 그런 것이다. 그런데 막상 부딪쳐 대화를 나눠보면 포근하기 짝이 없다. 외모에 걸맞지 않는 유머감각이 그런 효과를 더욱 돋보이게 한다.

김 교수의 글을 접할 때면 외모에서 풍기는 '날카롭고 매서운' 맛이 어김없이 되살아난다. 처음에는 부드러운 에피소드로 시작하지만 결론은 쇠망치로 내리치는 듯한 무게가 실린다. 역사, 과학, 철학 등의 고사와 일화로 시작해서 경제논리로 승화시켜 현실을 진단하는 구성은 그야말로 일품이어서 기자들의 연구대상이다.

사실 김 교수의 글은 일간 신문 가운데에서는 한국경제신문에 가장 많이 실린 게 아닌가 싶다. 때문에 그곳에서 기자생활을 해온 필자로서는 그의 글에 대한 소감을 얼마든지 더 늘어놓을 수 있다. 그러나 자칫 '언론인이 본 보편적 생각'이 아니라 '선생님과 제자'의 관계에서 '짜고 치는 고스톱'이 아니냐는 의심을 받지 않을까 걱정스러워 이 정도로 줄이겠다.

요즈음 경제가 무척 어렵다. 경기가 나쁜 탓도 있지만 경제문제가 정치·사회 논리에 밀려 갈피를 잡지 못하고 우왕좌왕 하는 것이 더 큰 문제다. 빨리 중심을 잡아주지 않으면 성장의 원동력이 쇠퇴하고 혼돈의 세월이 길어질 염려도 있다. 때문에 원로 경제학자들의 역할과 기능이 어느 때보다 절실하다. 꼭 필요할 때에만 쓴 소리를 마다하지 않는 김 교수의 향후 활동에 대해 그래서 더욱 큰 기대를 걸어본다.

<hr>

좀 멋있는 글을 쓰기 위해 무당 굿거리 사설 모음집을 꽤 오래 섭렵했으나 화호불성 (畵虎不成)이 되었다.

모두 어디로 갔나

고양이가 호기심이나 근심이 지나치면 목숨을 잃을 수 있다고 경고하는 속담이 있다. 사람도 그럴 테지만 요즘 궁금증 가운데 세 가지만 골라 주체할 수 없는 의구심을 달래보려 한다.

첫째, 주요 통상협상 때마다 농업문제가 발목을 건다. 지난 10여 년간 우루과이라운드(UR), 세계무역기구(WTO), 경제협력개발기구(OECD)가입 등 주요 고비마다 농민저항을 무마하기 위해 도합 100조 원 이상의 자금이 투입된 것으로 추산된다. 그 돈 모두 어디 갔기에 재야 농민단체들이 주도하는 시위가 요즘에도 허구한 날 계속되는가. 중국과의 통상마찰로 부각된 마늘 문제 때문에 다시 1조하고도 수천억 원이 투입되리라 한다. 그 돈 역시 어떻게 나눠먹기 될 것인가. 연간 GDP의 약 4퍼센트 정도밖에 기여하지 못하는 부문이 국민 경제 몸체를 흔들어 멍들게 하고 있다. 그간 쏟아 부은 그 돈은 어디로 간 것인가.

둘째, 북한이 열세 명의 일본인 납치를 시인한 이후 일본열도는 이 문제로 달아오르고 있다. 최근 일본정부는 납치피해자가 70~80명 이상 더 있다고 주장했다. 강점기간 조선인 강제징용 등 피해 인구수가 몇 천 몇 만 배인 점을 감안하면 석연치 않은 감정도 가질 수 있지만 우리의 관심은 다른 데 쏠리게 된다. 그것은 북한의 김정일이 밝힌 일본인 납치 목적이 대남사업 요원의 훈련이었기 때문이다. 그렇게 훈련시켜 양성한 간첩들이 한둘이 아닐 터인데, 밝혀진 것은 KAL기 폭파에 가담한 김현희 정도에 불과하다. 나머지 훈련된 공작원들은 다 어디 갔나. 6·15 공동선언 때문에 북한이 간첩 남파를 포기했나. 기왕 남파된 자들이 모두 전향 자수하지 않았다면 아직도 상당수가 암약하고 있다고 볼 수 있겠는데 그들의 변신·은폐술이 뛰어나 당국이 잡지 못하는가, 아니면 "통일 일꾼"이라서 잡지 아니하는가. 민간·공공부문 구석구석에 깊숙이 숨어들어 영향력을 발휘하고 있음직한 두더지 공작원들은 누구일까. 현 정부 들어서부터 간첩체포 보도가 거의 전무했다. 왜 그럴까.

셋째, 가장 궁금한 것은 산업은행이 현대상선에 대출해 준 4천억 원의 행방이다. 이것은 1997년 외환위기 이후 한국이 각 부문의 구조조정을 통해 이루고자 노력해 온 기반 자체를 붕괴시킬 수 있는 잠재적 파괴력을 가진 의혹사건이다. 당시 경제위기가 피상적으로는 단순하게 외환보유고 부족으로만 비쳤지만, 내면적으로는 금융·기업·노동·정부·정치·사회문화 등 복합적 구조를 가진 질병이었다. 지난 오 년 동안 어느 정도 치유성과를 보인 것은 외환·금융·기업부문에 국한되었고, 노동 등 여타부문은 아직 개선의 조짐이 보이지 않고 있다. 국제금융기구 및 시장에서 그간의 개혁성과를 높이 평가해 줘 다행이지만 위기의 핵심부분에 있던 정경유착과 관치금융은 크게 개선되지 않았다는 사실을 적나라하게 드러낸 사건이 바로 금번 사건이다.

환란 이후 수많은 은행원과 회사원들이 목을 잃은 단두대 위에 세워졌던 "투명성", 리스크 관리와 효율성이란 이름의 개혁기치가 결정적으로 퇴색위기를 맞았다. 대출의 신청·심사·승인·사후관리 등 모든 과정에 의문이 간다. 투명성과는 거리가 멀다. 이러하고도 개혁을 말할 수 있는가. 이 문제와 관련해 정부와 여당은 책임회피에 급급하고, 야당은 대선에 바빠서인지 조용하다. 참으로 심각한 일이라 아니할 수 없다. 국가신용도와 동일시되는 금융기관의 신용도가 이렇게 먹칠되면, 일반 금융기관과 기업들이 아무리 구조조정에 노력한들 국제

금융시장에서 한국가산금리, 한국 금융상품의 헐값 매기기(Korea discount)에 개선을 기대할 수 없다. 이 사건의 뿌리를 파고들면 줄기줄기 따라 드러날 고구마들은 무엇이고 그 무게는 얼마나 될까. 궁극적으로 그 잘못의 무게를 짊어져야 할 국민은 궁금하다. 그 많은 돈은 모두 어디로 갔나.

항간에 경제위기 재발론이 심심치 않다. 근래 단기외채 비율이 높아져 경계되지만 가까운 시일 내에 위기재발은 없을 것으로 보인다. 그러나 금번 사건은 노조, 농민 등 이익집단의 심상치 않은 움직임과 함께 위기의 재발 가능성을 높여주는 하나의 단초가 될 수 있다. 큰일도 작은 일에서 비롯된다. 그래서 금번 사건은 결코 작은 일로 치부될 수 없다.

(《한국경제》, 2002. 11. 22)

훗날을 내다보는 선택

우스갯소리에도 진담이 담겨 있는 수가 많다. 광복 이후 역대 대통령에 대한 평가가 입심 좋은 사람의 얘기보따리 속에 고정 메뉴가 된지 오래다. 이승만 초대 대통령의 "외국면허운전"으로부터 박정희 대통령의 "과속운전"을 거쳐 "음주운전"으로 마감하는 농담이 있는가 하면, 특히 1980년대 이후 대통령들은 "돌, 물, 깡……." 등 단음절로 마감하는 독설도 있다. 최근으로 내려올수록 가혹해진 평가는 아마도 국민의 짧은 기억력 탓도 있고, 현직을 주마가편 하는 격려도 담겨 있을 것이다. 가장 중요한 것은 세월이 지나고 비교인물이 늘어야 공정한 평가가 나온다는 사실일 것이다.

우리는 오늘 투표소로 간다. 오늘 우리가 선택하는 인물이 훗날 어떤 평가를 받을 것인가를 생각해 보고 기표해야 한다.

우리는 무엇을 고려해야 할 것인가. 첫째로 선거유세 기간 중 각 진영 간에 경쟁적으로 내세우는 선거공약 경쟁일랑 깨끗이 잊는 게 좋다. 대결하는 보수·혁신 양 축의 극단에 위치한 유권자는 희소하고, 유권자 대다수는 보혁 중간 근처에 집중 위치한다. 이들을 공략하기 위해 후보마다 평소의 입장에서 좌우로 위치를 바꾼 공약을 내세우지 않을 수 없다. 판가름의 안개가 짙을수록 이 같은 입장은 전환되기도 하고 교차하기도 한다. 중요한 것은 후보들이 살아온 인생역정과 평소의 소신이다. 투표를 겨냥한 바람몰이가 아니다. 특히 정당이 아무개

당쯤으로 돼 있는 우리 사회에서는 어떤 이념이나 정당보다 결국 인물이 중요하다. 세태변화에 대처하는 기민성이 필요하다. 그러나 지도자의 경우 우둔한 진실성이 임기응변술보다 한수 위 덕목이다.

둘째로 인물 주변을 살펴야 한다. 후보 한 사람만이 아니라 인물 주변을 검토해야 한다. 양대 후보 주변에는 자질과 청렴 등의 잣대로 보아 의문스러운 인물들이 골고루 포진하고 있다. 선택은 낡은 부패세력이냐 새로운 부패세력이냐를 가리는 것이다. 가장 중요한 것은 고대 중국 황제의 권위를 등에 업고 나라를 전횡하던 내시들처럼 호가호위할 잠재적 '소통령'들이 어느 진영에 더 많은가를 가려내야 한다. 국민이 선출하는 것은 대통령이지만 덤으로 무임승차하려는 자들이 바람을 일으키고 기회를 노린다. 후보자가 공천 과정과 선거기간 중 특정 세력들에 신세진 부담이 적어야 무임승차자의 득세를 견제할 수 있다.

셋째로 이 세상에 고립 국가는 없다. 그간 우리는 싫든 좋든 미국의 핵우산 속에서 안보를 누렸다. 반미감정 때문에 그것을 버리면 인접 핵보유국의 위협에 발가벗게 된다. 한국은 진공 속에 존재하지 않는다. 좋든 싫든 세계 흐름 속에 한국이 있다. 재화, 용역, 자본, 인적 자원 등 국제 교류를 단절하고 생존할 수 없다. 해외 교류에서 나쁜 문물이 묻어 들어온다 해도 그것이 교류의 이익을 상쇄하지 못한다. 최근 미군 병사들의 만행이 문제되고 있지만 그것은 한미 방위공동협조의 안보 이익을 무력화시키지 않는다. 후보를 가리는 방법은 누가 우물 안 개구리를 닮았나에 있다.

넷째로 이번 선거 결과로 나라가 갑자기 흥하거나 망하지는 않는다. "전쟁이냐 평화냐"의 선택이 아니다. 노 후보의 승리가 갑자기 평화를, 이 후보의 승리가 전쟁을 의미하지 않는다. 다음 5년 동안에도 김정일 체제가 건재하는 한, 누가 되든 북한의 핵 위협 아래 불안한 안보상황이 지속될 것이다. "안전과 불안전"의 양자택일도 어불성설이다. 역동적인 경제에서 끊임없는 혁신이 있어야 발전이 있다. 안정·불안정은 사회 심리의 문제이다. 후보 선택에 따라 불안전의 정도가 있을 뿐이다. 결국 선거전의 과장된 수사학적 표현일 뿐이다.

다섯째, 이번 선거의 큰 쟁점인 세대교체는 누가 당선되든 이루어지게 돼 있다. 누가 되든 3김 시대의 길고 긴 연극이 드디어 막을 내리게 된다. 물론 나이가 중요하다. 누가 3김의 입김에서 보다 자유로운가도 못지않게 중요하다. 나이는 정신상태가 결정한다.

마지막으로 중요한 것은 내일은 태양이 떠오른다는 사실이다. 씨 뿌릴 때가 있고, 거둘 때가 있듯이 패 갈라 다툴 때가 있고 손잡고 화합할 때가 있다. 오늘 소신껏 투표하고 내일 일터로 나가자. 우리가 안으로 다투고 있는 동안에도 지구는 돌고 있다. 안으로 움츠린 시선을 밖으로 돌리자. 승자는 아우르고 패자는 오 년 뒤를 기약하고 노력하면 된다.

(《한국경제》, 2002. 12. 19)

━━━━━━━
대선 당일 아침에 나간 글이다. 기다리는 태양은 좀체 떠오를 조짐이 없어 보인다.

기업은 떨고 있다

전경련 간부가 외신기자와 전화 인터뷰에서 노 당선자의 인수위가 지향하는 이념이 사회주의라고 했대서 인수위가 발끈하고 나섰다. 외유 중이던 본인이 급거 귀국해 사실무근이라 해명했지만 인수위는 당사자의 인책을 요구했다.

한국에 있어서 정부와 기업간 역학관계는 분명한 상하관계다. 전경련은 1961년 군사정변 직후 부정독재자로 몰린 기업인들이 대정부 협력채널로 결성한 단체다. 민주화 이후 "시장경제"라는 시대에 들어와서도 권위주의 시대의 상하관계가 크게 변함이 없었고, 근래에는 회장 선출도 정부 눈치를 보아가면서 한다. 그러한 위치의 전경련이 월급쟁이 임원의 입을 빌어 그런 발언을 할 만한 배짱과 지략이 있었을까. 문제의 외신보도는 오보이겠지만, 요즘 한국 기업계의 골 깊은 의구심을 제대로 표출한 셈이다.

왜 기업들은 떨고 있나. 첫째로 새 정부 기업개혁 의지의 강도 때문이다. 당선자는 재벌개혁을 "자율적·점진적·장기적으로 추진하겠다."는 입장을 밝혔지만 인수위 측의 발언을 간추리면 금융회사 계열분리 청구제도, 증권관련 집단소송제, 출자총액 한도제 유지·강화, 상속·증여세 완전 포괄주의, 기업 개혁에 중소기업 포함조치 등으로 기업들이 몸을 사리게 되었다. 둘째로 새 정부에서 더욱 활발해질 시민단체의 움직임 때문이다. 현 정부 하에서도 대기업에 대해 배임 등

혐의로 소송을 제기당해 대기업들이 겪어온 속앓이가 더욱 고질화될까 걱정하기 때문이다.

셋째로 올봄에 새 정부의 정책자세를 시험하려는 노동계의 기세 싸움이 격렬할 것이며, 새 정부가 친노동·반기업 조치를 강요할 것으로 우려하기 때문이다. 넷째로 촛불시위 등 반미 운동이 미국의 반한 감정을 촉발, 대미 수출에 심각한 차질이 초래될까 우려하기 때문이다. 북한 핵문제와 반미 감정은 자칫 한국 신용등급 판정에도 불리하게 작용하고 외국인의 투자자금 회수 가능성을 높게 한다.

이 같은 우려는 기업인들뿐만 아니라 다수의 국민들도 공유하고 있다. 이것은 경실련, 참여연대 등 시민단체 출신들이 다수 인수위에 등용되고 그들의 돌출 발언이 빌미가 된 탓이다. 분명 그들은 개혁성향이 상대적으로 강하고 분배에 대한 관심이 큰 것이 사실이다. 그러나 곧바로 사회주의로 가자는 극단론자는 없어 보인다. 솥뚜껑보고 자라로 알고 지레 겁낼 것이 없다.

기업인들은 지난번 대선 결과가 달랐더라도 추진해야 할 기업개혁 과제들이 크게 다를 수 없었을 것이라는 인식이 필요하다. 어느 누가 집권해도 대주주의 독식을 막고 전체 주주이익에 충실한 경영, 정경유착과 분식회계 등이 없는 투명하고 공정한 경영, 직원을 기업의 동반자로서 받아주는 경영을 기피하는 기업은 생존·번영하기 어려운 시대이다.

어느 경제체제 하에서도 생산하는 경제단위는 기업이다. 새 정부의 지향이 분배 우선이라 하더라도 성장이 있어야 분배할 게 있다. 기업이 국내에 머물러 활기찬 경제활동을 통해 지속적 경제 성장을 이끌어야 분배 몫이 늘어난다. 세계로 열린 시대에 기업은 이윤 극대화를 위해 좋은 조건을 찾아 해외 이주를 서슴지 않는다. 이미 오래전부터 국내 기업 환경이 악화되어 중국, 동남아 등지로 둥지를 옮기는 철새가 된 기업들이 줄을 이었다.

중국이 미국을 제치고 한국 수출시장 1위로 올라섰지만, 자동차, 반도체 등의 주력상품 시장이자 자본과 기술의 공여국은 역시 미국이다. 우리가 반미 감정을 드러내는데 상대가 반한 감정이 없을 수 없다. 미국이 마음먹으면 한국 상품 수출 길이 막히고 자본과 기술도입이 봉쇄될 수 있다. 이 경우 다수 기업부실과 도산과 대량실업 발생이 불 보듯 뻔하다.

불안에 떠는 기업은 연구개발, 설비투자, 고용확대에 소극적일 수밖에 없다. 정부 관료들도 인수위 위세에 주눅이 들었다. 이들 양자의 도움 없이 어떤 경제도 활성화될 수 없고 어떤 개혁조치도 좌초할 수밖에 없다. 기업이 불안을 떨치고 기를 펴고 경제 활동할 수 있는 여건을 조성하는 것이 성공하는 정부의 첫걸음이다.

(《조선일보》, 2003. 1. 15)

허수아비

추수 때 농촌 들녘에 영글어가는 곡식이나 과일의 손실을 막으려 짚단과 헌옷가지로 만들어 세우는 허수아비들을 몇 해 전부터 약아빠진 까막까치들이 우롱하고 있다고 한다. 그런데 도시에서는 바로 그런 허수아비들이 다양한 형태로 등장해 곧잘 다수의 인간들을 현혹시키고 있는 느낌이다.

우선 선거 때 등장한 허수아비들이 그랬다. 대선 후보들은 여야 구분 없이 보수·혁신의 중간 부동층 표를 얻기 위해 인기영합적 공약을 남발했다. 각 진영에서는 자기편 후보자를 그의 평소 소신과 달리 돋보이게 단장시켜 만든 허수아비를 등장시켰다. 이러다 보니 때때로는 보혁의 입장이 전도된 대목도 있었다. 한편 상대방 후보에 대해서는 그의 주장을 극단론으로 몰아 밉상스럽게 분장시켜 세운 허수아비도 있었다. 머리 염색, 보톡스 주사 등 미용 기술과 의상 코디보다도 이 같은 정신적 이미지 메이킹이 선거를 판가름했다. 요즘 말이 많은 당선자 인수위는 한동안 그 후유증에 고통을 겪을 것이다. 한편으로는 스스로 분장한 인기영합 공약들 가운데 취사선택하는 문제, 다른 한편으로는 반대파에서 덧칠한 극단론(사회주의 성향 등)을 잠재우는 문제로 힘겨울 것이다.

반미 시위에서 두 번째 허수아비를 본다. 여중생 사망으로 시작된 대중시위는 균형감각을 잃은 지 오래다. 성조기를 불태우고 부시 대통령 허수아비를 불태웠다. 민족적 자존심은 세워 백번 옳다. 그러나 안보와 경제를 아우르는 넓은 의미의 국가 생존은 우방과의 결속에 기초한다. 어떤 의미에서 주한미군은 우리가 살아남기 위해 잡아둔 인질인 셈이다. 반만년 역사에 인접한 강대국들에 강제 편입·동화되지 않고 독자적 정체성을 유지해 온 것은 먼 나라와 사귀어 가까운 나라를 치거나 견제해 온 원교근공(遠交近攻)의 슬기 때문이다. 데모대가 불태운 것은 우리 안보의 상징이 아닐까. YS정부 시절 대통령이 일본의 버르장머리를 고치겠다 벼르다 대일관계가 악화되고 그것이 1997년 환란의 먼 원인 중 하나로 치부된다. 경제적 주권을 잃고 많은 직장인들이 실직하는 고통을 겪었다. 이번 촛불시위로 미국 버릇고치기에 나선 시위대는 자칫 안보실종의 고통을 초래할 것 같아 걱정이다. 마늘 수입 마찰에서 맛보았지만 장차 대 중국 관계에서도 큰 낭패를 경험할 것이다. 월드컵 때 붉은 악마의 성공에도 불구하고 시위로 될 일, 안될 일 따로 있음을 바로 알아야 한다.

세 번째 허수아비는 대북 자세에서 볼 수 있다. 수백만 주민을 아사시키고 수십만을 정치수용소에 감금·억압하며, 전방에 공격준비 완료된 백만 군대를 배치하고 있는 북한 정권을 규탄하는 시위는 눈을 씻고 보아도 없다. 남한의 국민은 북의 핵·생화학·재래식 등 모든 병기의 공격을 이기고 살아남을 수 있는 신판「터미네이터」영화에 등장하는 인조인간들인가. 아니면 김정일이 동족이라서 남한 국민을 살생하지 않으리라고 믿기 때문인가. 역사상 동족상잔이 이민족 살육보다 잔인함이 덜했던 전쟁은 거의 없다. 6·15 남북 정상회담 이래 김정일 체제 찬사 보도들이 우리에게 북한의 미화된 허상을 심었다. 외교에는 채찍과 당근이 함께 동원돼야 힘이 붙는다. 당근만 있고 채찍이 없는 대북 자세는 평양이 코웃음 거리로 여긴다. 북한이 핵을 포기하지 않으면 우리도 핵무기 개발로 맞서야 한다. 우세한 경제력을 가진 우리가 그들에 뒤질 수 없는 단호함을 보여야 한다.

네 번째로 대선 이후 의기소침한 50대 이상 고령인구의 허수아비 꼴이 문제다. 기성세대가 나라를 세우는 일, 지키는 일, 경제를 일으키는 일, 고속도로 등 수많은 사회간접자본을 만들어 '무임승차'한 신세대에 넘겨주고 졸지에 천덕꾸러기로 전락한 느낌을 통감, 자조하고 있다. 지나친 자조는 금물이다. 지금의 신세대들도 조만간 시행착오를 겪으면서 또 다른 무임승차 세대에게 밀림을 당할 것이다. 동서고금 모든 사회는 세대 간 갈등을 겪으면서 발전한다.

요즘 까막까치는 허수아비를 제대로 알아볼 만큼 영악해졌다. 사람이 그보다 못해서야 어찌 인간이겠는가. 나라의 근심, 내우외환 가운데 흔히 집안의 근심걱정이 쇠퇴·멸망의 단초가 되었음을 경계해야 한다.

(《한국경제》, 2003. 1. 20)

진실게임

레닌(1870~1924)과 스탈린(1879~1953)같은 구소련 지도자들이 자본주의를 비판한 말 가운데 귀담아 들을 말이 없지 않다. 요즘 문득 그들이 자본주의 장사꾼을 비아냥거리며 내뱉었다는 말이 생각났다. "자본주의 장사치들은 이익이 된다면 제 목을 조르는데 쓰일 동아줄도 팔아먹는다." 우리는 두 가지 의문을 갖게 된다. 햇볕정책에 따라 추진된 대북경협 사업 주체 가운데 이익추구에 투철한 사업가가 있었나가 첫째 의문이고, 그가 제공한 자금이 북한이 우리를 옭아맬 '동아줄'(무기구입과 핵개발)을 준비하는데 쓰이지 않았나가 두 번째 의구심이다.

요 며칠 사이 의문의 베일이 조금씩 벗겨지고 있다. 대북 사업은 "통치자의 결단"이므로 2,235억원의 북한 송금 여부를 캐는 "사법수사는 부적절하다."는 청와대 발표가 의혹의 정체를 드러내는 계기가 되었다. 우리는 군사 권위주의 시대에 국민을 움츠리게 만들던 대통령의 "통치행위" 논리가 이른바 민주화 시대에도 동원되고 있다는 데 경악하게 되고 정계와 재계의 유착관계에 관심이 집중된다.

1997년 환란의 근본원인은 무엇이었나. 기업이 정경유착에 집착했고, 세계화 시대에 걸맞게 투명성·공정성 높이기를 요구하는 글로벌 기준의 잣대에 맞추는 데 실패했기 때문이었다. 정부와 기업(그것도 부실징후가 농후한 기업)이 서로 짜 맞추기 식으로 추진한 사업에 국책은행까지 동원한 것이 정경유착이 아니라면 무엇인가. 그동안의 대북사업 추진방식이 투명성 기준에 합당한 것이었나. 바로 이 대목에서 지난 오 년간 구조조정의 공든 탑이 붕괴될 수 있다. 북한송금의 실체를 밝히느냐 못 밝히느냐가 세계인이 지켜보는 첫 번째 진실 게임이다.

다른 또 하나의 진실 게임은 국가 안위와 직결된다. 대북 송금여부를 따지다가 자칫 북한이 "너 죽고 나 죽자."라고 나올 것을 우려해 진실을 호도하려는 견해가 있다. 이것은 국가의 정체성과 직결된 문제이다. 영국의 사상가 러셀(1872~1970)은 반전 · 반핵 운동가로도 유명했다. 그의 입장은 상황 논리였다. 1차 대전 때는 징집거부로 옥고를 치렀지만, 2차 대전 때는 나치 정권을 타도하는 전쟁의 정당성을 인정했다. 원자폭탄 개발 직후 세계평화를 위해 핵무기를 독점한 미국이 타국의 핵개발을 저지시켜야 한다고 주장하기도 했다. 소련 등이 핵개발에 성공하자 그는 입장을 바꾸었다. 각국의 과학자들과 함께 퍼그워시(Pugwash) 회의를 개최하는 등 1960년대 반핵운동을 주도했다. 공산주의(Red)와 죽음(Dead)을 양자택일의 구도로 보고 "죽음보다는 공산화가 낫다."냐, "공산화보다 차라리 죽음이 낫다."냐의 양자택일이 핵심구호였다. 그는 핵전쟁이 문명세계의 종말(죽음)을 뜻하고, 공산화는 그래도 후손에게 생명의 기회가 있을 것으로 보아 전자를 선택했다. 그 후 미국의 경제와 군사력의 우위 앞에 동구권의 맹주 동구권이 몰락했으나, 핵보유 국가는 야금야금 늘어났다.

고삐 풀린 자본주의 시장경제에도 부익부 빈익빈, 노동계층의 억압 등 문제가 있다. 이를 시정하기 위해 사회복지와 공정거래, 서민층 권익 보호 등을 확대하는 방향의 조치가 보완돼야 한다. 레드(Red)에도 여러 색깔이 있다. 러셀이 인내할 수 있다고 본 레드는 "수용소 군도"가 없는 옅은 선홍색 체제라면, 북한의 레드는 가장 음울한 검붉은 레드이다. 그것은 타락한 공산주의, 가부장적 전체주의, 개인숭배를 합친 사교(邪敎)집단 체제이기 때문이다. 남한도 모순투성이지만 그래도

자유민주주의와 시장경제를 지향한다. 그런 남한과 북한 가운데 양자
택일 문제에서 북한이 선택대상일 수 없다. 북한이 핵개발로 위협하면
남한도 핵무장하겠다는 결의로 맞서야 한다. 그래야 북의 협박과 도발
을 막고 의미 있는 통일도 가능하다. 한반도는 아직 냉전 끝자락에 있
다. 진실의 게임을 회피하고서는 자유민주국가로서의 정체성 보존과
시장경제 번영은 있을 수 없다. 남한의 문제는 국가 정체성을 잃은 정
치꾼, 사업성 계산에 아둔한 장사꾼들의 득세에 있다.

(《조선일보》, 2003. 2. 4)

■■■■■■■■

고등학교에서 국내 대학원 시절까지 탐닉했던 버트런드 러셀의 지적 유희에서 해방되
는 중요한 계기가 "Dead better than Red"냐, "Red better than Dead"냐의 논쟁이었다.
이때쯤 어느 학생이 문의해 왔다. "왜 교수님은 하필 조선일보에 글을 쓰십니까?"

제4부

'진보' 개혁 시대

(2003년 이후)

시민단체, 네티즌 등이 합세해 세운 노무현 정부의 개막. 신문 대 방송, 오프라인 대 온라인 언론의 대립이 첨예화되고, "조·중·동"이 정부와 TV의 주요 공격대상이 되었다. 신문칼럼 쓰기가 부담스러울 수도 있고 보람일 수도 있는 상황이다.

취임사, "맞습니다만……"

노무현 대통령은 취임사를 통해 국민 주인 정치, 한반도 평화증진, 동북아 물류중심 및 금융중심지화, 지방분권과 균형발전, 교육혁신, 부정부패근절 등 임기 중 국정방향을 밝혔다. 역대 대통령 취임사에 비해 수사학적 표현을 줄인 대신 평이한 문장을 일반서민에게 쉽게 다가오는 말솜씨로 전달해 과연 서민 대통령 연설다웠다. 노 대통령이 밝힌 국정방향에 대해서 전반적으로 수긍이 간다. 그러나 다수 국민이 "맞습니다, 맞고요."로 환희 작약할 수 없었던 것은 다음 몇 가지 의문 때문이다.

첫째, "세계의 안보상황이 불안"하고 "북한 핵문제"가 "국제사회의 우려"가 되고 있다는 올바른 지적이 뒷심을 잃었다. 북한이 그간 햇볕 정책의 수혜에도 불구하고, 24일 미사일을 발사한 것은 분명 취임식 전야제의 축하 폭죽놀이가 아니었다. 금번의 "실험발사"는 새 정부와 경축 외빈들에 대한 섬뜩한 협박 메시지가 실려 있다. 노 대통령은 한반도를 "평화지대"로 바꾸기 위해 "대화"를 통한 현안 해결, "상호신뢰", "남북 당사자 원칙", "대내외 투명성을 높여 국민참여 확대"라는 4대 원칙을 내세웠다. 북한 핵개발 문제에 대해서는 "용인될 수 없다…… 포기해야 한다. (그러면 많은) 지원을 제공할 것"이라는 입장을 천명했다. 그러나 이라크 전쟁 다음에 닥칠 미국의 공격에서 벗어나려 미국과 직접 협상을 도모하는 게 북한의 당장 다급한 입장이다.

이러한 북한을 상대로 경제지원 약속만 가지고서는 실효를 거두기 어렵다. 망아지는 채찍의 매서움을 알아야 당근의 고마움도 안다. 버릇 나쁜 사람도 정권도 그렇다. 북한이 핵개발하면 우리도 맞대응하겠다는 결의를 보여야 한반도 비핵화 가능성이 높아진다. 취임사에 이 같은 결연한 의지가 빠져 아쉽다.

둘째, 새 정부 청와대 팀의 특징 하나는 과거 같은 경제수석 직책의 부재이다. 정책실장, 경제보좌관 등 새로운 직책의 업무분담이 불분명하다. "국민이 힘을 합치면 못할 일이 없다."는 것은 좋은 연설문장이지만, 국가의 자원제약은 엄연하다. 낱낱이 뜯어보면 좋게 보이는 사업일지라도 총괄하면 예산제약의 틀을 벗어날 수 있다. 각 부처의 사업의욕을 이 틀 속에 얽어 우선순위를 정하고 대통령에게 "안 됩니다."를 직언하는 것이 본연의 직분인 자리가 청와대 안에 불가결하다. 이 기능을 간과하면 재정이 거덜나고, 그 적자는 결국 화폐 또는 국채 증발로 귀착된다. 인기영합 정부가 이래서 무섭다.

셋째, 대통령 임기가 오 년이라는 시간적 제약에 대한 인식이다. 새 정부의 시간인식이 두 가지로 표출된다. 하나는 새 정부의 팀 구성을 보면 이른바 "진보적" 성향의 새 얼굴이 대거 등용됐다. 이것은 DJ 정부개혁이 관료와 기득권 세력의 저항에 부딪혀 좌절했다는 인식 때문에 초기부터 강도 높은 개혁조치들을 현실성이 다소 떨어지더라도 불도저 식으로 밀어붙이겠다는 의지의 표현일 것이다. 그 개혁 조치들을 집행하는 과정에서 현실세계의 제약 조건들에 밝은 직업 관료들의 소극적 저항과 희생이 불을 보듯 내다보인다. 다른 하나는 시간제약 인식의 부족이다. 이는 사뭇 의욕적인 사업계획들에서 엿보인다. 인수위가 정리한 과제 리스트가 길다. 결국 선택과 집중이 요청되고 일부 공약(公約)을 공약(空約)화하는 용단이 뒤따라야 한다. 차기 정부에게도 일을 연계시켜주는 정권 간의 분업의식이 있어야 한다.

넷째, 대선 때 상대 후보를 찍은 반대파를 아우르는 화해의 손길이 없다. 이른바 5060에 대한 고려, 중산층 축소에 대한 우려, 기업인에 대한 격려는 연설문 행간을 비집고 읽어야 가물가물하게 보인다.

마지막으로 나라가 "도약이냐 후퇴냐의 갈림길에 서 있는" 상황에서 모든 국민이 땀 흘려 함께 치러야 할 희생에 대한 언급이 있어야 했다. 근로자를 포함한 모든 집단에 이기주의 자제와 협조를 당부하였어야 한다. "반칙과 특권" 추구현상이 "사회 지도층"은 물론 모든 계층에 만연돼 있다고 보아야 한다. 그래야 "맞습니다, 맞고요."를 연발할 수 있다.

짧은 시간의 연설문에 시비곡직을 길게 따질 것 없다. 국운이 달려 있는 오 년간 노 대통령의 특기인 임기응변을 발휘, 위기를 극복하고 성공한 대통령으로 기록되기 바란다.

(《한국경제》, 2003. 2. 28)

■■■■■■■■■

DJ 취임 때처럼 예언적 글을 집필하고 싶었는데 원고 의뢰가 없어 섭섭하던 차에 꿩 대신 닭으로 쓴 글이다.

누가 '진보' 인가

1960년대 초 이래 가장 큰 물갈이가 요즘 진행 중이다. "진보"의 기치를 앞세운 신세대의 진출 앞에 구세대가 무기력하게 퇴장을 강요받고 있다. 유한한 생명을 가진 인간사회에 세대교체는 자연스럽고 반가운 일이다. 그래야 사회가 변화하고 앞으로 나아간다. 문제는 어디로 가는 것이 진보인가에 있다.

고대인들에게는 "진보"라는 개념이 없었던 것으로 보인다. 태초에 낙원에서 추락한 인간들은 비록 기술적으로는 진보하지만 도덕적으로 퇴보한다고 보았다. 잃어버린 태초의 낙원으로 회귀하는 꿈을 추구하기 위해 미래에 등을 돌리고 과거를 바라보고 사는 것이 지혜였다. 데모크리토스(기원전 460~360(?))처럼 인간이 이성의 힘으로 짐승의 단계를 벗어난다고 본 예도 있지만, 헤로도토스(기원전 484~425(?))처럼 인간의 통제 불가능한 감성적 요인 때문에 진보에는 일정한 한계가 있게 마련이고 주기적 반복현상이 나타난다고 보는 견해가 그리스와 로마 시대는 물론 그 이후에도 오랫동안 지배해 왔다. 인간사회가 지속적으로 진보한다는 자신감은 17세기 이후 갖가지 발명과 발견 덕분에 잔뜩 부풀어 오르기 시작해 18세기 말경 계몽주의 사상시대에 절정에 올랐다. 프랑스 사상가 오귀스트 콩트(1798~1857) 등은 미래에 인간의 완전함과 이상사회의 도래 가능성을 낙관했다. 영국의 역사가 J. B. 베리(1861~1927)는 인류 역사를 진보의 역사라고 치켜세웠다. 그러던 자신감이 20세기 두 차례 세계대전의 광란을 경험하면서 다소 진정되긴 했지만, 오늘날도 급속한 과학 기술의 발달에 힘입어 진보사상은 퇴색되지 않고 있다.

어디로 가는 것이 진보인가, 태초의 실낙원(失樂園)인가, 원시공산사회인가. 마르크스주의자들에 따르면 자연에 대한 인간의 지배력 증대와 인간에 대한 인간의 통제 감소가 진보의 핵심이라고 본다. 이를 위해서 생산력 증대, 사회관계 변화(노동계급의 해방 등), 사유재산제 철폐 등을 통해 사회가 일정한 운동법칙에 따라 진보하는 것은 역사적 필연이며, 어느 개인 어느 계급도 이 운동을 멈추거나 방향전환을 할 수 없다고 보았다. 그러나 공산주의의 거창한 실험은 실패로 끝났다. 자본주의도 크게 바뀌었다.

한편 모든 생물의 진화론을 주장한 다윈(1809~1882)은 자기 이론의 확대해석을 경계하는 입장이었지만, 그 후계자들은 생물학적 현상을 인간사회에 적용하기를 서슴지 않았다. 그들은 모든 경쟁적 투쟁을 해소하려는 어떠한 노력도 자연법칙을 간섭하는 것으로 배척했다. 이는 경쟁을 진보의 핵심이라고 본다는 점에서 자유방임과 개인주의를 정당화하는 반면, 사회는 유기체(생물과 같은 존재)이기 때문에 그 구성원들은 중앙의 통제에 예속되어야 한다는 점에서 사회주의의 뒷받침이 되기도 했다.

어찌 되었거나 진보냐 아니냐를 판가름하는 데 목표와 가치기준이 없을 수 없다. 21세기 초 우리 사회가 선택해야 할 기준은 무엇인가. 첫째, 정치·경제·사회 각 부문에서 국민 개개인의 창의력 발휘를 보장하는 자유와 민주주의. 둘째, 경제적 후생증대를 위한 지속성장. 셋째, 사회의 결속력 유지와 효율성 제고를 위해 약육강식 지양·사회보장제도 확충. 넷째, 국가안보와 사회질서 유지. 다섯째, 국제사회의 책임 있는 국가로서 위상제고 등으로 간추릴 수 있을 것이다.

요즘 마구잡이식으로 개혁과 반동, 진보와 수구의 편 가르기가 성행해 국력의 소모와 정서의 내출혈로 우리 사회는 탈진하고 있다. 통일을 절대 선(善)으로 보는 것도 위험하다. 역시 자유민주주의, 경제 후생 확대 등의 '진보' 기준에서 보아야 한다. 북한 곳곳에 산재한 수용소 군도에 수감된 사람들을 감싸 아우르는 것이 진정한 진보이고 통일이다. 이렇게 보면 연령, 직업, 계층의 구분 없이 누구도 진보일 수 있다. 입으로 진보를 말하는 사람이 퇴보일 수 있고, 통일을 노래하는 사람이 압제를 지원하는 퇴보자일 수도 있다. 떳떳이 내가 진정한 진보주의자라고 외치고 나서자.

(《조선일보》, 2003. 3. 4)

오래전에 서강대를 떠나신 역사학자 이기백 교수님(현 한림대 교수)이 전화를 주셨다. 선생님의 권유로 이 글을 확대해서 「진보란 무엇인가 : 그 뿌리를 찾아서」(《한국사 시민강좌》, 2003년 8월호)를 집필하게 된다. 보다 쉽게 풀어쓰지 못해 부끄럽다.

먼 나라, 이웃 나라, 부끄러운 나라
—정부는 왜 북의 인권을 외면하나

언제부턴가 한국 정부의 나침반 바늘은 노동자·농민 등 기층민(基層民)의 이익 증진과 남북한 동포의식을 지향해 맞추어져 왔다. 그러나 북한 주민 대다수의 안전과 생존, 번영에 관심을 두는 올바른 동포의식이 실종돼 보인다.

우선 정부는 '진정한' 동포의식이 결여돼 있다. 국책기관인 통일연구원의 「2003년 북한 인권 보고서」에 따르면, 함남 요덕 등 10여 곳에 설치된 정치범 수용소에 20여만 명이 갇혀 기아선상에서 노역을 강제당하고 있다. 매년 200여 명이 공개 처형돼 공포의 나날이 이어지고 있다. 수용소 밖 주민들 생활도 크게 다를 바 없다. 유아들의 영양실조, 만연한 질병, 탈북자 비인도적 처리 등 인권침해 상황이 체계적으로 광범하게 자행되고 있다. 국내 인권단체들은 청송 감호소와 "양심수" 문제에는 목소리 높이면서도 북녘의 문제에는 침묵으로 일관한다. 무엇 때문인가.

모처럼 유엔 인권위원회가 북한 인권상황 규탄 결의안을 상정, 16일 찬반 표결하기로 했다. 그런데 외교통상부 장관은 표결에 불참할 뜻을 비쳤다. 핵 위기가 고조돼 있고 현 상황에서 전체 안보와 관련한 "전술·전략" 때문이란다. 그렇다면 북한 수용소 안팎 주민들은 동포의 범주 밖으로 밀어내고, 김정일과 소수 집권세력만을 동포로 감싸는가. 남한 국민의 안전 때문이라면 북의 핵 공갈 앞에 주눅 든 비겁행위에 굳이 "전략전술"이란 용어를 쓰기가 부끄럽다. 진정한 국가안보는 전쟁을 무릅쓴 용기마저 결여된 나라에 내리는 하늘의 사물(賜物)도 아니며, 위협자에게 헌상하는 봉물(封物)의 대가로 얻어지는 것도 아니다.

동구권이 왜 몰락했던가. 그것은 하나의 역설이다. 공산체제의 중심이념인 유물사상에도 불구하고 체제의 비효율성 때문에 물질적 발전(생산력 증대, 즉 경제성장)에 실패했을 뿐 아니라, 중심 계층인 프롤레타리아(기층민들)를 오히려 억누르는 당 관료조직의 멍에 때문이었다. 북한 체제는 마지막 남은 구시대 유물이다. 공산국 중에서도 유례없는 세습 재정권과 그 지도자는 기층민도 동포도 대표하지 않는다.

연합군 침공 삼 주 만에 사담 후세인 정권이 붕괴했다. CNN 방송 장면들을 지켜보며 우리는 바그다드를 북한의 평양으로 대입해 보았다. 무너뜨려야 할 동상과 기념물은 몇천 몇만 개일까. 후세인 궁전처럼 호화스런 궁전들은 몇십 개나 될까. 주민들의 약탈 장면을 보면서 북쪽의 궁전에도 값비싼 물품들이 즐비할 것이라 짐작된다. 우리는 도탄에 빠진 주민 위에 군림하는 그런 독재자를 상대로 평화를 논의하고, 경제협력을 얘기해 왔다. 정신이 바로 박힌 한국인에게는 "악의 축"은 북한 정권에 가장 적절한 표현이다.

그간 미국은 북한에 대해 다자간 협상을 주장한 반면 북한은 미국과 단독 협상을 요구해 왔다. 이라크 전쟁을 지켜본 북한이 종전의 입장을 바꿔 다자간 협상 방식을 수용했다. 방식이 어떻든 북한과의 협상인 만큼 향후 수개월, 수년이 걸릴 것이다. 미국의 대 북한 요구사항은 크게 세 가지로 요약된다. 핵무기 개발 포기, 장거리 미사일 개발 중단, 재래식 무기 후방배치 등이다. 우리의 안보 관심사항을 대충 다 포괄하고 있다. 한반도에서 먼 나라인 미국의 주요 관심은 장거리 미사일과 핵무기에 쏠려 있는 반면, 휴전선으로 접하고 있는 한국의 관심은 핵개발 여부 못지않게 최전방에 배치돼 있는 재래식 무기에 쏠린다. 전방 설치된 약 11,000개 대포들이 한 시간에 발사할 수 있는 포탄이 약 50만 발로 추산되는 모양이다. 분명히 포대들은 남쪽을 겨냥하고 있고 서울을 비롯한 남한 지역이 착탄(着彈)지점이다. 남한은 도라산 역에서 북으로 향하는 철도 개통을 서두르고 있지만 북한 포대는 엄연히 서울을 겨냥하고 있다. 넘어갈 화물은 무엇이고 넘어올 물건은 무엇인가.

현 시점에서 정부가 할 일은 내부 분란 조성이 아니라 안보와 경제에 진력하는 것이다. 안보는 세계 경찰 미국과 공조해 푸는 방법밖에 없다. 안보가 허술해서는 경제가 번영할 수 없다. 수출시장으로서, 자본과 기술의 공여국으로서 미국의 존재는 중요하다. 이라크 전쟁 후 미국인들 코가 더 커지게 생겼다. 미국은 오만을 다스려야 그들 식의 세계질서가 지탱될 수 있음을 알아야 하고, 한국은 작은 나라로 생존하는 슬기를 익혀야 한다.

(《조선일보》, 2003. 4. 17)

할 말, 안 할 말, 없던 말

놀이동산 롤러코스터 승객은 좌우로 흔들리고 위아래로 오르내리면서 아슬아슬함을 즐긴다. 짜릿한 흥미를 심한 현기증과 두려움이 압도해도 중도하차는 불가하다. 요즘 다수 국민의 심경이 이렇다.

노 정부 출범이후 안보·정치·경제·사회 문화 등 각 부문의 개혁에 관련된 발언이 홍수를 이뤘다. 그 가운데는 노 대통령의 대선 시 좁은 지지기반 뿐만 아니라 보수진영의 동조를 이끌어 낼 수 있는 내용도 없지 않았다. 지역 구도를 깨고 선거비용을 낮추는 정치개혁, 시장 투명성을 높이는 회계·기업·금융부문의 개혁 방안 등에 편협한 집단 이기주의자들을 제외하면 거시적으로 국익에 이바지한다. 그런데 문제는 주요 정책책임자들이 '할 말'과 '안 할 말'의 가림이 서투르고 기왕 했던 말을 '없던 말'로 입장 선회하는 일이 다반사여서 정부의 진정한 정책자세에 대한 의심이 짙어졌다.

노 대통령은 국민을 긴장시키는 특기를 가졌다. 미국 방문길에 나설 때 조마조마한 마음으로 그를 바라보는 국민이 많았다. 청룡열차의 다음 굽이는 어떨까 하는 기대와 우려가 뒤범벅된 마음이다. 뉴욕 도착 후 그의 언행은 국민의 긴장감을 잠시 안도감으로 바꾸었다. 그간 껄끄러웠던 한미 관계를 의식해 노 대통령은 자신에 대한 의심을 해소하기로 작정한 듯싶은 말을 거듭했다. 재야 시민운동 때나 정치활동 때 "미국이 추구하는 자유와 인권의 가치를 소중하게 생각"해 왔고,

"미국의 영향력이 없는 동북아 질서는 한국에 결코 이롭지 않다." 53년 전 미국의 참전이 없었더라면 "나는 지금쯤 정치범 수용소에 있을지도 모른다." 그간 그의 말잔치에 오르지 않던 새로운 메뉴들이다. 이것이 그의 진정한 속내라면 보수나 중도파를 아우르는 지지세력 확대는 거저먹기요, 내년 총선 승리는 따놓은 당상이다. 미국이 안보우산 제공뿐만 아니라 경제 원조, 수출시장 제공, 국내투자 등의 측면에서 한국에 큰 도움이 되었음을 강조하기도 했다. 부시 대통령 면담 내용과 성과가 기다려진다. 더욱 기다려지는 것은 귀국 후 언설과 행보이다. '국민의 힘'을 만나거나 대화 상대가 바뀌면 상황논리에 강한 그가 방미 시 발언을 '없던 말'로 뒤엎지나 않을까.

대통령 방미 시 대기업 총수들이 거의 모두 수행했다. 뉴욕 금융계에 좋은 인상을 준다는 취지였을 것이다. 노동조합들이 대통령 방미 기간 중만이라도 파업을 자제했더라면 한국 경제의 홍보 효과가 반감되지 않았을 것이다. 두산 중공업, 철도 등 주요 분쟁 때마다 정부가 손들어준 노동계가 해외 순방길에 오른 대통령 얼굴에 먹칠하고 나라 경제의 목을 조이고 있다.

한편 한국은행 금통위는 일 년 만에 콜금리를 0.25퍼센트 내렸다. 설비투자도 소비도 전년 동기 대비 줄어들고 있고 경제성장 전망도 어두워졌대서란다. 박 총재는 4퍼센트 대 경제성장을 "마지노선"으로 삼아야 하고, 이것을 지키지 못하면 "고용대란"이 난다고 덧붙였다. 1997년 선진국의 예를 따라 개정된 현행 한은법은 물가안정이란 단일 목표를 명시하고 있다. 이것이 중앙은행 독립성 확보의 핵심 명제이다. 목표의 다기화는 중앙은행의 예속화 길이다. 한은은 경제 성장과 고용 등 여타 경제지표에 대해 정부와 긴밀하게 협조해야 하지만 그 으뜸 목표는 어디까지나 물가안정이다. 이번 금통위 의사결정에 물가에 대한 우려가 담겨 있지 않은 게 이상하다. 금리는 올릴 수도 내릴 수도 있지만, 정책 자세가 문제다. 물가 추세와 자산 버블에 대한 우려가 일차적 관심사였어야 했다. 금통위마저 시장인기에 영합하고 있

는가. 중앙은행도 바르게 할 말, 안할 말 구별의식이 실종돼 있다. 이
러고도 한은 독립투쟁이 의미가 있는가.

대통령을 만난 뉴욕 금융계 인사들의 질의는 북핵 등 남북문제와
정책 일관성에 집중되었다는 보도다. 핵심을 찌른 지적이다. '할 말',
'안할 말' 잘 가리고 '없던 말'이 없는 정부여야 한다.

(《조선일보》, 2003. 5. 15)

자연, 인간이 사는 곳

동물원 우리 안에 사람을 가두고 동물들을 우리 밖에 풀어 살게 하면 세계 제일의 환경친화 국가가 된다. 자연보호가 유일의 국가목표라면 전 국민을 에버랜드에 집합시켜 감금하자.

새만금 현장에서 여의도까지 세 걸음마다 절 한 번 하는 삼보일배(三步一拜)의 고행 시위대가 대중매체의 눈길을 끌었다. 그것도 두 무릎 꿇고 두 팔을 땅에 대고 머리를 땅에 닿도록 절하는 몸짓을 계속했으니 말이다. 오체투지(五體投地)는 티베트 불교신도의 고행이다.

티베트는 어떤 곳인가. 세계의 지붕 히말라야 산맥 북쪽고원 지대에 인구 270만 명이 122만 평방킬로의 면적을 차지하고 살고 있다. 역사적으로 티베트 군대는 이웃 나라를 떨게 하는 무서운 강군이었다. 8세기 경에는 실크로드를 가로막고 당시 중국의 수도 장안(長安, 오늘의 시안[西安])을 점령하기도 했으나, 842년 국왕이 암살되자 영토확장 위세가 꺾였다. 13세기 몽고군이 중국을 제압하자 티베트 불교계 일파(노란 모자파)가 반대파(붉은 모자파)를 꺾으려 적군을 끌어들인 결과 중국에 예속되었다. '지혜의 바다'를 뜻하는 달라이 라마는 노란 모자파의 지도자 칭호다. 중국의 티베트 지배는 청나라 강희(康熙) 때 굳어져 1911년까지 수백 년 계속되었다. 잠시 실질적 독립을 누리는 듯했으나 1950년 중국에 다시 편입되었고 티베트인은 중국의 55개 소수 민족의 하나로 전락했다. 한때 강성했던 나라는 망하고, 불교와 토속신앙을 결합한 복잡한 의식과 고행을 특징으로 하는 종교는 살아 있다. 외국인에게 기이한 관광거리가 되는 오체투지가 성행하는 한, 티베트에 근대적 의미의 복지후생이나 자주권 회복을 기대할 수 없어 보인다. 21세기 서울에 웬 오체투지인가.

갯벌보호, 자연환경보호 때문이란다. 우리의 삶은 자연조건에 맞추어 이루어진다. 도시국가를 제외하면 남한의 인구밀도는 평방킬로 당 479명(2001년 기준)으로 세계 상위권이다.

네덜란드도 471명(2001년 기준)으로 인구 조밀국이지만, 도시용지에 있어서는 인구 1,000명당 0.7평방킬로로 한국에 비해 일곱 배나 여유가 있다. 한국은 산지가 많아 쓸 만한 땅이 좁은 반면, 전 국토가 평지인 네덜란드는 꾸준히 간척사업을 벌여 해수면보다 낮은 땅을 국토의 25퍼센트 이상이 될 정도로 넓혔기 때문이다. 가장 대표적 구조물이 1930년대에 물막이 공사를 벌인 조이데르 해(海)에 있는 길이 30킬로의 방조 댐이다. 늘어난 국토 덕분에 국부가 증대했다. 1인당 GDP가 2만 6천 달러, 실업률은 2.6퍼센트로 유럽 최저 수준이다. 현명한 국토활용, 개방적인 경제(수출입 의존도 130퍼센트), 바로 선 법질서와 제도 등의 덕분이다. 인위적인 간척사업을 했대서 자연보호에 소홀한 나라도 아니다. 튤립 등 각종 꽃을 생산하고 수출하는 화훼단지들을 보라. 주어진 자연조건을 적절히 활용하는 본보기다.

그들은 나라의 지정학적 위상을 잘 알아서 외국인 친화적 사회여건을 만들고 있다. 국민 모두가 외국어를 자유롭게 구사하도록 교육받고 이방인을 환대할 뿐 아니라, 굴지의 대기업들을 키워 해외투자를 추진해 국부를 늘인다. 더구나 자존심을 내세워 강대국과 부질없는 시비를 벌이지도 않는다.

한국은 4,767만여 명(2001년)이 살기에 너무나 좁다. 새만금 사업을 어느 정권이 어떤 사유로 착공했건, 그 댐은 완공할 경제적 가치가 충분하다.

환경은 인간 때문에 훼손된다. 자연보호의 최선책은 인구감소 조치이다. 출산억제, 이민 장려 등을 방법으로 인구를 절반으로 줄인다면 자연보호는 크게 진행될 것이다. 반면 무조건적 개발을 동의할 수도 없다. 인간과 자연의 조화, 이것이 해답이다.

삼보일배 시위는 경건한 종교의식의 타락상이다. 시위대의 기세를 올려주는 정치인들은 어떤 밥 먹고, 어떤 옷 입고, 어떤 집에 살고 있는가. 의식주 어느 하나 토지와 무관하지 않다. 물론 그들의 눈은 우매한 군중의 표(票)밭에 있다.

한반도는 비좁다. 국토확장은 외국침략 이외의 방법이라면 좋은 일이다. 황해의 반을 메우더라도 역시 그러하다. 현재의 국토도 선조들이 수십 세대에 걸쳐 개간해 놓은 결과물이다. 오체투지에 국정이 휘둘리는 한, 나라는 허약해진다. 사람은 역시 우리 밖에서 살아야 인간다울 수 있다.

(《한국경제》, 2003. 5. 30)

이 글은 「비좁은 국토, 공존의 지혜」(237쪽 참조)의 연장선상에서 쓴 글이다. 「새만금 사업은 어디로」(《중앙일보》, 2003. 7. 19, 이 책에 미수록)로 이어진다. 사안이 사안인지라 찬반 반응이 특히 뜨거웠다. 경제학자의 냉철함을 잃었다는 지적이 있었다. 경제학이 무엇인가, 넓은 의미의 사회 과학의 일부인 것을. 관심 있는 독자는 『회의적 환경주의자(Bjorn Lomberg, The Skeptical Environmentalist, 2001)』(비외른 롬보르 지음, 홍욱희·김승욱 옮김, 에코리브르, 2003)을 참고하기 바란다.

대왕, 물가에 서다

　예전에 바다의 조수(潮水)와 힘겨루기 한판을 벌인 왕이 있었다. 평소 "대왕의 권세가 막강하오니, 명령만 내리신다면 바다의 조수도 물러나게 하실 수 있을 것이옵니다."라는 주변의 아첨꾼들의 말에 귀가 솔깃했던지 어느 날 수행원들을 거느리고 왕이 바닷가로 나아가 근엄하게 외쳤다. "파도야, 물렀거라!" 결과는 자명했다.

　언뜻 들으면 주변의 아부를 그대로 믿고 힘을 시험해 보기로 했을 만큼 왕이 우둔했다는 우스갯소리로 들리지만, 사실은 왕이 자신의 힘이 아무리 크다 해도 인간의 힘에는 한계가 있다는 사실을 주변 인물들에게 보여주기 위한 현장 교육이었다는 게 정설이다. 이 왕이 누구던가. 바이킹 족의 왕손이며, 용맹한 전사(戰士)로서 짧은 생애(994(?)~1035)에 동시에 잉글랜드와 덴마크, 노르웨이 3개국의 왕이었음은 물론 스웨덴의 일부까지 정복한 카누트(Canute) 또는 크누트(Knut)로 알려진 현명한 군주였다. 초기에는 무자비하고 변덕스런 성깔의 정복자로 백성을 공포에 떨게 했으나, 통치자로 자리를 굳힌 다음에는 피정복자에게 평화와 질서를 지켜주고 그들의 종교를 독실하게 믿은 신자로 알려졌다.

　"대통령, 물가에 서다." 이것이 요즘 다수 국민의 솔직한 심정이다. 이제 물가에 선 대통령이 어떤 언행을 보이는가에 따라 유례없이 저조한 취임 100일 업적평가도 회생시킬 수 있다.

무엇을 어떻게 할 것인가? 첫째는 힘의 한계를 겸허하게 받아들이는 일이다. 대통령의 권한이 아무리 막강해도 모든 일을 임기 중에 완수할 수 있는 힘은 없다. 오 년 임기라는 시간상 제약이 있고 국가의 가용자원이란 물리적 제약이 있다. 결국 선택과 집중의 문제로 요약된다. 이는 또한 국제화 문제와 직결된다. 21세기 초 세계화의 조류는 시장경제와 민주주의를 지향해 흘러가고 있다. 이 같은 물결을 선진우방과 함께 타고 순행할 것인가, 거슬러 역행할 것인가의 선택을 공허한 수사학적 표현에 그칠 것이 아니라 성실한 행동으로 보여주어야 한다.

둘째는 대통령 주변의 조언을 가려듣는 귀가 있어야 한다. 열 번 찍어 넘어가지 않는 나무는 있을 수 있어도 한두 번의 아부성 발언에 넘어가지 않는 윗사람은 드물다. 밖에서 비난의 태풍이 세차게 불어도 청와대 안에서는 수구반동들의 하품쯤으로 치부하고 태평성대가 임박했음을 노래할 수 있다. 노동귀족들이 장악한 노동운동권, 병졸은 없고 연대장들의 목소리만 큰 숱한 시민연대들, 돈 때문에 스크린 쿼터를 고집하는 연예인들 등 제각기 현 집권의 친위세력임을 자처하고 있다. 이들의 조언에 거시적 안목, 균형감각, 발전 비전을 기대할 수 없다.

셋째는 지지폭을 확대하는 일이다. 과거 지지파들의 조언을 가려 물리칠 줄 알아야 하고, 반대파들의 쓴 소리를 경청하고 비판도 수용하는 도량이 있어야 한다. 카누트가 영국 토박이 종족, 앵글로색슨의 역사에서 대왕으로 칭송되는 사연은 그들의 풍습을 존중해 준 데 있다. 우리는 동족사회면서도 계층 간 갈등을 아우르기는커녕 첨예화시키는 일을 일삼고 그것을 개혁이라고 부르고 있다. 언론과의 전쟁, 무엇을 위한 싸움인가?

넷째는 말을 아끼는 것이다. 파도를 향해 "물렀거라"를 외치는 것이 덧없음을 자각한다면 물가에 모인 군중 앞에 나서기를 자제해야 한다. 청중도 아부를 좋아한다. 대통령의 재산 관련 의혹이 끊이지 않는다.

무엇이 솔직한 것이고, 무엇이 정직한 것인지 그 구분을 알면 해답이
나온다. 흠이 있다는 것은 인간적이다. 그러나 문제는 대통령이 범부
(凡夫)가 아니라는 것과 타인에게 도덕성을 요구하는 자리라는 사실이
다. 국민은 대화상대로서가 아니라 지도자로서의 대통령을 원한다. 태
산같이 의연한 지도자, 국민은 그런 모습의 대통령을 기대한다.

(《조선일보》, 2003. 6. 12)

신문사 데스크가 제목을 「물가에 선 대통령」으로 바꿔 섭섭했던 글이다. '대왕, 물가에
서다', 얼마나 멋진가.

주변 국가의 십계명

보통 사람들은 "착하게 살아라."는 어버이 말씀 이외에 따로 정한 가훈 없이도 잘 살아간다. 모세가 시내 산 정상에서 받았다는 십계명은 좀 길지만 이교도인 귀에도 그리 거슬리지 않는 바른 삶의 길잡이를 담고 있다.

철의 장막 붕괴 이전 서구로 망명한 체코 경제학자 오타 시크(Ota Sik)의 십계명을 전해 듣고 필자는 그 비통함과 처절함에 마음속으로 오열한 적 있다. 당시 한국은 서슬 퍼렇던 군사 권위주의 시대였기에 더욱 공감이 컸다. 소개하면 이러하다.

1. 공산국 국민으로 태어나지 마라. 2. 불행하게도 태어났다면 생각하지 마라. 3. 생각했어도 말하지 마라. 4. 말했어도 글로 남기지 마라. 5. 글을 썼다면 서명하지 마라. 6. 서명했다면 남의 것이라 우겨라. 7. 우기기 어려우면 미친 척하라. 8. 미친 짓이 들통 나면 서구로 탈출하라. 9. 탈출하다 잡히면 공산당 입당을 자원하라. 10. 모든 것이 수포로 끝나면 자살하라. 오래전 일이라 한두 군데 잘못된 대목도 있을 법하다. 북한 주민의 굶주린 모습이 떠오른다.

요즘 우리는 자녀교육이 어려운 시대에 살고 있다. 대중매체가 경박함과 흥미로움만을 부추기는 오락 프로그램을, 인터넷과 휴대폰은 게임과 포르노를, 전교조는 특정 이념교육을 가지고 청소년의 마음을 노략질한다. 만일 자식들의 입신양명을 바란다면 한때 유행했던 쌍기

역자 돌림(깡, 끼 등)을 가르쳐 악바리로 키워야한다. 그렇게 키워 출세가도를 달리게 만드는 데 도움이 되는 십계명은 무엇인가.

1. 시골 대도시에 태어나라. (요즘 유행하는 해외출산은 바보짓이다.) 2. 불행하게도 수도권에 태어났다면 시골 고등학교를 다녀 연고지를 확보하라. 3. 대학은 안 가도 좋지만 입학했다면 공부는 뒷전, 학생운동에 적극 참여하라. 4. 간신히 졸업했다면 일반 직장은 피하고 재야운동권에 합류하라. (정치활동이 가장 수지맞는 사업이다.) 5. 재야투쟁을 할랍시면 큰집에 다녀올 만큼 극렬하게 투쟁하라. 6. 그 경력으로 정계입문 목표를 향해 인터넷에 클릭하고 팬클럽 사이트를 열어라. 7. 대권에 도전하라. 선거유세 중에는 사실유무와 관계없이 상대방을 의혹투성이로 몰아붙여라. 8. 집권에 실패하면 재수 삼수 재도전하는 끈기를 보여 동정표를 얻어라. 9. 집권에 성공하면, 정권 이름 앞에 "문민", "국민" 등 수식어를 붙이되 소수의 측근을 제외한 다수를 외면하라. "개혁" 기치를 앞세워 추종세력 진출의 길을 터 의리 있음을 보여라. 무소불위 권한을 휘둘러 국민 다수와 언론도 굴종시켜라. 10. 퇴임 후 은행예금 잔고 30만 원 정도만 남기고 수뢰자산 몸체를 은닉하라. 집권 중 의혹은 "통치행위"였음을 주장하라.

이상은 참으로 씁쓸한 십계명이 아닐 수 없다. 다행하게도 대다수 국민들은 생산적인 직장을 선택한다. 여기에도 직장인 십계명이 있을 수 있다.

1. 규모가 큰 직장(공기업, 대기업, 은행 등)을 골라 입사하라. 2. 입사 첫날부터 자신이 직장의 주인임을 의식화하라. 3. 노동조합에 가입하고, 철저히 이념무장하라. 4. 빈번한 삭발의례와 머리띠 두르기에 편리하게 헤어스타일을 짧게 하라. 5. 경영진에게 고자세를 취하라. 실정법에 기죽지 말고 싸워야 쟁취하는 이득이 크다. 회사 돈으로 노조활동을 하라. 간부는 최고 경영진에 준하는 수당, 사무실, 차량, 비서 등을 요구해 귀족으로 군림하라. 6. 주주는 이윤을 착취하는 벌레로 간주하라. 7. 고객은 봉이다. 파업사태의 불편을 참아주는 것이 그

들의 기본예절이다. 8. 노사분쟁을 빈번하게, 상호 연계해 전개하라.
9. 정치권과 긴밀한 관계를 유지하라. 지지후보가 당선되면, 공약위반
으로 몰아세워 밀면 밀리는 정부로 길들여라. 10. 분규로 직장이 폐쇄
되어도 이름 있는 노동운동가로 성장한 자에게는 정치입문의 길이 열
려있음에 안심하라.

내용을 약간 손질하면 연예인들의 십계명(에이전트 관계, 선거철 정
치인 돕기, 모든 게 "내 마음이다"는 오만함 포함)도, 고등고시 출신자
들의 십계명(권력의 시녀 역할, 재계와의 결탁 포함)도 될 수 있다. 이
런 캐리커처가 그럴 듯하게 들리면 병든 사회다. 정부는 한국을 동북
아 경제 중심 국가로 만들겠다고 한다. 특별검사의 대북송금 수사 중
단과 6, 7월 밀집된 파업예고를 보고 "중심"국가는커녕 "주변"국가로
추락하고 있음을 감지하게 된다.

(《한국경제》, 2003. 6. 27)

■■■■■■■■■

오타 시크의 체코슬로바키아 십계명을 십여 년 전 권영훈 한양대 명예교수에게 처음
전해 듣고, 공감의 전율을 느꼈다. 오래 때를 기다리다 보니 기억이 흐려졌다. 두 번째
단계는 '백치(白痴)로 태어나라' 였던 것 같다. 뜨끔했던지 운동권 동조 네티즌의 반박
도 뜨거웠다.

시네마 천국
―국민의 이름 파는 진보

첫사랑의 아름다움과 성장의 고통을 관객의 마음 깊이 각인시킨 「시네마 천국」(이탈리아, 쥬세페 토르나토레 감독, 1988년작)의 토토를 잊을 수 없다. 토토는 영화기사 아저씨 알프레도로부터 인생을 배운다. "인생이란 네가 영화에서 보는 거랑 달라. 만만하게 보면 안돼." 그렇다. 평범한 개인의 인생이 그럴진대 하물며 국가 대사야 말해 무엇하겠는가.

제목을 트로츠키(1879~1940)의 말에서 인용했다는 「인생은 아름다워」(이태리, 로베르토 베니니 감독, 1997년작)에서 나치의 강제수용소에서 아들의 목숨을 구하려는 유태인 아버지의 눈물어린 사랑을 본다. 아무리 어려운 고비 속에서도 희망을 잊지 말라는 교훈이 어려 있다. 그보다 더 중요한 교훈은 나라가 피정복국 신세로 전락되지 않도록 하는 데 만전을 기해야 한다는 사실이다.

요즘 한국은 위기에 빠져들고 있다. 북핵 앞에 안보가 무력화되고 있고, 경제도 심상치 않다. 위기의 탈출구는 어디에 있는가. 외형상 서부극이면서 그 정형적 틀에서 벗어난 「하이 눈」(미국, 프레드 진네만 감독, 1952년작)에서 마을 주민의 배신과 젊은 아내의 평화주의적 반대와 결별을 무릅쓰고 장년의 보안관 윌 케인(게리 쿠퍼)이 홀로 악당들과 대결하기로 결심한다. 스스로 불안감을 떨치지 못하는 주인공의 너무나 인간적인 허약한 면모가 관객과의 공감대 조성에 이바지한

다. 마지막 총성이 멎자 주인공은 주민의 만류를 무릅쓰고 떠난다. 어
려울수록 바른 길을 걸어야 한다. 선악 구분이 분명한 대북관계에 있
어서 우리는 그렇게 하고 있는가.

이번 정권 교체기 이후 특히 "개혁"논의가 뜨겁다. 무엇이 진정한
진보인지, 누가 개혁대상인지 분명하지 않다. 「패왕별희」(중국, 첸 카
이거 감독, 1993년작)는 홍위병 시절의 가치혼돈을 그리고 있다.

장국영 : 그런데 누가 인민이지?
공리 : 우리 가수들은 인민이 아니야. 여자도 아니야. 노동자, 군인
들도 아니야. 그런데도 모두 인민에 봉사한다고 하지. 누가 인민이지?

홍위병 시대에는 길거리 교통신호 색깔도 바꾸었다. 푸른색이 "스
톱" 신호, 붉은 색이 "고" 신호로 바뀌었다. 세상이 온통 뒤죽박죽이
었다. 요즘 한국에 "국민의 힘"이란 조직이 있다. 누가 그 "국민"인
가. 그들은 진정 앞으로 나가고 있는가.

찰리 채플린은 이렇게 답한다. 「라임 라이트」(미국, 찰리 채플린 감
독·주연, 1952년작)에서 한때 인기배우였으나 이제는 한물간 늙은 광
대 칼베로(채플린)가 자기를 연모하는 젊은 미모의 발레리나 테리(클
레어 블룸)와 이런 대사를 나눈다.

테리 : 이제 돌아가요.
칼베로 : 아니, 앞으로 가야 해. 그것이 진보야.

지금 일부의 사람들이 "국민"의 이름을 잠칭하고 뒷걸음질치면서
진보라 주장하고 있다. 무엇이 문제인가. 무엇보다도 기본적 성지이념
과 정책방향의 혼돈이 지속되고 있다. 입으로 표방하는 자유민주 시장
경제가 실천으로 뒷받침되지 않고 있다. 집단 이기주의의 득세가 두드
러지고 있다. 전투적 노조는 물론, 투자협약(BIT)과 자유무역협정

(FTA)을 가로막는 국내 영화계와 농민단체 등 모두 각자의 밥통(스크린쿼터와 일부 과일) 챙기기 때문에 국가 이익을 희생시키고 있다. 가장 중요한 것은 북한의 핵무기 개발이 확실시되고 있는데도 한가롭게 남북대화를 하고 있는 정부의 안일한 자세이다.

「쇼처럼 즐거운 인생은 없다」(미국, 월터 래잉 감독, 1954년작)지만 인생이 쇼 일수 없다. 여권의 정치자금 얼버무림을 보고 정치 쇼에 식상한다. 과거 분식된 기업회계, 위장된 정치자금 모두 밝혀 고해성사하고 향후 철저한 준법을 다짐할 때가 되었다. 튼튼한 국방, 진지한 정치, 든든한 경제를 위해서는 쇼의 경박함을 현실의 중후함으로 바꿔야 나라가 산다.

(《조선일보》, 2003. 7. 19)

근래 영화와는 담쌓고 산다. '스크린 쿼터' 때문에 나라 경제가 멍들게 된다는 심사 때문이다. 영화인들의 포로가 되고 싶지도 않다. 그러나 역시 고전 영화는 몇 번 보아도 좋다. 이 한 편의 글을 위해 틈틈이 대사를 모으는 데 1년 가까운 시간이 걸렸다.

떠나는 배

　기회는 어렵게 찾아온다. 한 번 놓친 기회가 다시 찾아오기란 더욱
어렵다. 떠나는 배가 그래서 아쉽다. 떠나는 마지막 비행기와 자리양
보가 있었기에 영화 「카사블랑카」의 이별은 관객의 뇌리에 오래 남는
다. 나라 경제는 로맨스가 아니다.

　2차 세계대전 종료 이후 육십 년 가까운 세월이 흘렀지만 그간 전
세계를 통틀어 후진국 대열 밑바닥에서 선진국 문턱을 노릴 만큼 치고
올라온 나라는 드물다. 그 희소한 성공 사례의 대표가 한국경제다.

　새로운 건국 이래 국가의 기초를 다진 초기 몇 대의 정부가 크고 작
은 정치적 우행에도 불구하고 국민 경제의 지향목표를 바로 정하고 그
운용에 노력한 덕분이다. 쿠데타로 집권한 정권은 그 정체성에 원죄가
있었기에 경제건설로 국민의 용서를 받으려 했다. 그들의 정부주도형
경제운용이 부작용도 컸지만 양적인 성장은 부인할 수 없는 사실이다.
경제규모 세계 12위권이란 것은 반세기 전 한국인에게는 잠꼬대에 불
과했다. 그것이 가능했던 것은 미국을 비롯한 선진국 시장이 개도국
수출품에 대해 호의적이었던 시대의 기회를 잘 포착했기 때문이다. 민
주화 이후 정부들이 경제운용에 있어서 오히려 실패하고 있다. 정통성
의 오만 때문인가?

　1970년대 초반 이후 선진국의 국내 산업보호주의 색채는 우루과이
라운드, 세계무역기구(WTO) 등에도 불구하고 사실상 교묘하게 위장

된 형태로 짙어지고 있다고 보아야 한다. 예전의 동구권 국가들에서도 정부가 글로벌 기준을 채택하면서 시장경제의 틀을 다지는 것도 모두 자국의 경제발전을 추진하기 위한 기회포착 때문이다.

이러한 맥락에서 최근 15개월간 외국 기업유치에 있어서 한국이 아시아에서 꼴찌라는 유엔 투자보고서와 서울시의 의뢰로 맥킨지가 맡아 조사한 '동북아 금융 중심도시로서의 서울의 잠재력' 연구 보고서는 의미심장하다. 서울이 자칫 국제 금융도시 마지막 버스를 놓칠 판이라는 얘기다. 맥킨지가 아시아 태평양 지역 금융기관 열다섯 명의 최고 경영진을 상대로 설문조사한 바에 따르면 서울이 향후 2~3년 내 금융 중심도시로 성공할 잠재력을 보유하고 있지만, 선호도에서 홍콩과 싱가포르, 도쿄에는 물론 상하이와 베이징에도 밀리고 있다고 한다.

왜 그럴까? 시장 투명성이 떨어지는 데다가 특히 실적이 저조한 인력의 정리해고를 가로막는 노동시장의 경직성이 문제란다. 그래서 서울이 주변 도시와의 경쟁에서 이기려면 법질서 확보·노동시장의 유연성 확보·정부규제 개혁·조세 인하·법률시장 개방·영어사용 촉진·도시 계획 및 교통기반 시설개선 등을 추진과제로 제시하고 있다.

그간 정부의 대응은 엉거주춤했다. 한편으로는 '동북아 경제중심', '국민소득 2만 달러 시대'를 구호로 부르짖으면서도 막상 실행방향과 조치에 있어서는 오리무중, 갈팡질팡으로 표현할 수밖에 없다.

무엇 때문인가? 흔히 사람들은 발탁 인사들의 경륜부족만을 지적하지만, 그보다는 '진보'와 '개혁'의 기치를 앞세워 정치를 최우선으로 선택한 때문으로 보인다. 정치 때문에 각종 이익집단들의 단체 활동에 경제논리가 실종되고 있다.

지금 나라경제의 최대현안은 무엇인가? 그것은 성장엔진의 감속과 대규모 실업사태이다. 왜 성장엔진이 식어가고 있을까? 그것은 기업인들이 강성노조와 높은 임금, 규제 족쇄와 조세 중압 때문에 국내 투자를 꺼리고 있기 때문이다. 정부가 편애하는 노조는 어떠한가? 노동시장에서 전체 노동자의 12퍼센트만 조직화돼 있고, 나머지 88퍼센트는 중소·영세기업의 비조직 노동자들이다. 12퍼센트의 노동시장 기득권 세력이 가로막고 있기에 청년 실업 대열이 늘고 있고 하청기업 노동조건도 악화된다. 오늘날 파업은 노동 기득권 세력의 배부른 놀이가 되고 있다. 현대차의 경우 노조원들조차 "파업 그만 했으면" 하는 내용의 글을 인터넷에 올리고 있지만, 노동귀족 간부들의 속셈은 다르다.

이러한 전투적 노조들과 밀월관계를 유지함으로써 정치판 승부를 노리고 있는 정부가 있는 한 한국이 경제중심지가 된다는 것은 그림의 떡이다. 마지막 배는 우리를 남기고 곧 떠날 채비를 하고 있다.

(《한국경제》, 2003. 7. 25)

어느 기업인의 죽음

장맛비가 더위를 식히기는커녕 한증막을 형성하는 요즘 삼복지간에 뜻밖의 죽음이 뭇사람의 눈을 적시게 하고 있다. 한 기업인의 죽음 때문이다. 무엇이 그로 하여금 투신자살이라는 막다른 선택을 하게 만들었을까? 그의 죽음이 어떤 뜻을 함축하고 있는가?

기업가 집안에 태어나 단기간에 그룹 총수에 올라 최상위의 기업군을 지휘하던 55년의 세월이 겉으로는 남부러울 것 없지만 속으로는 괴로움이 많았던 것 같다. 대학시절 그의 전공이 국문학이었던 것으로 미루어 보면 문학 소년이었던 것으로 짐작된다. 그러나 그는 뜻을 접고 가업을 이어받아야 했다. 선친이 한국의 대표적 창업기업인이었기 때문이다. 런던 금융가에서 지폐에 인쇄된 거북선 그림을 보이며 조선소 건립자금을 마련하는 등 수많은 일화를 남긴 창업주 아버지 밑에서 여러 형제들과 기업인 수업을 받을 수 있는 기회란 놓칠 수 없는 좋은 기회였을 것이다.

삼 년 전 "왕자의 난" 이후 그룹이 세 조각으로 분리될 때만 해도 그는 종합상사, 전자, 상선, 증권 등 알짜 기업들을 물려받아 사실상 선친의 대통을 잇는 복된 기업인으로 평가되었다.

그러나 그가 투신한 그날 그의 그룹은 빈 껍질로 변해 있었다. 전자(하이닉스)는 그의 손에서 떠났고, 종합상사, 아산, 금융회사 등은 적자투성이고, 현대상선은 흑자지만 빚더미에 눌려 있었다. 무엇 때문에

이 지경에 이르렀을까? 국내외 경기 부진의 탓만은 결코 아니다.

기업인에게 죽음의 키스는 정치권과의 접촉이다. 폭넓은 의미의 돈과 권력의 짝짓기, 정경유착은 동서고금 되풀이되는 관행이지만 특히 우리 사회의 경우 그 중독성과 폐해가 심했다. 지금 프랑스에 피신 중인 다른 그룹 회장도 그러했지만 대권의 꿈은 선친을 유혹했다. 이것이 첫 번째 사단(事端)이었다. 선친은 소년기에 떠난 고향산천을 그리워했다. 수구초심(首丘初心)이 두 번째 사단이었다. 그는 선친의 유지를 따랐다. 무엇이 진정한 효도인가를 생각하게 하는 대목이다. 사랑하는 가족과 돌봐야 할 임직원과 봉사해야 할 국가사회의 번영에 보다 큰 무게를 두어야 하는 게 기업인의 참된 직분이다.

그의 죽음이 헛되게 하지 않으려면 몇 가지 다짐할 사항이 있다. 우선 북한 주민의 민생에도 평화 정착에도 역행하는 종래 현금 지급 방식의 대북사업은 중단해야 한다. 1998년 개시 이래 현재까지 1조 원 이상의 손실을 안긴 금강산 관광사업은 밑 빠진 독에 물 붓기다. 다른 민간기업이나 공기업이 대신 떠맡다가는 줄줄이 함몰하게 돼 있는 구조다. 북한 아태평화위가 바라는 대로 사업을 중단하자. 그들은 "특검의 칼에 의한 자살"이라 트집 잡지만 칼날의 손잡이에는 그들의 지문이 역력하다. 도산 위기 때마다 방북한 그가 반대급부로 얻은 게 무엇인가? 김정일 표현대로 고인이 "입 찢어지게" 좋아했다는 개성공단 사업도 경제성이 의문시되기는 마찬가지다. 아마도 그의 죽음으로 몇몇 의혹 대상 정치인들의 속앓이가 진정되었을 것이다. 죽음이 침묵이니까. 거액을 갈취한 정치인들에게는 그의 말이 바로 극약이었을 것이다. 그러기에 정치자금 공개를 포함한 정치개혁은 필수과제다. 그리고 길게 보면 정부가 인위적으로 재벌해체를 도모할 필요가 없다. 세대교체기가 되면 적자생존의 법칙에 따라 점진적으로 계열분리되고 해체정리되게 마련이다. 마지막으로 수익성 계산에 아둔한 기업인은 몰락한다는 교훈이다.

상중(喪中)에도 분리된 다른 계열에서는 경영진이 노동자 경영참여,

임금 삭감 없는 주 5일제 등의 요구에 백기 든 모습을 보여야 했다. 한국 기업, 한국 경제의 앞날에 조기(弔旗)가 올려지고 있다. 서울은 지금 고인의 명복을 비는 향내가 짙다. 그러나 우리는 울음을 삼키고 이를 악물어야 한다. 그만큼 나라경제가 걱정이다. 문학 지망생, 고인은 편히 잠드시라.

(《조선일보》, 2003. 8. 7)

폭우 같은 말, 말

시도 때도 없이 내리는 비가 지겹다. 요즘 우리를 지겹게 만드는 것이 비뿐이었으면 얼마나 좋을까. 온실처럼 유리로 만든 집에 사는 사람은 남에게 돌 던지기를 자제한다. 이웃이 돌을 마주 던지면 제 집 피해가 더 클 수 있음을 알기 때문이다. 유리집에 살면서 돌집에 사는 냥 착각하는 사람들이 나라를 다스리고 있다.

정권 교체기는 세상을 바꾸는 호기이다. 지난 시대에 기득권을 누린 계층에는 부패하고 무능한 사람들이 두꺼운 층을 형성하고 있기에 "개혁"하겠다는 데 군말이 있을 수 없다. 그렇다고 옥석을 가리지 못하고, 세대나 지역을 잣대로 가름하는 것은 무리다. 그것도 새로운 집권층이 개인적 도덕성, 집단적 윤리성이 높다면 수긍이 갈 수 있다. 그러나 무경험을 참신으로, 뇌물 챙기기의 기회가 없었던 것을 순수로, 선전선동적 구호를 정책 아이디어로, 오기를 정책 일관성으로 착각한 이른바 "코드 맞추기"가 인사 원칙이 되고 있다. 이러한 사람들이 정상배들의 뇌물공세에 쉽게 무너진다는 것은 예견된 일이었다. 유리집처럼 투명해야 할 청와대가 측근의 비리를 감싸고, 비리 추적자를 적반하장 격으로 옭아 투옥하고, "별 것 아닌 것"을 가지고 떠드는 언론을 나무랐다. 그 순간 정권의 도덕성은 땅에 떨어지고 "개혁"의 기치는 넝마처럼 바람기를 잃었다.

율리어스 시저(기원전 100~44)는 부인이 금전비리에 연루되었다고 로마 시민들의 입방아에 오르자 "내 아내라면 의심조차 받아서는 안 된다."라며 그녀와 결별했다. 가족 비리의혹을 거론한 언론을 오히려 고소하고 유흥업주와의 유착거래를 감싸는 언행과는 사뭇 다른 지도자 상이다. 자기 주변을 깨끗이 정리하는 엄정한 지도자가 되어야 한다.

엊그제 방송의 날 기념 리셉션에서 대통령은 "언론이야말로 절제가 꼭 필요한 기관"임을 말했다. 맞는 말이다. 인권유린의 경향이 있다. 조세처럼 강제로 거둬들인 시청료 수입과 엄청난 광고 수입을 가지고 말 없는 다수 국민의 머리 위에 군림하며 뉴스를 왜곡하는 일부 방송 매체는 공정성을 잃은 지 오래다. 또 틀린 말이기도 하다. 언론에 재 갈을 물릴 수 없기 때문이다. 토머스 제퍼슨(1743~1826)은 "정부의 기 본은 국민여론이므로 국책의 제일목표는 언론의 권리를 지키는 것이 다. 나에게 선택이 주어진다면 신문 없는 정부보다 정보 없는 신문을 택하는 데 한순간도 머뭇거리지 않겠다."라는 말 한마디로도 위대한 지도자로 평가받을 만하다. 반면 우리 지도자는 대통령 권한행사로 언 론 길들이기를 말하곤 한다.

훌륭한 지도자는 말을 아끼고, 한 말은 반드시 실천에 옮기도록 노 력해야 한다. 광복절 경축사에 십 년 내 "자주국방" 주장을 폈다. 그 러나 국회 상정된 국방비는 당초보다 GDP(국내총생산) 대비 0.1퍼센 트포인트 인상에 그쳤다. 고작 1조 4천억 원 늘어난 자금으로 군비증 강이 얼마만큼 되겠는가. 국민 자존심 콧대가 높은 EU(유럽연합)국가 들도 모두 NATO(북대서양 조약기구)라는 집단체제의 틀 속에서 자국 의 안보를 지키고 있다. 미국과의 안보 공조는 우리가 비용을 적게 들 이고 국방을 유지하는 첩경이다. 우리가 북한의 핵 위협에 놀아나지 않으려면 비용을 적게 들이고 미국 핵우산 속에 머물던지, 비용을 더 들이고 스스로 핵 개발을 선언하는 수밖에 없다. 더 이상 김정일 장단 에 춤출 까닭이 없다.

한 가지 반가운 것은 노사분쟁에 있어서 정부 자세의 전환 조짐이 다. 올 들어 세 번째 파업하는 화물연대에 대한 정부의 대응이 법과 질서를 지키는 쪽으로 선회한 듯싶다. 정부가 시행착오를 끝내고 다수 국민이 고대하던 방향으로 새롭게 정책기조를 바꾸는 전기이길 바란다.

국민은 줄기찬 비에만 지쳐 있는 게 아니다. 대통령의 잦은 발언에도 지쳐 있다. 가뭄 끝에 오는 비라야 반갑다. 유리집에 살며 말을 아끼는 대통령을 보고 싶다.

(《조선일보》, 2003. 9. 4)

선의로 포장된 길

아무리 의도가 좋아도 그 결과가 실패로 끝나면 본래의 뜻이 빛을 바랜다. 좋은 씨앗이 좋은 열매로 결실 맺으려면, 정열에 경험과 지식이 함께 어우러져야 한다.

요즘 우리 사회의 아노미(Anomie) 현상은 "개혁"세력이 자기네가 선의(善意)와 열정으로 충분히 무장되었다는 자신감에 도취해 모든 반대 의견을 반동세력으로 몰아 압도하려는 기세에서 비롯된다. 우리 사회 구석구석에 개혁해야 할 과제들이 산적해 있는 것은 사실이다. 기득권 세력들이 그 해결을 가로막고 있는 것도 사실이다. 그러나 알아야 할 것은 개혁의 열정만으로는 문제를 해결하기는커녕 오히려 고질화시킬 수 있다는 사실이다. 현재 집권세력 핵심의 드높은 개혁의지를 나무랄 수 없다. 다만 그들의 열정을 지식과 경험으로 담금질하는 데는 고집스럽게도 우둔하다는 게 문제다. 이 같은 아집이 쓰디쓴 실패로 귀결될 공산이 매우 높다.

과거 정권 때도 제 나름으로 좋은 뜻으로 세상을 바꾸려는 개혁의지를 가졌다가 실패를 자초한 사례가 허다하다. 바로 지난 정부만 해도 그렇다. 두 가지 예를 들어보기로 하자.

요즘 골칫덩어리인 가계부채 문제만 해도 그렇다. 거시적으로는 가계 빚 덩치가 엄청나 소비가 위축돼 경기회복을 어렵게 하고, 미시적으로는 신용불량자가 늘어나 가정파탄, 가족 동반자살 사태가 벌어지고 있다. 현재 가계부채가 439조원(6월 말), 신용불량자가 335만명(7월 말)에 이르렀다. 그중 신용카드 관련 신불자가 62퍼센트이다. 그들 가운데 특히 20대에서 40대까지 한창 일할 경제활동 세대가 80퍼센트를 차지하고 있어 앞으로 국민 경제의 역동성과 경제주체의 윤리성에 커다란 의문을 갖지 않을 수 없다.

이처럼 암울한 사태의 시발은 지난 정부의 "좋은" 뜻에 있었다. 해외시장 경기가 부진한 가운데 국내 소비지출을 진작시키고, 신용카드 사용을 권장해 조세원천을 밝히고 투명도를 높인다는 의도를 탓할 수 없었다. 정작 기막힌 대목은 규제개혁위원회가 종전의 월 70만 원이던 카드현금서비스 한도를 관치금융의 잔재로 몰아 모두 철폐한 일이다. 그동안 소외되었던 서민가계에게 금융혜택을 누리게 한다는 "착한" 마음씨 때문이었다. 위원회가 간과한 것은 금융규제가 완화될수록 건전성 규제는 오히려 강화되어야 한다는 금융감독의 ABC였다. 그들은 모든 규제를 관치금융과 동일시하는 무지의 만용을 자행했다. 카드 이용자는 한때 신나는 쇼핑 잔치를 벌였다. 소득 능력을 초과한 지출의 결과는 불을 보듯 자명했다. 금융전문가들의 경계성 발언을 경청했더라면 오늘날처럼 빚잔치의 허망한 종말을 미연에 방지할 수 있었을 일이다. 당시 규제개혁위와 관련 정책기관에 관계했던 인사들이 작금의 중산가계 함몰, 서민가계 파탄, 가족 동반자살을 보고 책임을 통감해야 한다. 약 주려다 독을 준 셈이다. 모두 무지의 소산이다.

다른 하나의 사례로 의약분업 조치를 들 수 있다. 이 조치는 의약품 과오용을 없애고 선진사회를 앞당긴다고 크게 홍보되었다. 그러나 이 조치는 약사, 의사, 한의사들이 각기 다른 이해관계로 나뉘어 벌인 길고 긴 집단행위를 낳은 끝에 어렵사리 매듭졌다. 그 결과에 국민은 만족하는가. 만족은커녕 스스로를 최대 희생자로 여기고 있다. 최근 국회 보건복지위 소속 의원의 조사에 따르면 88퍼센트의 국민이 의약분업이 국민에게 손해를 입혔다고 생각하고 있다. 환자는 높아진 의료수가, 약품 구입의 불편 등으로 고생한다. 약품의 오남용이 근절된 것도

아니다. 선진국에서처럼 편의점에서 간단한 가정상비약을 구입할 수도
없다. 선진국에서는 부작용 때문에 함께 복용하는 것이 금기시된 약들
을 처방한 사례들도 여전히 8퍼센트나 된다는 지적도 있다.

마약과 항생제 등 극소수 약품에 한정해서 의사 처방전을 요구하는
수준에서 점진적으로 시작해도 될 일을 거창하게 벌인 결과는 소비자
만족이 아니라 불만족의 증폭이다. 대다수 병·의원이나 약국들도 불
만일 것이다. 종전에 없었던 의료인들의 조직화·정치화가 촉진되었
다. 이것이 정책 당국의 노림수였던가.

선의로 포장된 길은 어디에 이르는가. 영국 속담에는 지옥이라 한
다. 무지로 무장된 선의처럼 가공할 극약은 없다.

(《한국경제》, 2003. 9. 25)

서울은 지금 한밤중

좀체 땅 위로 모습을 드러내지 않는 동물이 낮에도 버젓이 나다니는 세상이라면 그것은 태양이 떠 있으나 마나한 밤중 세상이기 때문이다. 유선형의 몸집을 가지고 앞다리를 재빨리 회전시켜 자유자재로 땅속을 헤집고 다니는 두더지는 퇴화된 눈 때문에 굴속에 서식한다. 두더지는 외톨이로 사는 습성이 있다. 그런데 "햇볕정책"의 일식(日蝕) 이후 서울에 두더지들이 무리를 지어 대낮에도 활보하고 있다.

요즘 한 재독교포가 서울에 왔다. 초청한 측과 학생운동권에서는 그를 군사독재와 싸운 민주화운동가로, 저명대학에 재직하는 철학교수로 치켜세우고 있지만, 그를 불러 조사한 국정원은 그가 북한 노동당에 입당했고 정치국 후보위원이라고 밝혔다. 앞으로 검찰의 입건 처리 귀추가 주목된다.

그의 사상과 지성의 정체는 무엇인가? 수학자이자 철학자인 화이트헤드(A. N. Whitehead, 1861~1947)는 말한다. "위대한 철학자는 진공 속에서 사색하지 않는다. 그의 가장 추상적인 개념들조차도 그의 생존 시기에 여건에 의해 어느 정도 영향을 받는다. 지성과 감성의 관계는 우리의 의복과 신체의 관계와 같다." 그렇다면 송 교수는 어느 나라 공기와 물을 마시고 사색하였나. 지성으로 가린 그의 심신은 과연 건전한가?

은둔생활을 즐긴 미국의 사상가 소로(H. D. Thoreau, 1817~1962)에 따르면 "철학자가 된다는 것은 명민한 생각을 가지거나 학파를 세우는 것이 아니라 지혜의 명령에 따라 소박, 자립, 관대, 신뢰의 생활을 즐기는 것이다." 송 교수가 찾아간 북한 공산당 지도자의 면면에서 검소를 일생의 덕목으로 지킨 호치민(1890~1969), 자신의 장례마저 간소화시킨 저우언라이(1898~1976), 아니면 민생을 위해 경제를 개방시킨 덩샤오핑(1904~1997)중 누구를 보았는가? "내재적 접근법"으로 장님이 되었는가?

고대 그리스의 플라톤(Platon, 기원전 428~348)은 "철학자가 군주가 되기 이전에는 도시(국가)들이 재앙에서 벗어나지 못할지니라."고 말한 것을 보면 철학이면 만사형통인 줄 알았던 순진파였다. 세상이 문명화되면서 다양한 사상가들이 등장해 각양각색의 담론을 쏟아놓았다. 개중에는 먹고살기에 바빠 취생몽사하는 듯한 범인들보다 못한 미망(迷妄)의 철학자들도 무수히 나타났다.

흄(D. Hume, 1711~1776)은 "일반적으로 종교의 오류는 위험한 것이지만 철학의 오류는 우스꽝스러울 뿐"이라고 헛짚었다. 따지고 보면 그릇된 사상처럼 위험천만한 대량살상 무기는 없다. 볼셰비키 혁명 이후 참담한 실패로 끝난 소비에트 체제를 지탱했던 이념이 그러했다. 북한의 김씨 부자 체제는 순수한 공산주의자들조차 부끄러워할 만큼 반민주·반인권적이다. 눈이 퇴화된 두더지가 입마저 비뚤어졌는가?

지난날 군사독재정권, 유신이념에 반대한다는 명분 아래 적의 적은 우방이라는 치졸한 단순논리에 이끌려 북한을 감싸 안은 사람을 참다운 지성인, 인권론자, 민주인사로 평가할 수 없다. 그는 지금 우리 실정법을 운운하고 있다. 로마 공화정이 무너지고 황제가 등극한 시대에 살면서도 지성의 목소리를 자처한 키케로(Cicero, 기원전 106~43)는 "국민의 이익이 최고의 법률"이라고 했다. 그가 생각하는 한국인의 이익은 무엇인가. 남한의 공산화인가, 자신의 영달인가? 기구한 인생에 연민을 느낀다.

어두운 곳에 숨어사는 두더지는 쉽게 퇴치되지 않는다. 개나 고양

이가 간혹 잡기도 하지만 두더지 분비액의 역한 냄새 때문에 먹지는
않는다. 요즘 우리에게는 쓸 만한 개나 고양이도 없다 보니 세상을 온
통 설치는 두더지들 판인 듯싶다. 두더지 구멍 둔덕을 태산으로 여기
는 매카시즘적 우(愚)를 범해선 안 되지만 두더지 굴을 방치하면 튼튼
한 안보 제방도 무너진다.

(《조선일보》, 2003. 10. 4)

■■■■■■■■

스파이 소설작가로서 미국의 톰 크랜시(Tom Clancy, 1947~)는 군사 무기를 기술하는
데 뛰어나지만, 영국의 존 르 카레(John Le Carre, 1931~)는 첩보원들의 심리 묘사에
서 단연 돋보인다. 필자는 르 카레의 애독자다. 그래서 권력 핵심부에 침투한 고정간첩
(mole)에 관심이 많다. 요즘도 지하철에서 행동이 수상한 자를 신고해 달라고 방송하
지만 승객들은 시큰둥한 표정이다. 왜 그럴까?

몬도카네

　몇 주일째 좁은 국토가 단풍 나들이 차량행렬로 몸살을 치르고 있다. 사람 홍수를 피할 생각이면 아이들 데리고 도시 인근의 유원지나 동물원을 찾아볼 만하다. 인간 세상과 다른 동물들의 자연스런 생태를 관찰할 수 있기를 기대하기 때문이다. 그러나 요즘 인간세태를 보노라면 굳이 동물원에 찾아갈 까닭이 없어 보인다. 인간들이 스스로 동물로 변모하고 있기 때문이다. 이태리 자코페티 감독의 몬도카네(Mondo Cane, 1963년작, '개들의 세상'이라는 뜻)는 지구 곳곳의 진기한 풍습을 담은 다큐멘터리의 고전이지만, 이제 한국 사회가 몬도카네로 되고 있다.

　요즘 우리 사회의 최대 관심사 두 가지를 뽑으면 부동산 시장의 과열투기와 정치권 비리문제일 것이다.

　사람들이 수익성, 환금성, 안전성에 따라 자산을 선택하는 것은 자연스럽다. 환란 이후 유동성(돈)이 많이 풀리고, 대우그룹 붕괴에 따라 리스크 민감도가 높아지고, 은행 등 금융회사들의 금리가 사상 초유로 낮아진 상황에서 3백조 원 가량의 단기자금들이 마땅한 투자 기회를 찾아 떠돈다. IMF "졸업"하고, 9·11 테러 이후 수출이 잠시 부진하자 내수시장에 눈을 돌린 정부가 가계소비를 부추기기 위해 은행을 독려했다. 기업여신의 부실 때문에 도산·합병 등 쓰디쓴 경험을 치른 은행들은 진작부터 가계대출에 열을 올리고 있던 터라, 주택담보 등 가계대출은 더욱 가속화되었다. 결과적으로 주택수요가 늘고 집값은 오르고, 투기 거품이 부풀어졌다. 못 가진 자의 상대적 박탈감은 적대감으로 응어리지고 있는 반면, 가진 자는 작은 평수의 아파트를 큰 평수로 바꾸려 머리를 굴린다. 이른바 "사회지도층" 인사 가운데도 한 채보다 두 채, 두 채보다 세 채를 가지려고 안간힘을 기울이는 세태가 전개되고 있다. 쉽게 말해 개판이다. 투기를 남의 탓으로 돌릴 수 없다. 국민 모두 자금과 기회가 있으면 전문적인 투기자가 될 수 있다는 사실을 솔직하게 받아들이고 수급의 균형을 찾는 것이 올바른 문제 해결책이다. 엊그제 정부가 고강도의 부동산 종합대책을 내놓았다. 얼마나 효과가 있을지 궁금하다.

본격적 이전투구(泥田鬪狗)의 싸움은 정치판에서 벌어지고 있다. 대통령 측근의 일련의 비리로 불거진 불법 정치자금 문제가 대통령 신임을 묻는 국민투표 문제로 번지고, 다시 한나라당 SK 제공 비자금 문제, 민주당이 까발린 개혁신당을 자칭하는 열린"우리"당의 선거자금 허위 회계처리 문제, 다시 우리당의 정치자금비리 문제로 엎치락뒤치락, 오물 묻은 개가 겨 묻은 개 나무라듯 하는 양상이다. 해묵은 정당·정치인의 비리는 크게, 신출내기들의 것은 작게 보인다. 그러나 신진들의 왕성한 식욕으로 미뤄 볼 때 그것은 기회의 차이 때문이다. 국민은 안다. 그놈이 그놈이라는 사실을.

관전하는 일반 사람의 흥미는 정치자금을 제공했음 직한 다른 대기업, 기업인이 거부 못하는 속사정, 그 자금의 사용처 등일 것이다. 그러나 보다 진지하게 관전하는 국민이라면 이같이 거대자금을 필요하게 만든 진범이 바로 유권자 자신들임을 스스로 부끄러워하고 고민해야 한다.

사태가 이 지경에 온 이상 대통령을 비롯한 모든 정당·정치인들이 지난번 선거기간에 모금된 자금명세를 바로 밝히는 고해성사를 함께하고 앞으로 선거제도를 바꿔 돈 적게 드는 선거공영제 등 도입을 서둘러야 한다.

우리는 1997년 환란 이후 기업지배 구조가 개혁되고 회계의 투명성이 높아졌다고 대외에 알렸다. 그러나 거액의 정치자금이 빠져나간 흔적이 남겨진 투명한 재무제표를 제시한 기업은 하나도 없었다. 바로 이 점이 한국 경제를 보는 외국 투자자들의 예리한 시각일 것이다. 오 년여에 걸친 힘겨운 개혁 작업의 성과가 도루묵이 될 성싶다.

정치인은 주인인 국민의 심부름꾼이자 충직한 개여야 한다. 그러나 우리의 못된 개는 부뚜막에 먼저 올라가고 주인도 몰라본다. 아니다. 못난 주인이 개를 그렇게 버릇 들인 탓이다. 제도를 바꿔야 개들도 인간으로 환생시킬 수 있다. 1997년 환란이 천재일우의 경제회생 기회였다면, 금번 사태를 정치 쇄신의 기회로 삼아야 나라가 바로 선다.

(《한국경제》, 2003. 11. 1)

글은 화가 날 때 잘 쓰인다. 이 글도 화가 난 상태에서 썼다. 그래서 '놈' 자가 들어갔다. 요즘은 화가 분노로 바뀌었다. 이순(耳順) 나이에 이역(耳逆)이니, 나이를 거꾸로 먹어가는가 보다.

신용을 버리는 사회

요즘 우리 사회는 남의 이름을 도용하고 그 이름에 걸맞지 않게 행사하는 것이 유행이다. 정치세계에서는 자기 이름을 도용당한 다수의 "국민"들이 이름 도둑들의 정치 행위예술에 역겨워한다. 경제세계에서는 "신용"이란 이름이 도난 순위 1위에 오른다. 근래 이름을 바뀌었지만 한때 상호"신용"금고가 그리했고, "신용"조합도 그러했다.

1997년 외환위기 이후 미국 경제의 호황 덕분에 회복되던 국내 경기가 9·11 테러사태에 주춤하는 조짐을 보였다. 정부는 내수 진작 조치의 일환으로 신용카드의 현금 서비스 한도를 풀어주고, 사용액에 대해 세액공제 혜택을 고안해 냈다. 이같이 기발한 정부조치와 이웃 나라 중국의 고성장 견인 덕분에 한국은 세계적 불황의 악천후 영향권에서 벗어나 온난한 기후를 누리는 듯 했다. 그러나 카드회사와 사용자 간에 누이 좋고 매부 좋아 보이는 상호관계는 오래 지속될 수 없는 숙명을 타고났다. 그것은 카드회사들에게는 시장 점유율 경쟁 과정에서 고객의 "신용" 유무를 가리지 않고 카드를 남발하는 경향을 누르는 제동장치가 없었고, 사용자들에게는 자신의 채무변제 능력을 초월하는 현금 서비스 사용을 삼가는 자제력이 없었고, 정책 당국은 건전성 규제와 관치금융을 혼동하고 있었기 때문이었다. 카드회사를 소유한 대주주들은 신나는 사세확장과 짭짤한 돈 버는 재미에 내부통제가 느슨해졌다.

금번 LG카드 사태에 수년전 현대증권사태와 유사한 대목이 많다. 이번의 이헌출 사장이나 지난번의 이익치 사장이나 비금융계 출신이다. 대체로 금융계 출신은 리스크 기피 성향을 지니는 반면, 실업계 출신은 리스크 선호 경향을 보인다. 전자가 쫀쫀하다면 후자는 화끈하다. 전자가 소심한 운전사라면, 후자는 과감한 불도저맨인 셈이다. 불도저를 앞세우니 업계 수위는 따놓은 당상이었다. 그러나 금융계는 불도저를 함몰시키는 늪지대다. "BUY KOREA" 바람에 대우그룹 부실의 풍선이 급속팽창을 가능케 했고, 그룹 도산 이후 금융위기를 몰고와 공적자금 투입부담을 증대시켰다. LG카드 역시 금융위기 가능성을 초읽기 국면으로 몰았다.

지난 주말 LG카드 유동성 위기가 파국 직전에 정부 중재로 어렵사리 마무리되었다. 대주주(그룹 총수)가 지분 전액을 내놓고 은행이 여신을 연장해 주기로 하고 추후 상황에 따라 출자전환한다는 등의 내용이 알려져 있다. 정부의 역할이 무엇이었는지가 궁금하다.

이번 협상과정에서 드러난 주요 이슈 가운데 부실 책임 문제가 있다. 리스크 관리에 철저해야 할 은행 등 채권단의 책임을 물어 당연하다. 그래서 협상 결과처럼 채권단이 여신을 제공해 주기로 했다. 그러나 보다 근본적인 책임은 LG카드사와 그룹에 있다. 불도저를 금융기관 CEO로 시킨 것은 누구인가. 그룹 총수일 것이다. 마땅히 책임져야 하고 그래서 자기 지분을 내놓았을 것이다. 채권단에 그룹 총수의 개인 입보 요구를 부당하게 보는 견해가 있다. 지주회사 체제로 지배구조를 바꾼 이후라는 것이 이 견해의 핵심이다. 그러나 이 같은 체제전환은 카드사 부실이 공지의 사실로 된 이후의 일이다. 카드사가 성업할 때는 이를 통해 계열 전반의 자금 조달에 도움을 받다가 카드사가 경영애로의 조짐을 보이자 연대책임질 고리를 끊으려고 서둘러 지주회사 체제를 선택했다고 지적할 수도 있다. 달면 삼키고 쓰면 뱉는가? 유한책임이니까 지분만큼 책임지겠다면, 은행도 역시 같은 입장이다.

시장경제, 자본주의 경제를 말하려면 우선 신용사회를 만들어가야
한다. 신용카드 발 금융위기는 카드의 신용을 회복하는 데서 비롯되어
야 한다. 경쟁사인 S사의 경우 지난봄 이래 그룹 차원에서 증자 등 자
구책 마련에 노력한 흔적이 역력하다. LG카드는 그간 무엇을 했는가?

일차적으로 그룹 차원에서 카드사에 대한 일반 국민의 믿음을 높이
는 조치를 강화해야 한다. 오랫동안 국민이 베푼 LG그룹에 대한 사랑
은 각별했다. "사랑해요, LG", 그것은 믿음의 토양에서만 가능하다.
LG가 국민의 사랑받는 그룹으로 다시 태어나려면 그룹 전체의 공멸을
각오한 신용회복 노력이 있어야 한다. 카드 따로, 가전 따로, 다른 계
열사 각각 따로가 아니다.

(《한국경제》, 2003. 11. 28)

■■■■■■■■

이 글에 대한 반응 두 개를 소개한다. (사전동의 없이 글을 게재한 두 분에게 개인적으
로 미안하다. 글을 쓰다보면 과장된 표현이 나온다.)

신용은 책임감 있는 행동 없이는 얻어질 수 없다는 데는 동의합니다. 그러나 금융계 출
신이 아니라 해도 위험을 기피하고 신중한 사람은 많다고 생각합니다. ― ID: hobb

김 교수님의 명쾌한 칼럼 존경스럽습니다. 바로 거기, 금융을 모르는 사람들을 금융
CEO로 임명하는 바로 그 용감함에, 문제의 본질이 있었던 거죠. 지난 칼럼에서 "우리
경제의 뇌관을 건드렸다."는 말씀도 촌철살인! 비금융권 출신들에도 신중한 사람 많다
고요? 금융권에도 공격적인 사람 많습니다. 사업의 본질을 아느냐, 알고 저지르느냐의
문제였을 뿐이죠 ― ID: Klee06

기업인의 초상
―기업들이여, 깨어나라

돈 있으면 귀신도 부린다는 옛말이 있다. 그러나 요즘에는 귀신도 아닌 자들에게 돈 뜯기고 뺨 맞고, 굴비처럼 줄줄이 법망에 얽히는 사람들이 있다. 이름하여 기업인들이다. 귀신보다 힘센 자들은 누구인가. 이름하여 정치인들이다.

사람이 왜 돈을 건네는가? 평화스런 사회에서는 반대급부 때문이고, 폭력배가 설치는 사회에서는 신변보호 때문이다. 선·후진국을 막론하고 현실세계에서 정치인과 기업인의 관계는 공생관계이거나 포식자와 먹이의 관계이다. 돈이 정치를 쥐락펴락하는 금권정치, 정치가 기업흥망을 좌지우지하는 정치폭력사회, 모두 바람직하지 못하다.

기업인이 정치인의 손을 쉽사리 뿌리치지 못하는 까닭은 무엇인가? 그것은 과거의 탈세 등 약점을 잘 봐달라는 뜻, 향후 이권배분에서 선처를 바라는 뜻, 회사 돈을 개인 돈처럼 처리할 수 있다는 편의성 때문일 것이다.

만일 기업인이 성실 납세, 공정한 경쟁, 소액주주 이익을 고려한 투명 경영에 철저했다면 정치 조폭들에게 쉽게 갈취당할 수가 없을 것이고, 만부득 뜯겨도 피해액은 최소화할 수 있을 것이다. 불행하게도 한국 대기업 중에는 이런 기업이 없거나 정치 조폭의 행패가 지나친 모양이다.

요즘 대중매체에 보도된 사례 몇 가지를 살펴보자. (1) H 엘리베이터의 경우, 미망인을 앞세운 가신들이 "국민주" 발행으로 경영권을 지키겠다고 한다. 이것은 지배주주가 불특정 다수의 소액주주들을 농락하겠다는 의도가 아닌가? "국민기업"이라 치켜세우던 기아자동차의 지난날 수법의 재등장인가?

(2) LG카드의 대주주 가족들이 부도위기 직전 주식을 처분해 손 털고 나갔다. 지주회사 체제, 유한책임을 내세워 도마뱀 꼬리 자르고 도망치듯 했다. 국내 윤리경영 최상위 기업의 모습이 이러한가?

(3) 수년 전 "왕자의 난"으로 3분된 현대그룹의 경우에도 MH 계열의 하이닉스 등 부실기업에 직간접으로 투입된 공적자금이 수십조에 이른다. 꼬리를 자르고 도망친 도마뱀 몸통은 건재해 보이지만 기업윤리에 허점이 있지 않았는가. 기업지배구조 개편의 과도기를 틈탄 책임회피였다.

(4) 정부의 편애를 받는 노조들의 위세에 눌려 대들보 기업들이 항복문서를 쓰고 있다. 결과적으로 두산중공업, 현대자동차, 한진중공업 등이 부품·하청 중소기업들의 수익을 압박하고 미래의 기업 가치를 깎아내려 스스로 묘혈을 파고 있다.

(5) 에버랜드 전환사채 저가발행을 통한 편법상속 의혹을 받고 있는 삼성은 국내 최대의 규모이자 세계 유수의 기업들을 보유하고 있는 그룹으로서 부끄러운 모습이다.

(6) 부도 기업인들의 행적도 신뢰에 어긋난다. 프랑스에 귀화한 대우 회장의 거취는 그에게서 갈취한 정치인들의 보호를 위해 필요한 것인가?

대기업들의 이익을 대변하는 전경련은 어떤가. 군사정변 후 정부와 재계의 연결고리로 출범한 조직으로서 초기의 긍정적 기능을 이미 소진하고 이제는 시대착오적 존재로 전락했다. 근래 전경련의 주 임무는 정치자금의 모금창구인 셈이다. 앞서거니 뒤서거니 평양을 찾아가 주석궁에 선물을 바치고 축배를 마시도록 주선하는 것이 본분인가. 전경련이 시도 때도 없이 읊조리는 주제가는 금리인하, 세금감면, 규제완화 등에 한정돼 있다. 강성 노조에 대응하는 세력으로서는 허약하다. 이 점에 있어서 대한상의가 당당하다.

우리는 떳떳한 기업인의 출현을 고대한다. 기업인이 떳떳하면 반기업적 매체에 대해 광고 발주권한을 무기로 사용할 수 있다. 노동자는 단결로 때로는 죽음으로써 힘을 얻는다. 왜 죽음을 각오하고 사업하는 떳떳한 기업인은 없는가? 형세 불리하면 공장문 빗장을 걸어라. 그것이 참교육이다. 한국에는 왜 오마하의 현자(賢者) 워런 버핏, MS의 빌 게이츠, GE의 제프리 이멜트가 없는가. 모델 기업인이 있어야 청소년에게 먹혀드는 시장경제 교육이 가능하다. 재벌 돈에 순치된 학자들을 동원해 봐야 약발이 받지 않는 세상이다. 기업은 돈보다 정신과 행태 변화로 승부해야 한다.

"만국의 노동자여, 단결하라."에 대항하여 "한국의 기업인들이여, 깨어나라, 떳떳해라, 싸워라."를 외치고 싶다.

(《동아일보》, 2003. 12. 5)

■■■■■■□□□
앞의 글에 이어 기업인의 자기반성을 촉구하는 글이다. 이 글 때문에 한쪽에서는 화환을 보내왔고, 다른 쪽에서는 공정성 시비를 걸어왔다. (퀴즈: 각각 어디일까?) 중생들의 삶이 다 그런 것이거니.

한국 경제, 점프 스타트 가능한가
─경제침몰 시간문제

2004년 초에 점검해 보는 한국 경제는 시동이 꺼진 자동차에 비유할 만 하다. 어딘가 문제 있음이 분명한데, 점프 스타트로 다시 시동 걸리게 할 수 있을까를 생각해 보자.

지난 2003년 GDP 경제성장률은 2.6퍼센트로 추정돼 연초의 예상치 (5.3퍼센트)보다 절반의 수준에 머문 부진함을 보였다. 수출과 건설투자를 제외한 거의 모든 부문(민간소비, 설비투자)이 마이너스의 신장세를 보였다.

이 같은 성장부진을 대수롭지 않게 보는 견해도 있을 수 있다. 중국을 비롯한 동남아 지역의 사스 파동, 주 5일 근무제 확대, 노동파업 등만 없었더라면, 그리고 DJ 정부의 반갑지 않은 유산인 가계대출 부실(신용불량자 양산)의 후유증이 없었다면 목표 성장률 달성이 어렵지 않았을 것이라고 보면 그렇다. 이렇게 느긋한 시각으로 본다면 2004년 새해의 경제전망은 밝은 낙관론으로 채색된다. 즉 골이 깊으면 산이 높듯이 지난해의 경기를 저점으로 반등하는 경제동향은 가파르게 고점 (5~6퍼센트 성장)을 향해 순항할 것으로 예견할 수 있다고 본다.

그러나 한국 경제의 현실은 이 같은 낙관적 경기순환론을 수용하기 어렵다. 그것은 새해의 세계 주요국 경제전망이 밝아 우리 수출경제에 미칠 플러스의 영향을 상각하거나 상쇄할 수 있을 암초들이 산재하고 있어 국민 경제 운용의 순항을 장담할 수 없기 때문이다. 하기야 새해에는 미국 경제는 고성장을 누리고, 중국 경제는 그간 지속되어 온 높은 성장세를 유지할 것이며, 일본 경제도 모처럼 기지개를 펼 조짐이고, EU 지역도 나쁘지 않다. 그러나 수출 주도형 성장시대의 선순환적 파급효과가 되풀이되기 어려울 것이다. 왜냐하면 근래 한국의 수출 주종품이 전자제품, 자동차, 선박, 철강 등 소수 품목에 집중돼 있고, 전후방 연관효과를 극대화할 수 있는 다수 업체들이 해외 이전을 완료 또는 추진 중에 있기 때문이다.

한국 경제에는 간단한 점프 스타트 정도가 아니고 엔진을 들어내 고치는 오버홀 수리 작업이 필요한데 어디에 어떻게 손을 봐야 할 것인가?

경제성장 요인은 무엇인가. 그것은 요소투입, 기술혁신, 그리고 포괄적 의미의 '제도적 요인들'이다. 먼저 요소투입 문제부터 짚어보자.

첫째, 근래 여성 취업이 점진적으로 늘어나고 있으나, 빠르게 정체 수준에 근접하고 있는 인구동향을 미루어 보아 장기적으로 노동공급의 증대를 기대할 수 없다. 더구나 이십여 년 전과 같은 노동 강도 역시 과거지사이다. 민주화운동 이후 3D업종에 대한 기피현상이 고조되고, 노동의 조직화, 전투적 강성화는 가열일로를 걸었다. 교육계와 노동시장의 수급괴리로 지식정보사회에 걸맞은 전문 숙련노동은 부족하고, 노동시장 신규 진입자들의 편향된 취업 선호 때문에 3D업종은 합법, 불법의 외국인 노동자들에 크게 의존하게 되었다.

조직화된 노동인구는 전체 노동시장의 13퍼센트 정도에 그치고, 금속노련 등 강성노조는 그중의 일부임에도 불구하고, 이들의 위세에 정부가 굴종하는 추세이다. 이에 따라 대기업·공기업 부문을 상부로, 그리고 이들과 하청관계에 있는 중소 영세기업 부문을 하부로 하는 노동시장의 이중구조, 즉 상대적으로 보수가 높은 위쪽 노동이 열악한 아래쪽 노동을 착취하는 상황이 지속돼 왔다. 결과적으로 생산성 제고보다 높은 임금 상승률이 지난 십오 년 이래 거의 예외 없었다.

작년 화물연대 파업에서 보듯이 정부의 묵인 아래 연중 수차례 파업이 자행되었고, 두산 중공업과 현대자동차 파업사태에서 보듯이 정부의 ‘보이지 않는 손’이 작용했음을 짐작할 수 있다. 총선이 긴 새해 초반에도 정부의 노조 편들기는 이어질 것 같다.

둘째, 자본 투입의 증대는 생산설비의 확충뿐 아니라 기계에 묻어 오는 기술도입 때문에도 필요하다. 환란 이전에는 수익성을 고려하지 않은 과잉투자, 중복투자가 문제였다면, 근래에는 과소투자가 문제이다. 왜 기업은 설비투자를 주저하는가? 그것은 강성노조와 정부규제 때문이다. 과도한 임금인상, 경영참여 등을 요구하는 노조와 까다로운 공장 설립절차 등의 장애물 경기를 치르게 만드는 정부 때문이다. 국내 상황과 대조적으로 중국 등 외국은 좋은 투자환경을 제공하고 있다. 더구나 민주화 이후 등장한 집권세력 중심부에 반(反)기업 정서가 뿌리를 내리고 있다. 선거 전에는 선거자금을 바쳐야 하고 선거 후에는 그것을 빌미로 법적 응징을 받아야 한다. 기업 환경 낙제점의 나라로 전락했다.

셋째, 근래 휴대폰, 반도체, 제철, 컴퓨터게임같이 극소수 부문에서 세계 일류의 두각을 나타내고 있으나, 전반적으로 기초과학과 연구 환경의 열세, 창조보다는 모방이 현재의 기술 수준이며, 경쟁국의 추월이 임박하고 있다. 그간 정부가 IT, BT, GT 등 T자 돌림의 슬로건을 걸었으나, 구체적으로 실행계획은 지리멸렬이다.

마지막으로 결국 포괄적 의미의 ‘제도적 요인들’에 눈을 돌려보자.

모든 경제, 특히 개발도상 경제에 있어서 요소투입 못지않게 중요한 것이 바로 ‘제도’이다. 오늘날 한국 경제의 재시동을 위해 정부가 해야 할 일은 무엇인가.

단적으로 말해서 정부는 자유·민주·시장경제의 가치지향을 분명히 하고, 그 실행을 위한 구체적 조치들을 추진해야 한다. 그중 가장 으뜸은 시장의 경기규칙, 법질서를 바로 잡는 일이다. 노무현 정부의 경제정책 일 년간을 돌이켜 보면 무원칙·무규율·무법·무질서로 점철되었다. 정책 최고책임자가 누구인지, 경제는 어디로 가는지 알 수 없었다. "1인당 국민소득 2만 달러", "동북아 중심(hub)" 등의 슬로건은 있으되 실천정책은 오리무중이다.

무엇보다도 청와대의 아젠다에 정치와 총선 승리가 최우선이고 경제는 뒷전이었다. "국민의 대통령"이라 칭하는 정부가 포용하는 소수의 "국민의 힘"이 고작인 듯 했다. 그들이 말하는 반(反) 개혁세력인 빈대를 잡기 위해 초가삼간 태우기에 급급하다. 자칫 국민 경제를 송두리째 잿더미로 만들 수 있음을 알아야한다.

정치가 무엇인가. 결국 백성 잘살게 하자는 것일 터인데 그 길의 첩경은 기업인의 의욕을 살려 일자리 늘이기, 부가가치 창출, 조세납부를 독려하면 된다. 지금 경제에 관한 한 정부의 정책방향, 대통령의 리더십이 출타 중이다. 이러고도 2만 달러 시대, 동북아 중심이 물거품이 되지 않는다면 이상한 일이다.

이와 같이, 정체된 한국 경제를 다시 뛰게 하는 일은 대통령의 리더십에서부터 비롯되어야 한다. 그가 국민 경제 운용의 목표와 방향을 바로 세우고 정부 관료를 독려해야 한다. 아무리 규제 마인드로 무장된 관료들이지만 그래도 그들은 정치인들보다는 월등히 우월하다. 그들은 대통령이 정한 목표, 방향이 타당한 것으로 납득이 되면 합리적 실행방법을 추구하도록 훈련된 직업인들이기 때문이다. 그들의 잘잘못은 리더십에 좌우된다.

국민들은 산술적 평균주의가 시장경쟁 원리와 상치됨을 깊이 인식해야 한다. 자구노력 없이 정부 시혜만으로 복지 평준화를 시도한 어떤 웅장한 계획도 동구권 몰락에서 보듯이 실패하고 만다. 근로자들은 권위주의 시대의 억압에서 해방된 축제를 너무나 오래 즐기고 있다. 노사 다툼에서의 열세가 정부의 비호와 묵인 아래 우세로 바뀌었다. 노동 축제가 계속되다가는 모든 산업의 국제 경쟁력은 상실하고 삼류 경제국으로 침몰하게 됨을 알아야 한다.

노동자들의 주장과 정치권의 비자금 요구에 떳떳하게 맞서지 못하는 기업인들은 보기 안타깝다. 기업이 황금 알을 낳는 거위에 비유되곤 하지만, 우리의 현실에서 성한 알은커녕 곪은 알을 낳는 기업이 아직도 많다. 기업이 성한 알을 낳으려면 경영투명성 제고, 지배구조 개선 등 정치자금 요구는 뿌리칠 수 있는 힘을 길러야 한다. 정치인들이 집권세력이 되면 검찰과 국세청을 거느리게 되는 위험이 있지만 기업인이 이권 기회의 상실을 각오하면 청탁을 거부할 수 있다.

마지막으로 세계 흐름 속에서의 한국을 의식해 책임 있는 국제사회 구성원으로의 외교 안보적 역할을 다하는 것도 길게 보면 국민 경제에 이바지한다는 점을 말하고 싶다. 한국의 정체성(아이덴티티)를 분명히 하는 것이 이래서 중요하다. 한반도의 지정학적 상황에서 강대국 틈에서 생존 번영하는 슬기가 있어야 한다. 반미감정과 최근 고개를 들고 있는 외국자본의 과장된 시장지배론의 파장이 우려된다. 2004년은 자칫 성장 잠재력의 밑바닥까지 잠식당하는 한 해가 아니길 바란다.

(《한국경제》, 2004. 1. 6)

김병주, 어떤 사람인가

류동길
(숭실대 명예교수 · 경제학)

　김병주, 이름만 대면 누구나 아는 교수다. 그런 사람에 대해 뭔가를 말하려니 어렵다. 오래 사귄 친구에 관한 글을 쓴다는 건 솔직히 부담이다. 이런 글은 대상이 되는 사람을 미화하거나 과대평가하기 십상이다. 어떤 개인을 미화하고 우상화하면, 그 피해는 미화되고 우상으로 추앙받는 그 사람에게 돌아간다. 그래서 이런 글은 조심스럽게 써야 한다. 하지만 이런 기회에 김병주 교수가 어떤 사람인가를 한번 따져 보자는 마음도 있다.

　누군가가 이런 말을 했다. 외국에 일주일 다녀와서는 그 나라에 관한 책을 한 권 쓸 수 있을 것 같았고, 한 달 갔다 온 후에는 수필 한 편은 쓸 수 있을 것 같았는데 오래 살다 오니 아무것도 쓸 수 없더라고. 이는 겉으로 나타나는 것만 보면 그게 전부인 것 같지만 사실은 그게 아니라는 걸 말하고 있는 것이 아닌가. 오랫동안 가까이 지낸 친구라서 그에 대해 많이 알고 있는 것 같고 긴 글이라도 쓸 것 같았는데 막상 아무것도 아는 것이 없고 쓸 것도 없으니 이 어찌 난감하다 아니할 수 있겠는가. 내가 둔해서 그렇기도 하겠지만 무엇보다 그의 생각의 폭과 깊이를 가늠하기 어렵기 때문이리라. 그는 때로는 도사 같기도 하고 많은 것을 담고 있는 큰 호수 같기도 하니 말이다.

그가 경제학 교수라는 걸 모르는 사람은 없다. 그러나 교수이면서 교수답지 않은 사람이 하도 많은 세상이니 그를 교수 중의 교수요, 학자 중의 학자라고 해도 좋을 것 같다. 그는 특히 금융관련 분야에서 활동을 많이 하고 업적을 쌓았다. 그가 경제학계에 어떤 영향을 끼쳤고 그 업적이 어떤 평가를 받는가에 대해 여기서 언급할 필요는 없다. 내가 지금 글 쓰는 것은 그의 학문세계를 말하자는 게 아니라 학문 이외의 다른 모습을 더듬어보려는 것이기 때문이다. 하지만 학문하는 품위와 학자로서의 지조를 지켜온 점만은 일단 언급하고 넘어가야 할 것 같다.

언젠가 언론에서 김병주 교수더러 '서강학파' 1세대의 막내라고 한 적이 있다. 서강대 경제학과 교수 출신으로 관계에 나가 빛을 본 것을 일컬어 언론에서 이른바 서강학파라고 했다. 서강학파라는 말은 우리 사회에서 매우 부적절하게 쓰이고 있는 말이지만, 이를 받아들인다 해도 김 교수를 서강학파 1세대의 '막내'라고 하는 데는 수긍할 수가 없다. 그가 관계로 진출하려는 생각을 품은 적도, 그런 애를 쓴 흔적도 찾을 수 없기 때문이다.

김병주 교수와의 만남은 1958년 대학에 입학하고서다. 대학 때에는 깊이 사귈 기회는 적었지만 강의실에서 가까이 앉을 기회는 꽤 많았다. 그는 대학 때 버트런드 러셀의 글을 열심히 읽었던 것으로 기억한다. 러셀을 만나러 영국에 가겠다는 이야기도 했다. 또 그는 강의실에서 친구와 자주 게임을 즐겼다. 영어사전 어느 한 페이지를 무작위로 펴서 거기에 모르는 단어가 두 개 있으면 지는 게임을 하는 것이었다. 지금도 영자신문의 크로스워드 퍼즐을 푸는 걸 취미로 삼고 있다. 괴팍한 단어 하나 찾으면 좋아라하는 어린애 같은 면도 보인다. 그와 나는 교수라는 직업을 가진 소위 동업자가 되고 나서 만남이 잦았고 최근 십수 년간은 일주일에 최소 한 번은 만나 산행을 하는 사이다. 그러나 그에 대해 무얼 쓰는 건 자칫 장님 코끼리 만지는 격이 되는 게 아닐까 하는 걱정도 앞선다. 하지만 어쩌랴. 이미 시작했는데.

김병주 교수는 타고난 글쟁이다. 김병주 교수의 글에는 군더더기가 없다. 신문 잡지에 그가 쓴 글에는 수준 높은 해학이 있는가 하면, 폐부를 찌르는 날카로움이 있다. 글 행간에 하고 싶은 말을 숨겨 넣는 테크닉도 구사한다. 그 문장에 걸맞은 단어 하나 고르느라 밤잠을 설친다. 그래서 언론사에서 그의 글을 한 자라도 고치면 그는 몹시 언짢아 한다. 이는 그가 정성을 다해 글을 쓴다는 걸 말해 주는 것이다. 서슬이 시퍼렇던 80년대에는 물론, 문민정부가 출범하고 기고만장하던 시절, 대통령을 향해 '적자(嫡子)의 오만을 경계'한다고 일침을 놓았다. 이와 같이 글 쓰는 그의 자세는 계속되고 있다. 힘 있는 자를 질타하는 글에 성원을 보내는 독자는 많다. 글 때문에 그가 겪은 사건들이야 여기에 굳이 열거할 필요가 없으리라. 하지만 때때로 필자가 고독한 몸부림을 쳤으리란 것을 짐작하기는 어렵지 않다.

그의 좋은 글은 폭넓은 독서를 통해 축적한 지식이 기본바탕이다. 어떤 문제를 다루기 위해서 문헌을 뒤적이고 때로는 현장을 직접 확인하는 치밀성과 성실성이 여기에 덧붙여진다. 예컨대 새만금 간척사업을 둘러싼 논란이 일었을 때 글 한편 쓰기 위해 폭우가 쏟아지는 어느 날 새만금 간척사업 현장을 함께 보러갔던 일이 있다. 그의 글은 이런 과정을 거치며 생산된다.

그는 여행을 즐긴다. 방학 때거나 중간시험 기간이면 으레 여행상품을 개발해서 꿴다. 그의 꼬임에 넘어가지 않을 수 없게 돼 있다. 그냥 여행 다니는 게 아니라 가는 곳에 대해 철저하게 조사한다. 그래서 그와 함께 여행하면 그의 설명만 들어도 본전은 건지는 느낌이다. 2003년 여름 블라디보스토크 극동대학에서 한·러 세미나를 마치고 바이칼 호수를 보러 갔다. 여행을 마치고 돌아오는 날 그곳 이르쿠츠크 공항에서 비행기가 제 때 뜨지 않는 바람에 정해진 날짜에 귀국하지 못할 뻔했다. 귀국 다음 날이 그의 딸 결혼식이었는데 만일 차질이 생겼으면 고이 키운 딸 결혼식에 참석 못하는 사건이 생길 수도 있었다. 그런데 그는 혹시 자신이 제때 귀국 못하면 신부를 데리고 식장에 들어가라고 동생에게 미리 부탁을 해두었다는 것이 아닌가.

그는 산을 즐겨 오른다. 그의 산행은 거의 광적이다. 일년에 산행을 1백회 하고도 수 십 번을 더하니 한 주에 2~3번은 하는 셈이다. 우리 일행은 매 주말 산행을 같이하지만 그는 주중에 한두 번 또 산행을 한다. 그래서 우리는 비밀과외를 한다거나 불공정게임이라고 그를 규탄하기도 한다. 그는 좋은 옷을 입고 다니지도, 승용차를 타고 다니지도 않는 서민적 삶을 살지만 그의 산행장비만은 대체로 최고급품이다. 그래서 우리 산행그룹에서는 "등산실력은 떨어지더라도 장비만은 제대로 갖추어야 한다."는 말들을 한다.

김병주 교수는 매사에 적당히 넘어가지 않는 완벽주의자, 또는 결벽주의자에 가깝다. 어떤 땐 좀 적당히 넘어가면 안 되느냐고 말하기도 한다. 그가 틀렸다는 게 아니라 오히려 그의 언동이 옳았다는 걸 지지하는 반어적 표현이다. 오래 함께 다니다보니 우리가 주고받는 말은 긍정을 부정으로, 부정을 긍정으로 표현하는 경우가 흔하다. 그런 말장난이라도 하면서 사는 재미는 진하다. 결벽주의자에 가깝다고 했지만 그는 결코 오만하지 않고 겸손하다. 그게 그의 장점이다. 그에게는 고지식한 면이 많다. 그게 그의 매력이다. 남에게 져주는 시늉도 한다. 지는 게 이기는 것이라는 걸 아는 것 같기도 하고 통 큰 사람이 자비심을 베푸는 것 같기도 하다. 언젠가 그가 나에게 "인생을 잘못 산 것 같다."고 말한 적이 있다. 그 말에는 많은 뜻이 담겨 있음을 짐작했다. 졸부들의 행태를 탓하는 뜻도, 세속적인 것을 비꼬는 뜻도 있지만 학자적 양심으로 살아왔다는 자부심의 역설적 표현이 아니었을까 하는 생각도 했다.

김병주 교수에게는 내면에 흐르는 낭만적 기질과 따스함이 있다. 적당히 취기가 오르면 클래식은 물론 뽕짝도 거침없이 흘러나온다. 그는 경제학을 하지 않았으면 문학이나 역사, 또는 철학을 했을 것이라는 게 나의 짐작이다. 그의 언동이나 사유(思惟)의 밑바탕에는 문·사·철(문학, 역사, 철학)적인 게 배어 있다. 세네카는 인생이란 짧은 이야기와 같고, 중요한 것은 그 길이가 아니라 값어치라고 했다. 김병주 교수의 값어치는 얼마인가를 가늠해 본다.

김병주 교수는 매우 평범하다. 그런 평범(平凡)이 계속되는 삶을 그는 산다. 산다는 것은 조그마한 이야기나 사건들이 끝없이 이어지는 긴 이야기라고 한다. 짧은 이야기가 이어지는 긴 이야기가 인생이라면, 그리고 그런 과정에서 흐트러지지 않는 평범한 자세를 지킬 수 있다면, 그것이 비범(非凡)이 아니고 무엇이겠는가.

그는 언제 보아도 한결같다. 언제나 구수한 게 뚝배기 같기도 하고 누룽지 같기도 하다. 그런가 하면 때로는 정갈한 프랑스 요리 같기도 하고 우아한 비발디의 협주곡 같은 분위기도 자아낸다.

그의 제자사랑은 남다르다. 한퇴지(韓退之)는 "천리를 달리는 말은 얼마든지 있지만 그것을 찾고 기르는 백락(伯樂)은 없다."고 했지만, 김병주 교수는 백락임이 분명하다. 그가 백락이 아니라면 그에게 천리마 제자가 그토록 많을 수가 없지 않겠는가.

그와 알고 지낸 세월이 46년, 반세기가 다 됐다. 매주 오르는 산행에서나, 해외 여행길, 이런 저런 모임에서 그와 함께 있으면 편하고 즐겁고 또 뭔가를 배운다. 김병주 교수가 아무리 뛰어난 사람이라 해도 내가 그보다 앞선 게 딱 하나 있다. 태어난 날이 몇 달 앞섰다는 점이다. 그것으로 나는 겨우 버텨오고 있는 셈이다.

인생이 '언제'부터 새로 시작한다고 누가 시점을 말할 수 있는가. 신장개업이라도 한다는 뜻인가. 물러가는 자에게 불필요한 위로는 췌언(贅言)에 불과하다. 구차하게 그런 거창한 말을 할 필요가 있을까. 산에 오르듯 여행길에 나서듯 예나 지금이나 또 앞으로도 한결같은 걸음을 걷는 것, 그게 바르게 사는 자세이자 멋있는 인생살이 아닐까. 늘 그러했듯 김병주 교수는 그 자리에 그렇게 서 있을 것이고 묵묵히 걸어갈 것으로 확신한다. 이게 내가 오랫동안 지켜본 김병주 교수의 세상 사는 모습일 것이라고 믿는다. 그렇게 믿을 만한 근거가 있기 때문이다.

말, 말, 말 그리고 칼

1판 1쇄 찍음 • 2004년 1월 30일
1판 1쇄 펴냄 • 2004년 2월 5일

지은이 • 김병주
펴낸이 • 박맹호
펴낸곳 • (주) 민음사

출판등록 • 1966. 5. 19. (제16-490호)
서울시 강남구 신사동 506 강남출판문화센터 5층 (135-887)
대표전화 515-2000 • 팩시밀리 515-2007

www.minumsa.com

값 16,000원

ⓒ김병주, 2004. Printed in Seoul, Korea

ISBN 89-374-2516-5 03300